CUISINIER FRANÇAIS

PERFECTIONNÉ.

—

M. DESTAMINIL,
Maître d'hôtel aux Frères-Provençaux,
A PARIS.

Paris. — Imp. Lacour et Cie, rue St-Hyacinthe-St-Michel, 33.

LE
CUISINIER FRANÇAIS

PERFECTIONNÉ

CONTENANT

LES MEILLEURES PRESCRIPTIONS DE LA CUISINE

ANCIENNE ET MODERNE

PRÉCÉDÉ

DE PRINCIPES GÉNÉRAUX D'HYGIÈNE CULINAIRE

DE NOTIONS SUR LE SERVICE, DE MENUS DIVERS, D'UN VOCABULAIRE DES TERMES ET
DÉS USTENSILES EN USAGE POUR LA CUISINE, L'OFFICE ET LA CAVE,
DE L'ART DE DÉCOUPER ET DE SERVIR A TABLE, ETC. ETC.

SUIVI

De l'Art de préparer les substances alimentaires, d'un Traité des altérations et des falsifications
des substances solides et liquides employées dans l'économie domestique, des aliments
dangereux et nuisibles, des empoisonnements par les champignons, les moules,
le vert-de-gris, de l'asphyxie par la vapeur du charbon, etc. etc.

PAR M. DESTAMINIL,

Maître-d'hôtel des Frères-Provençaux, à Paris.

Deuxième édition, revue et corrigée.

PARIS

B. RENAULT, ÉDITEUR.

1846.

PRÉFACE.

Il existe une multitude de livres de cuisine ; mais il n'en est pas un qui puisse être un guide infaillible pour les personnes qui s'avisent de cuisiner pour la première fois. Les livres des grands maîtres de l'art culinaire sont faits pour les cuisinières consommées, qui sont capables, au besoin, de modifier les instructions qu'ils contiennent, les autres livres ne sont que des compilations ; ouvrage du premier venu qui ne sait tenir que des ciseaux, et serait fort embarrassé si on lui proposait de faire un roux. Tous ces recueils se copient les uns sur les autres, et ne sont propres qu'à induire en erreur la ménagère qui s'en inspire ; ils ne tromperont pas un cordon bleu qui y découvrira de temps à autre quelques utiles indications, mais ils sont loin de remplir le but de quiconque désire sérieusement s'initier aux procédés de la cuisine.

Le nouveau Traité que nous offrons au public est uniquement conçu au point de vue pratique ; nous supposons que la personne qui le consulte en est à ses débuts, et qu'elle n'a jamais fait un miroton. Par une méthode qui n'est pas nouvelle, nous la conduisons du connu à l'inconnu, et nous lui révélons successivement tout ce que nous avons eu l'occasion d'apprendre aux diverses phases de notre vie de praticien. En procédant de la sorte, nous sommes convaincu que nous n'encourrons aucun des reproches qui ont été adressés aux publications du même genre que la nôtre.

Un bon Traité de la cuisine est le *livre indispensable* dans un ménage. Du moment qu'on a pendu la crémaillère dans un foyer, il faut tâcher d'y bien vivre en faisant le moins de dépenses possible : *tout ce qu'il faut et rien que ce qu'il faut,* c'est sur ce principe que doivent reposer les bonnes recettes de cuisine : l'économie bien entendue ne nuit jamais à la qualité des mets. Les meilleurs mets d'ailleurs, sont ceux dont la saveur n'est jamais équivoque ; ils sont les seuls qui éveillent l'appétit et le soutiennent.

Les mets d'un goût prononcé sont toujours les plus sains, parce qu'ils sont ordinairement les plus simples. Une bonne hygiène n'approuvera jamais ces confections culinaires, compositions absurdes, dans lesquelles rien ne domine et qui sont de véritables énigmes; méfiez-vous de toute préparation où le principal est tellement masqué par les accessoires, qu'il vous est impossible de deviner ce qu'on vous a servi.

La cuisine qui dénature n'est pas la vraie cuisine. Les blancs-mangers, dont on est si prodigue de notre temps à la table des riches, sont tout ce qu'il y a au monde de plus affadissant ; ils sont l'exagération de cette absence de tout caractère qui, en toutes choses, signale une époque de décadence. Les gens bien portants veulent être traités comme s'ils entraient à peine en convalescence ; ce sont des sybarites qui cherchent à s'énerver de plus en plus. Toute bonne cuisine doit être substantielle et essentiellement tonifiante, un régime rafraîchissant, et par conséquent débilitant, a bien rarement pour effet de ne pas anihiler les forces de l'estomac. Trop prolongé, il produit nécesssairement un délabrement irremédiable ; il enfante les gastrites, et quand elles se manifestent, il les fait empirer. Les doctrines médicales de Broussais et de Rasori ont eu une bien funeste influence sur la cuisine de nos jours, puisqu'elles y ont introduit un système mortel de relâchants et de délayants. La cuisine de nos pères faisait des corps robustes et des âmes vigoureusement trempées ; la nôtre ne fait que des constitutions frêles et des cœurs sans énergie. Les anciens condiments, le poivre, le girofle, la muscade, la canelle, le tym, le laurier, l'ail, étaient d'héroïques stimulants que l'on employait avec succès. Ils contribuaient à la vigueur de tous les âges ; la mode les a malheureusement bannis, et depuis lors, la croyance ridicule qu'il est sage de ne pas manger fortement épicé, nous a rendus plus accessibles à une foule de maladies qui étaient autrefois presqu'exceptionnelles. En cuisine, nous avons fait comme en architecture, comme en musique, comme en littérature. Sous le prétexte de la renaissance ou de l'innovation, nous nous sommes jetés à corps perdu dans le salmigondis ; tout sujet disparaît sous la profusion des fioritures, il n'y a rien de corsé, de net, de simple et de parfaitement clair ; on s'enfonce dans le cahos ; on s'enveloppe d'obscurités pour être original. Passez auprès des cuisines des plus fameux de nos restaurants, vous serez bien heureux si les vapeurs indéfinissables qui s'en exhalent ne vous font pas soulever le cœur ; vous éprouveriez les mêmes nausées en traversant les immenses salles, où, sur des fourneaux monstres, une troupe d'artistes finis travaillent à défigurer les plus beaux produits de la France, au profit du chef légal de nos modernes épicuriens, M. le préfet Rambuteau, que Brillat Savarin et Grimaud de Lareynière se fussent bien gardés de qualifier de gastronome. Que sont devenues ces odeurs séduisantes, qui avaient la puissance d'ouvrir l'appétit au passant, bien mieux que ne pourrait le faire le mélange empoisonné de l'absinthe et de l'eau dont on fait précéder chaque repas ? Ces odeurs délicieuses ne s'échappent plus à cette heure que de quelque auberge de province, où, grâces à un chef arriéré et au bon goût des incorruptibles palais des départements, les bonnes traditions se sont conservées dans toute leur pureté. *A bonne sauce pas d'enseigne.* Le nez dit, de reste, que la bouche sera satisfaite.

Ce qui vous sera enseigné dans ce livre est tout ce qui mérite l'estime du véritable amateur ; vous y trouverez ce qu'il y a de mieux dans les cuisines anciennes et modernes de tous les pays ; la cuisine française proprement dite, la cuisine provençale, les cuisines anglaise, allemande, italienne, etc. Toutes les recettes sont d'une application facile ; elles peuvent s'adapter au galas comme au repas le plus modeste. Tout ce qu'il est utile de savoir est indiqué avec précision et lucidité, de manière à ce qu'on ne puisse jamais se tromper ni sur le temps ni sur la quantité. Nous n'avons pas négligé de parler des soins de la cave, sans lesquels il n'est pas de bon vin. Nous avons recueilli tout ce que notre expérience et celle des autres nous ont appris sur cette importante matière. C'est ici que la chimie et la physique qui, dans ces derniers temps, ont fait de remarquables progrès, nous ont fourni les plus utiles lumières. La pàtisserie, qui est le luxe de toutes les réjouissances bourgeoises, et qui fait surtout les délices des femmes et des enfants, ne devait pas être rejetée de ce traité ; elle y tient sa place, mais dans une juste mesure : nous n'avons pas cru devoir aller au delà des possibilités du ménage.

Ne rien dire de l'office eût été une grave omission ; les ménagères qui tiennent à se faire honneur des confitures, conserves et liqueurs préparées par leurs mains, sont certaines, en se conformant à nos prescriptions, de mériter les éloges du connaisseur.

Le complément obligé de tout livre de cuisine se constitue d'un certain nombre de recettes d'économie domestique. Nous avons joint à celui-ci toutes celles qui sont de l'application la plus fréquente : il n'en est pas une qui n'ait été éprouvée.

Principes généraux d'Hygiène culinaire.

DES ALIMENTS ET DES BOISSONS.

Les aliments de mauvaise qualité, les viandes gâtées, le pain auquel on a mêlé de l'ivraie, les fruits verts, les mets par trop épicés, les viandes salées, sont toutes choses fort malsaines. Il n'est pas moins dangereux de manger les viandes de poissons trouvés morts ou d'animaux malades. Il est imprudent de se servir d'ustensiles de cuivre dans les cuisines. On sait que les viandes noires, le gibier, le bœuf, etc., nourrissent le plus ; que les viandes blanches, comme le veau et le poulet, nourrissent moins ; les légumes et le poisson nourrissent moins encore : pour bien faire, il faut dans son régime habituel, entremêler leur usage, et se nourrir des uns et des autres.

L'instinct naturel, la raison, l'expérience que nous faisons tous les jours de ce qui peut nous nuire, nous indiquent assez ce qui convient à notre tempérament, et la quantité d'aliments que nous devons prendre.

Nous subordonnons ordinairement nos repas, non pas à l'heure où nous sentons le besoin, mais à celle où nos affaires le permettent. Quoi qu'il en soit de cette coutume bien étrange, un homme de moyen âge ne devra jamais faire moins de deux repas, et il se trouvera bien d'en faire trois ; quatre et cinq repas ne sont pas trop pour les enfants. Il est bien préférable de faire plusieurs repas légers qu'un seul copieux. Il ne faut pas se coucher aussitôt après avoir mangé.

Évitez de faire votre boisson d'une eau puisée près d'égouts, ni de celle des citernes et des puits profonds, ni, en un mot, d'une eau qui ne sera pas fraîche, limpide et sans odeur. On est sûr qu'une eau est chargée de sels et de substances minérales, si elle dissout mal le savon et cuit difficilement les légumes. Rien de plus dangereux à boire, qu'une eau corrompue. Si l'on était contraint à boire une eau impure, croupissante, il faudrait d'abord la faire évaporer sur le feu, puis la faire passer à travers un lit de charbon ou un filtre de grès; l'agiter, avant de s'en servir, au contact de l'air; car l'eau qui a perdu l'air qu'elle contenait, par l'action du feu, est lourde et indigeste.

Souvent, les eaux de puits ne peuvent servir qu'à de simples lavages; cependant, à l'aide de quelques préparations, on peut les rendre non-seulement potables, mais encore propres à tous les usages domestiques. Il suffit, pour leur rendre cette propriété, d'en remplir une carafe aux deux tiers, de poser la main sur l'orifice, de la renverser horizontalement, de l'agiter pendant une minute et de réitérer cette opération deux ou trois fois.

Pour préparer une grande quantité d'eau de puits, il faut en remplir un baquet, puis la transvaser deux ou trois fois dans un autre vase de même dimension, à l'aide d'un seau, en ayant soin de la verser d'en haut, afin d'y mêler une quantité d'air suffisante.

Les eaux de pluie contiennent aussi un sel (le carbonate acide de chaux) qui les rend pesantes, difficiles à digérer et qui nuit à la cuisson des légumes. Comme le sel se décompose par une élévation de température, on portera l'eau à l'ébulition, on la laissera refroidir dans un vase de terre ou dans un baquet, on la soutirera au bout de vingt-quatre heures pour la séparer du dépôt produit par l'ébulition, puis, on l'agitera soigneusement avec le contact de l'air, afin de lui rendre celui qu'elle aura perdu en bouillant.

Enfin, il est important surtout de rendre aux eaux de puits la propriété de faire cuire des légumes, de dissoudre le savon, d'être propres au lessivage; mais comme les sels qu'elles contiennent ne se détruisent point par l'ébulition, ainsi que dans le cas précédent, on est obligé d'avoir recours aux agents chimiques.

300 litres d'eau de puits peuvent être rendus aux usages domestiques par l'addition de 500 grammes (une livre) de sous-carbonate de soude (sel de soude du commerce).

On met l'eau dans un baquet d'une grandeur convenable, muni d'une canelle en bois placée à 162 millimètres (6 pouces) du fond; on fait dissoudre le sous-carbonate de soude dans un vase contenant 7 ou 8 litres d'eau froide; lorsque le sel est parfaitement dissous, on verse la solution dans le baquet, on brasse pendant cinq minutes, on laisse reposer pendant vingt-quatre heures et plus s'il est nécessaire, jusqu'à ce que l'eau finisse par s'éclaircir et devienne très-limpide, ce dont on pourra s'assurer en soutirant quelques gouttes de temps en temps.

Ce procédé est simple, facile et peu dispendieux; puisque la valeur vénale d'une livre de soude ne dépasse pas 60 centimes.

En général, le vin pur n'apaise pas la soif, ou ne la calme que pour un temps fort court; mais, mêlé avec trois quarts d'eau environ, il constitue de toutes les boissons, la plus propre à remplir ce but. Si l'eau facilite la digestion en dissolvant certains principes qui, insolubles dans l'eau, le sont dans l'alcool qu'il renferme; les vins les plus généreux sont ceux qui jouissent au plus haut degré de cette propriété. Ceux qui contiennent très peu d'alcool, ou qui sont acides, troublent au contraire la digestion et déterminent des rapports aigres, des coliques. Les vins chauds ne doivent être bus que par les personnes dont l'estomac est dans une sorte d'inertie que les stimulants seuls peuvent combattre; encore, ne doit-on les employer qu'en petite quantité et à la fin des repas.

La *bière* légère, peu foncée en couleur, mousseuse ou non, et d'une amertume agréable, est une boisson très saine, rafraîchissante et même un peu nourrissante; elle apaise la soif. On doit s'en abstenir dans la leucorrhée, et dans le cas où elle cause de la pesanteur d'estomac et des rapports acides.

Le cidre sucré mousseux est une boisson fort agréable, qui passe pour donner beaucoup de lait aux nourrices.

DE LA PRÉPARATION DES ALIMENTS ET DES ASSAISONNEMENTS.

Il n'y a que quatre manières différentes de soumettre les aliments à la cuisson. On les fait cuire dans leur jus (étuvée), on les fait rôtir ; enfin, on les fait frire. Ces quatre opérations ont une influence très-marquée sur leur saveur et sur leur digestibilité.

Parmi les substances alimentaires, les unes se digèrent avec facilité, les autres, au contraire, résistent plus ou moins longtemps à l'action de l'estomac. Les assaisonnements ont pour but d'aider les forces gastriques.

On peut ranger les diverses espèces d'assaisonnements en trois classes, qui sont : les stimulants, les stimulants aromatiques et les aromatiques. Cette classe n'est pas assez tranchée pour que l'on puisse l'établir d'une manière absolue, mais elle conserve d'une manière assez nette les trois propriétés principales qui se rencontrent dans l'universalité de ces subtances.

I. Les stimulants purs sont :

1° La moutarde, 2° l'ail, 3° l'échalotte, 4° l'ognon, 5° la ciboule, 6° la civette, 7° le poireau, 8° le sel.

La moutarde est le plus puissant et peut-être le plus employé de tous ces assaisonnements. On prend un quantité déterminée de cette poudre et on la mêle avec une dose suffisante de bon vinaigre à l'instant de s'en servir.

II. Les stimulants aromatiques sont les suivants :

1° Le poivre, 2° le girofle, 3° la muscade, 4° la canelle, 5° le gingembre, 6° le piment, 7° le raifort, 8° les câpres, 9° les cornichons, 10° les capucines.

Leur action se fait moins sentir dans la bouche; mais ils ont de plus une qualité aromatique qui donne du ton à l'estomac, et développe dans cet organe un degré de chaleur plus ou moins favorable à la digestion, selon la plus ou moins grande susceptibilité individuelle.

III. Enfin, la troisième classe des assaisonnements comprend :

1° La vanille, 2° l'eau de fleurs d'oranger, 3° le thym, 4° le serpolet, 5° le safran, 6° la sauge, 7° le romarin, 8° le persil, 9° le cerfeuil, 10° l'estragon, 11° le laurier, 12° le verjus, 13° le vinaigre, 14° le citron.

Les substances contenues dans cette classe sont positivement aromatiques. Elles excitent peu les glandes salivaires ; mais, d'un côté ; elles agissent puissamment sur l'estomac.

On attribue aux acides en général la propriété de faire maigrir. Mais, qu'on ne s'y trompe pas, cet avantage ne s'obtient qu'au détriment de la santé générale ; et sans avoir recours à l'action corrosive des acides pour rendre raison de leur action particulière, il doit suffire de savoir que le vinaigre et les autres assaisonnements de cette nature, agaçent l'estomac sans exciter l'appétit, et empêchent celui-ci de se manifester à un degré convenable pour satisfaire au besoin de la nutrition.

On range aussi, mais à tort, parmi les assaisonnements, quelques autres substances qui sont bien plutôt alimentaires, comme les champignons, les olives, les truffes, les anchois, les huîtres marinées, les sardines, le thon et les viandes fumées.

DES ALIMENTS SOLIDES ET LIQUIDES.

Les aliments sont tirés du règne animal et du règne végétal. Le règne minéral n'en fournit qu'un très-petit nombre, encore sont-ils plus souvent combinés chimiquement avec les autres, ou employés comme assaisonnement, par exemple le sel marin. D'après les notions fournies par l'analyse, les substances alimentaires ont été divisées en un certain nombre de classes, en ayant égard à la prédominance d'un élément particulier sur tous les autres dans chacune d'elles. De cette manière on est arrivé à distinguer jusqu'à neuf classes d'aliments, qui sont : 1° Les aliments *farineux* ou *féculants* ; exemple : l'orge, le froment, le maïs, le sagou, la châtaigne, les haricots, les lentilles, les fèves de marais, les pommes de terre, etc., etc. ; 2° les aliments *mucilagineux*, tels que la bette, le pourpier, les épinards, les cardons, l'endive, la laitue, la chicorée, l'asperge, le salsifis ; 3° les aliments *sucrés* qui comprennent le sucre, le miel, les dattes, les jujubes, les figues, les abricots, les raisins, etc., 4° les aliments *acidulés* comme les cerises, les groseilles, les fraises, les framboises, les pommes, les poires, les oranges, etc. ; 5° les aliments *huileux* et *graisseux*, qui comprennent les huiles et les graisses de différentes natures ; 6° les aliments *caséeux*, qui sont le lait et les diverses espèces de fromages ; 7° les aliments *gélatineux*, tels sont les chairs blanches des jeunes animaux, celles de certains poissons, comme la limande, la sole, etc., les gelées animales ; 8° les aliments *fibrineux* ; ceux-ci sont souvent combinés avec la gélatine et la graisse et sont fournis alors par les animaux qu'on engraisse pour nos tables. Les aliments *fibrineux* sont les chairs de bœuf, de mouton, de canard, de faisan, de perdrix, et surtout celles de sanglier, de lièvre, de chevreuil, etc. ; 9° les aliments *albumineux* sont fournis par les œufs de poules et autres oiseaux, le cerveau des animaux, les huîtres, les moules, etc.

VOCABULAIRE
DES TERMES ET USTENSILES
EN USAGE
POUR LA CUISINE, L'OFFICE ET LA CAVE.

A

Abaisse (term. d'off.), pâte mise à part pour former des articles de pâtisserie dite pâtisserie d'office.

Aiguille-à-brider (ust. de cuis.), grosse aiguille dans laquelle on passe une ficelle fine, mais solide, et avec laquelle on trousse les viandes, la volaille et le gibier, avant de les faire cuire.

Assiette (une) (term. de cuis. et d'off.), s'entend : 1° en termes de cuisine pour désigner les petites entrées ou hors-d'œuvre, dont la quantité ne doit pas excéder ce que peut contenir une assiette de grandeur ordinaire ; comme petites andouillettes de Troyes, pieds de cochon à la Sainte-Menehould, etc., et autres menues cochonailles (voyez ces articles; 2° en termes d'office, cette qualification indique les fruits frais, crus et secs, tels que raisin, figues, poires tapées, etc.; les différentes sortes de fromages ; les marrons, les biscuits (voyez ces articles). On dit : faire une assiette de cochonaille, de fruit, de sec, de pâtisserie.

Atre (term. de cuis. et d'off.), c'est le bas d'une cheminée, les bords d'un fourneau. On dit, en termes de pâtisserie : ce four n'a pas d'âtre, c'est-à-dire que la pâtisserie qu'on y mettrait courrait le risque de n'être cuite ni sur les bords, ni dessous.

B

Bain-marie (term. de cuis. et d'off.), se dit des viandes, des crèmes, des sirops, etc., que l'on fait cuire dans un vase plongé et maintenu dans l'eau bouillante.

2

Baquet (ustens. de cuis.), il sert à laver la vaisselle et l'argenterie.

Barder (term. de cuis.), garnir de bardes.

Bardes (term. de cuis.), tranches de lard coupées très minces, et qui servent à entourer la pièce de volaille ou de gibier que l'on veut mettre à la broche.

Bassine (ust. d'off.), casserole en cuivre étamé, grande et peu élevée des bords, ayant la forme d'un bassin avec deux anses ; ne doit servir qu'à faire des confitures.

Blanchir (term. de cuis. et d'off.) ; 1° en terme de cuisine, c'est passer dans l'eau bouillante des légumes, des viandes blanches ou toute autre substance alimentaire ; 2° en termes d'office, c'est passer des fruits dans un sirop quelconque.

Bouquet (term. de cuis. et d'off.) ; 1° en terme de cuisine ce mot s'applique à un petit paquet, attaché avec du fil, que l'on compose ordinairement de persil, de ciboule, d'ail, etc.; on l'emploie dans une infinité de ragoûts. Par bouquet garni, on entend celui qui, indépendamment de l'assaisonnement que nous venons d'indiquer, contient des épices, des plantes aromatiques telles que clous de girofle, sarriette, etc.; 2° en termes d'office, bouquet de vin désigne le parfum qu'il exhale.

Braise (term. de cuis.), cuisson qui relève les viandes sans aucune évaporation sensible. On dit : cuire en braise, faire braiser un gigot.

Braisière (ust. de cuis.), vaisseau de cuivre étamé.

Brider (term. de cuis.), passer une ficelle dans les cuisses d'une volaille ou d'une pièce de gibier pour assujétir l'une ou l'autre.

Broche (ust. de cuis.), longue verge de fer, plate et pointue par le bout, percée de distance en distance de petits trous carrés propres à recevoir une brochette.

Buisson (term. de cuis. et d'off.), substance que l'on dresse en forme de dôme : 1° en termes de cuisine, on dit : un buisson d'écrevisses ; 2° en terme d'office, on dit : un buisson de meringues.

C

Cafetière (ust. d'off.) vase d'argent destiné à contenir du café au moment d'être servi.

Cannelon (ust. d'off.), moule de fer-blanc destiné à contenir les neiges, les glaces ou les pâtes fines.

Caramel (term. de cuis. et d'off.), dernière cuisson du sucre. Il sert à colorer les viandes, les compotes, etc.

Casseroles (ust. de cuis.), cuivre étamé. Il y en a de toute forme et de toute grandeur.

Cendrer (term. de cuis.), mettre de la cendre sur un fourneau pour diminuer la force du feu.

Chausse (ust. d'off.), étoffe de laine épaisse et serrée, ayant la forme d'un bonnet de pierrot, par laquelle on passe les liqueurs et les sirops que l'on veut clarifier.

Chef (term. de cuis.), qualification que l'on donne au premier cuisinier.

Ciseler (term. de cuis.), se dit des entailles que l'on fait de distance en distance aux viandes, aux poissons, etc.

Coller (term. d'off.), éclaircir le vin avec des blancs d'œufs ou de la colle de poisson.

Compotier (ust. d'off.), jatte peu profonde, de porcelaine, de cristal, d'argent ou de vermeil.

Concasser (term. d'off.), signifie piler grossièrement dans un mortier.

Coupe-pâte (ust. d'off.), moule de fer-blanc, quelquefois de cuivre rouge, servant à couper la pâtisserie.

Couperet (ust. de cuis.), servant à couper les grosses viandes, l'extrémité des os, et diviser les côtelettes.

Cristaux (ust. d'off.), verres à tige ou sans pied, servant à contenir les fruits, les neiges et les glaces.

D

Débrider (terme de cuis.), ôter après la cuisson la ficelle qui a servi à brider une volaille.

Dégorger (faire) (term. de cuis.), mettre des viandes dans l'eau froide pour leur faire rendre le sang qui peut y rester.

Dés (couper en) (term. de cuis.), couper la viande ou les légumes en morceaux petits ou gros, en leur donnant la figure de dés à jouer.

Désosser (term. de cuis.), enlever les os de la viande et du gibier, rendre à chacun d'eux sa première forme après parfaite cuisson.

E

Echauder (term. de cuis. et d'off.), jeter dans l'eau bouillante les aliments qui doivent être accommodés ensuite. Les viandes doivent être primitivement préparées, les légumes épluchés, les fruits nettoyés, le gibier plumé, et le poisson râtissé.

Écume (term. de cuis. et d'off.), espèce de mousse sur l'eau, sur les liqueurs, provenant de matières cuites.

Écumoire (ust. de cuis.), ustensile indispensable à la confection d'un pot-au-feu.

Émincer (term. de cuis.), faire des tranches de viande très-minces.

Entrées (term. de cuis.), mets qui se servent immédiatement après les hors-d'œuvre et avant le rôt.

Entremets (term. de cuis.), mets qui se servent après le rôt et avant le dessert.

Éplucher (term. de cuis.), se dit en général des légumes dont on enlève l'épiderme en les ratissant avant de les faire cuire.

Escalopes (term. de cuis.), parcelles de viandes rondes et minces ayant la forme d'une pièce de monnaie.

Étamines (ust. de cuis. et d'off.), étoffe de laine servant à passer les coulis, les sauces, les sirops, et autres aliments liquides.

Étouffer (term. de cuis.), faire cuire des viandes dans une marmite ou dans une casserole hermétiquement fermée.

Étuve (term. de cuis. et d'off.), lieu très chaud où l'on dépose les substances que l'on veut faire sécher.

F

Farce (term. de cuis.), hachis de viande dont on remplit les volailles.

Flamber (term. de cuis.), passer de la volaille ou du gibier à plumes par le feu pour en brûler le duvet après qu'on les a plumés.

Foncer (une casserole) (term. de cuis.), mettre au fond des tranches de lard ou de jambon pour cuire en braise.

Frapper de glace (term. d'off.), se dit d'une bouteille de Champagne ou autre boisson que l'on entoure de glace après l'avoir débouchée.

Frémir (term. de cuis.), eau qui commence à bouillir, et dans laquelle on met les substances qui doivent cuire sans bouillir.

Friquet (term. de cuis.), écumoir de cuivre qui sert à retirer de la friture les substances qui y ont passé.

Fruit (term. d'off.), tout ce qui comprend le service d'un dessert.

Fruiterie (term. d'off.), serre exposée et close, garnie de tablettes, dans laquelle on dépose les fruits que l'on veut conserver.

G

Glacer (term. de cuis. et d'off.), étendre sur les viandes ou volailles les coulis ou sauces qu'on emploie ; pour l'office, couvrir les fruits et la pâtisserie de sucre liquide.

Grille (term. d'off.), c'est un ustensile de laiton fait en forme de treillage. On en emploie de grandes et de petites. Les grandes servent pour le tirage, c'est-à-dire pour déposer les fruits que l'on tire de leur sirop pour les laisser égoutter. On n'emploie les petites que pour le sucre candi.

Gril (ust. de cuis.), pour les côtelettes, les rognons, les pieds de cochon, les poissons, etc., etc.

H

Habiller (term. de cuis.), se dit de la première préparation. On dit : habiller une volaille, un poisson, un lièvre, un chevreuil, etc.; c'est donner à tous ces aliments la tournure qu'ils doivent avoir avant leur cuisson.

Hors-d'œuvre (term. de cuis.), plat que l'on sert avant les entrées.

L

Larder (term. de cuis.), introduire du lard coupé dans la viande par le moyen d'une lardoire.

Lardoires (ust. de cuis.), elles servent à passer des lardons dans les viandes.

Lardon (term. de cuis.), lard coupé en long et carrément.

Lit (term. de cuis.), couper des substances divisées en tranches minces sur lesquelles on prépare un assaisonnement.

M

Mariner (faire) (term. de cuis.), viandes, poissons ou légumes que l'on met dans une préparation pour leur donner du goût ou les conserver.

Marquer (term. de cuis.), préparer dans une casserole les viandes que l'on veut faire cuire.

Masquer (term. de cuis.), dissimuler la forme d'un mets par un entourage quelconque.

Mijoter (faire) (term. de cuis. et d'off.), cuire lentement, à petit feu.

Mitonner (faire) (term. de cuis.), faire tremper du pain dans un bouillon le temps nécessaire pour le bien imbiber.

Monder (term. d'off.), enlever la pellicule des amandes, etc., après avoir épluché.

Mortier (ust. de cuis. et d'off.), ustensile en marbre servant à concasser et à piler.

Moudre (term. d'off.), se dit du café.

Mouiller (term. de cuis. et d'off.), mettre de l'eau, du bouillon, du vin, de l'eau-de-vie, etc., dans la cuisson.

Moule (ust. de cuis. et d'off.), vaisseau destiné à donner une forme à la substance que l'on met dedans.

Moulin à café (ust. d'off.), ne doit être employé que pour moudre du café brûlé.

Moulinet (ust. d'off.), il sert à faire mousser du chocolat.

N

Neige (term. d'off.), blancs d'œufs fouettés.

P

Paner (term. de cuis.), saupoudrer de mie de pain.

Parer (term. de cuis.), ôter les peaux et graisses superflues.

Passer (term. de cuis.), faire faire plusieurs tours à une viande ou à des légumes dans une casserole.

Passoires (ust. de cuis.), elles sont de cuivre, servent à passer les purées ou à laisser égoutter les légumes cuits dans l'eau.

Paupiettes (term. de cuis.), tranches de viandes coupées plates, et destinées à être roulées.

Peler (term. d'off.), enlever le zeste d'un citron ou d'une orange, la pelure d'une poire ou d'une pomme.

Pilon (ust. de cuis. et d'off.), il sert à piler les substances dans son mortier.

Piquer (term. de cuis.), garnir de lard des viandes quelconques.

Plafond (ust. de cuis. et d'off.), plateau de cuivre étamé, sur lequel on dispose des viandes ou la pâtisserie que l'on veut faire cuire au four.

Poissonnière (ust. de cuis.), vaisseau de cuivre étamé, dans lequel est adaptée au fond une feuille percée de trous, avec deux anses, pour retirer, sans le rompre, le poisson que l'on a préparé dessus afin de le faire cuire.

Puits (term. de cuis.), creux formé dans le milieu d'un plat.

R

Rafraîchir (term. d'off.), fruits qu'on met à l'eau fraîche, après les avoir blanchis ; vins et liqueurs que l'on met à la glace.

Refaire (term. de cuis.), c'est retourner dans une casserole sur le feu, de la volaille ou du gibier jusqu'à ce que la chair renfle.

Revenir (faire) (term. de cuis.), c'est faire passer dans le beurre très chaud les viandes, la volaille ou le gibier.

Rouleau (ust. d'off.), morceau de bois rond servant à la pâte pour la pâtisserie.

Roulette (ust. d'off.), instrument à découper les pâtes.

S

Sauter (faire) (term. de cuis.), lier, par le mouvement du bras, les ragoûts que l'on fait cuire dans la poêle ou dans la casserole.

Sarbotière (ust. d'off.), appareil d'étain ou de ferblanc, avec lequel on fait prendre en neige ou en glace les liquides que l'on place dedans.

Sasser (term. de cuis. et d'off.), remuer vivement avec une cuillère.

Singer (term. de cuis. et d'off.), jeter de la farine sur des substances
que l'on mouille en les faisant cuire.

T

Tamiser (term. de cuis. et d'off.), faire passer par le tamis.

Tamis (ust. de cuis.), il doit être en crin ; à la cuisine, on l'emploie
pour passer le bouillon et les sauces ; à l'office, on s'en sert pour poser
dessus les fruits à mi-sucre.

Torréfier (term. d'off.), brûler du café.

Tourner (term. de cuis. et d'off.), tourner les légumes et les
arrondir ; les oranges, les citrons, etc., en ôtant l'écorce la plus
légère.

Tourtière (ust. d'off.), plateau de cuivre étamé servant à faire cuire
au four des tourtes et des pâtés.

Trousser (term. de cuis.), passer de la ficelle avec l'aiguille à brider
pour assujétir une volaille ou une pièce de gibier.

Z

Zest (term. de cuis. et d'off.), épiderme des fruits à odeur. En cuisine, il sert à relever les sauces ; à l'office, pour limonades, compotes,
gelées, etc.

ART

DE FAIRE LES HONNEURS DE LA TABLE.

En tout il est des règles et une conduite à observer pour donner du relief aux choses. Les plaisirs de la table n'en étant pas moins exempts que toutes les autres actions humaines, un repas, pour être bien servi et bien conduit, demande, de la part de ceux qui le donnent, une connaissance approfondie de certains usages, qui sont les accessoires précieux qui donnent du prix à ce que l'on imaginerait n'en être point susceptible.

Nous dirons d'abord que le nombre des convives d'un repas ne doit pas passer celui de neuf à dix, si l'on veut éviter le désordre et la confusion, qui sont presque inséparables d'une grande réunion.

Selon l'opinion des gastronomes les plus exercés, un dîner bien servi doit être une pièce en trois actes où la gradation des saveurs doit être ménagée avec sagacité, et où les mets doivent être variés pour s'assortir à tous les goûts. Le premier service doit être doux et légèrement épicé; le second, plus délicat et plus assaisonné; et le troisième, friand : c'est le dessert. Dans ce troisième acte, où l'appétit est satisfait, et dans lequel on ne boit et on ne mange que par sensualité ou gourmandise, on ne doit servir que des aliments très agréables et des vins fins. Ces principes reconnus, voici les règles auxquelles un maître ou une maîtresse de maison ne doit jamais déroger.

Dans un dîner un peu splendide, chaque couvert a son étiquette, c'est-à-dire le nom de celui qu'on veut y placer, pour obvier à l'embarras du placement des convives.

Le maître de la maison, placé au centre de la table, debout quand la réunion est nombreuse, et assis quand le nombre des convives est borné, doit distribuer les potages et les soupes dans des assiettes creuses, placées en pile auprès de lui, commençant par son voisin à droite, ensuite à gauche, ainsi jusqu'à la fin.

Son attention doit se porter, continuellement, et sans affection, sur chaque convive, auquel il s'empresse d'offrir quelques mets, aussitôt qu'il le voit dans l'inaction et son assiette dégarnie. Il serait inconvenant que le convive fût obligé de demander qu'on lui servît un mets quelconque : il faut qu'il soit prévenu dans ses désirs.

C'est le maître de la maison qui sert le coup du milieu, lorsqu'il a lieu, les vins d'entremets que l'on sert, avec le rôti, et le vin de dessert. Il pourvoit pareillement à la dissection des viandes, soit par lui-même, soit par un de ses amis, soit par un de ses convives qui a fait ses preuves en cet art : c'est lui qui doit amener la conversation sur le ton qui convient le mieux à la société qu'il a réunie, en éloignant tout sujet de politique qui pourrait exciter des divisions parmi les convives, et troubler l'harmonie du repas.

Il fait changer d'assiettes à chaque mets, et quelquefois même de verres et de couteaux.

Quant au dessert, c'est la maîtresse de la maison qui en fait les honneurs : elle peut même, au besoin, servir quelques entremets.

Nous ferons observer ici que les compotes, les confitures, les cerneaux et les fromages à la crème doivent être servis avec la cuillère. Les fruits sont offerts en les prenant par la queue, et l'on fait circuler les pâtisseries sur les assiettes où elles se trouvent.

Le café se prend ordinairement à table ; mais, si c'est au salon qu'il doit se prendre, c'est le maître de la maison qui donne le signal aux convives, pour y passer : c'est lui, ou toute autre personne qu'il aura désignée, qui doit remplir les tasses de café et les verres de liqueur, en laissant néanmoins à chacun de la société le soin de se servir ces dernières à sa volonté.

ART DE DÉCOUPER

ET DE SERVIR A TABLE.

GROSSES VIANDES.

Bœuf. — Qu'il soit *bouilli, à la mode* ou *rôti*, il faut toujours le couper en travers, afin que la viande se trouve courte, et, avant cette opération, dépouiller le morceau de ses os, de ses nerfs et de sa graisse superflue. On coupera les tranches minces, que l'on couronnera d'une petite portion de graisse.

Aloyau. — On commence par le diviser comme le morceau dit de la *culotte*. Ensuite on procède de même pour la partie charnue qui est en dehors, et que l'on a coutume d'appeler *morceau des clercs ;* il est plus ferme que le filet : mais il a meilleur goût, et lorsque l'aloyau est tendre et bien mortifié, les amateurs lui donnent la préférence.

Carré de veau. — Il y a deux manières de découper un *carré de veau.* La première, c'est de couper les côtelettes séparément, dans le sens perpendiculaire et de façon que chacun retienne la portion du filet et même du rognon qui s'y trouve adhérente. La seconde (c'est la plus élégante) consiste à lever d'abord le filet, que l'on coupe en morceaux de diverses grosseurs, ainsi que le rognon ; ensuite on divise les côtes, sur lesquelles il doit toujours rester assez de chair et de peau rissolée.

Tête de veau. — La tête de veau, qu'on préfère généralement bouillie, se mange avec une sauce piquante à part, ou même simplement au vinaigre. Les morceaux les plus distingués sont les yeux, les bajoues, les tempes, les creilles et enfin la langue, que l'on met sur le gril, panée et sous une sauce appropriée. On sert avec chacun des morceaux ci-dessus désignés une portion de la cervelle, qu'on puise dans le crâne, dont la partie supérieure a dû être enlevée avant d'être servie sur la table ; on sert les yeux avec la cuillère ; on coupe proprement les bajoues, les tempes et les oreilles ; on ne porte jamais le couteau dans une tête de veau, mais bien la truelle et la cuillère.

La noix, les fricandeaux et les riz se servent toujours à la cuillère.

Gigot de mouton. — Il est essentiel de le bien couper, puisque de sa dissection dépend souvent sa tendreté.

Il y a deux manières de découper un gigot de mouton. La première, c'est, tenant le manche de la main gauche, de couper perpendiculairement les tranches, depuis la jointure jusqu'aux os du filet, ensuite la souris, puis, retournant le gigot, de détacher les parties de derrière.

La deuxième consiste à tenir toujours le manche de la main gauche et couper horizontalement par tranches minces.

Carré de mouton. — Il se coupe et se sert absolument de la même manière que le carré de veau.

L'agneau et le chevreau. — Ces deux animaux, quoique d'espèce différente, se dissèquent de la même manière.

On divise chaque quartier soit en côtelettes, soit en doubles côtelettes : on sépare les deux cuisses et l'on coupe les gigots par tranches.

Cochon de lait. — On le sert presque toujours rôti. On coupe la tête pour la séparer en deux, puis on la divise par carrés. On coupe ensuite l'épaule et la cuisse gauche, puis l'épaule et la cuisse droite, après quoi il faut lever la peau, afin de la servir croquante.

Le marcassin se coupe et se sert comme le cochon de lait.

DES VOLAILLE, GIBIER ET POISSON.

Les principales parties de la volaille sont le cou, les deux ailes, les deux cuisses, l'estomac, le croupion, la carcasse.

Les poulets, chapons, poulardes, se dissèquent en prenant l'aile de la main gauche ou avec une fourchette ; on prend de la main droite le couteau pour couper la jointure de l'aile, et on achève de la main gauche en tirant l'aile ; ensuite on lève, du même côté, la cuisse, en donnant un coup de couteau dans les nerfs de la jointure, et on la tire de la même façon avec la main gauche. La même opération se pratique pour l'autre côté. On coupe ensuite l'estomac, la carcasse et le croupion ; on divise chaque cuisse en deux, chaque aile en trois ; on laisse les blancs entiers, et on tâche de faire six morceaux bien séparés de la carcasse et du croupion.

L'oie, servie sur le dos, se coupe en filets formés de la chair des ailes et de l'estomac jusque vers le croupion. On lève ainsi huit filets, composant autant de lanières.

Le canard rôti se découpe, comme l'oie, en aiguillettes, que l'on multiplie le plus possible, aux dépens des ailes et même des cuisses.

La bécasse et la bécassine se découpent comme les volailles ordinaires, c'est-à-dire qu'on enlève les ailes, les cuisses, et qu'on sépare ensuite le croupion de la carcasse.

Quant à la perdrix et aux perdreaux, ils se coupent comme la plupart des volailles. Le faisan rôti se coupe absolument comme la poularde. Le pigeon rôti, quand il est gros, peut se couper en quatre ; autrement on ne le coupe qu'en deux portions, dont l'une, composée des deux ailes, est le chérubin, et l'autre, dont les deux cuisses font partie, est la culotte. Il arrive quelquefois qu'on les coupe longitudinalement, de façon que chacune des deux moitiés renferme la cuisse et l'aile.

Le lièvre, le lapin et le lapereau se coupent, à peu de chose près, de même.

Le lièvre ne se sert que de trois quarts, piqué ou bardé : la partie la plus délicate est le râble, que l'on coupe depuis l'épaule jusqu'à la naissance de la cuisse, ensuite l'os du râble. On coupe en forme d'entonnoir la partie supérieure et charnue des cuisses ; on lève ensuite avec dextérité la queue, avec un peu de chair adhérente.

Les poissons en général se servent avec la truelle d'argent ou la cuillère.

Turbot. — Ce poisson, l'un des princes de la mer, se sert quelquefois comme *rôti*. Après avoir décrit une croix sur son ventre au moyen d'une truelle bien effilée, on tire des lignes transversales depuis le milieu jusqu'aux barbes ; on lève ensuite, soit avec la cuillère, soit avec la truelle, les morceaux compris entre ces lignes ; le ventre servi, on enlève l'arête pour servir le dos, moins délicat que le ventre.

Truite. — On trace une ligne depuis le dessous de la tête jusqu'à un pouce de la queue, et d'autres lignes qui partent de cette dernière et se terminent à la circonférence du poisson. On lève adroitement les morceaux compris entre ces lignes, et on les sert aux convives. Lorsque le ventre est servi, on retourne la truite pour en servir le dos en procédant de la même manière.

Brochet. — C'est un véritable tyran d'eau douce. On commence par séparer la tête du tronc; cette tête est assez délicate. Et puis, après avoir tiré une ligne de la tête à la queue, assez profonde pour attaquer l'arête et l'enlever, on divise les côtes de manière à ce que chaque morceau contienne du ventre et du dos.

Saumon. — Il se sert de la même manière que la truite et le brochet.

Carpe. — On lui coupe la tête, on lève la peau et on lui tire une ligne du sommet de la queue, que l'on divise par d'autres lignes transversales. Le barbeau et l'alose se servent de même.

Le dos, chez la carpe, est préférable à l'estomac.

Sole. — Frite ou au gratin, elle se sert toujours à la cuillère.

LE
CUISINIER FRANÇAIS
PERFECTIONNÉ.

POTAGES GRAS.

BOUILLON GRAS.

Le principal élément d'une bonne cuisine est le bon bouillon. Il donne non seulement aux potages la saveur agréable et la qualité nutritive, mais il sert encore à la préparation de beaucoup de sauces et de ragoûts. Un chef de cuisine doit donc s'occuper avant tout d'une opération qui devient la base fondamentale de bien des mets.

Bouillon consommé. — Mettez dans une marmite deux ou trois jarrets de veau, un morceau de tranche de bœuf et plusieurs volailles vieilles : mouillez le tout avec du bouillon, et lorsque cela commence à glacer, remouillez encore avec du bouillon. Avant d'écumer, il faut avoir le soin de rafraîchir plusieurs fois votre bouillon, afin de faire monter l'écume ; ensuite écumez, puis mettez carottes, navets, céleri, oignons piqués de deux à trois clous de girofle, bouquet garni : faites cuire à petit feu pendant sept ou huit heures. Lorsque les viandes sont cuites, passez votre consommé à travers un tamis de soie ; surtout ne mettez point de sel, puisque vous mouillez avec du bouillon salé.

Bouillon à la minute. — Il suffit de mettre dans une pinte d'eau bouillante trois ou quatre onces de jus de viande (comme il est indiqué à l'article *Jus*).

Bouillon à l'heure. — Prenez plusieurs livres de bœuf que vous hacherez par petits morceaux, ajoutez-y carottes, navets, céleri, un petit oignon, le tout coupé aussi par petits morceaux. Joignez ces légumes à votre viande et achevez de bien hacher, mettez le tout dans une casserole et faites-le mijoter pendant un quart d'heure dans un grand verre d'eau, faites bouillir ensuite pendant trois quarts d'heure dans une pinte d'eau; après l'avoir salé, écumez et passez au tamis.

Conservation du bouillon. — Dans les temps chauds surtout, le bouillon s'aigrit facilement. Un moyen fort simple, mais sûr de le conserver en tout temps, c'est de le faire bouillir soir et matin. Mais lorsque l'on doit suivre ce procédé, il faut saler très peu votre bouillon, attendu que ces ébullitions réitérées le concentrent de plus en plus.

Potage bourgeois dit pot-au-feu. — Prenez un fort morceau de viande (de bœuf préférablement à toute autre). La plus fraîchement tuée est la meilleure, et la plus succulente est la tranche, la culotte, le bas d'aloyau, le gîte à la noix. Mettez dans votre marmite une pinte d'eau par livre de viande, désossez-la et ficelez-la, faites chauffer lentement et écumez au bout d'une heure; ensuite salez votre bouillon et mettez vos légumes, tels que carottes, navets, poireaux, céleri, etc. L'ébullition, un moment arrêtée, reprend bientôt et doit être entretenue par un feu doux pendant cinq ou six heures, en tenant toujours la marmite couverte. Si votre bouillon diminue, et que la viande soit à découvert, ne remplissez la marmite qu'avec de l'eau chaude, et jusqu'à ce que la viande soit recouverte.

Cassez les os que vous avez retirés de votre viande, ainsi que ceux de rôti que vous pourrez avoir; enfermez-les dans un double sac de crin que vous mettrez dans la marmite. Plus ces os seront concassés, plus ils coopéreront à la bonté du bouillon.

On peut le colorer avec une cuillerée de jus ou de caramel; ensuite coupez du pain en tranches minces, ou prenez des croûtes d'une belle couleur, placez-les dans votre soupière, versez dessus du bouillon très chaud en suffisante quantité pour les faire tremper, et au moment de servir, ajoutez du bouillon jusqu'à ce qu'elles soient complètement baignées.

Ne faites jamais bouillir le bouillon avec le pain.

Potage aux choux. — Prenez ce qui vous est nécessaire de choux; évitez surtout qu'ils sentent le musc, coupez-les par quartiers, faites-les blanchir à grande eau, ensuite retirez-les et les rafraîchissez, ôtez les trognons, ficelez

vos choux et faites-les cuire avec un morceau de petit-lard,
ou de jambon assez gras : ils demandent une bonne cuisson. Dès qu'elle a atteint un degré suffisant, vous placerez
le choux et le lard sur le potage préparé comme à l'ordinaire. Salez peu en raison du lard.

Purée de pommes de terre. — Cuites à l'eau et pelées,
coupez-les par quartiers, mettez dans une casserole un
morceau de beurre dans lequel vous faites sauter de temps
en temps les pommes de terre. Cuites ainsi, vous les pilez
dans un mortier en les délayant avec du bouillon, ou du
lait si c'est pour maigre, puis vous les mettez dans une
casserole avec un morceau de beurre, et vous faites prendre à votre purée la consistance d'une bouillie épaisse en
la remuant continuellement pendant une demi-heure, et
assaisonnez.

Potage aux choux et fromage. — Faites cuire vos choux
comme il est prescrit à l'article précédent, ensuite mettez
une couche peu épaisse de bon beurre au fond d'une casserole ; couvrez le beurre d'un lit de pain saupoudré de
fromage râpé ou coupé en lames très minces ; faites ensuite un lit de choux, puis un lit de pain et une couche de
fromage sur chaque lit ; trempez avec du bon bouillon
gras, en suffisante quantité pour imbiber le tout, salez,
et mettez la casserole sur un feu doux, et faites mijoter
une demi-heure ; renversez le potage dans la soupière et
ajoutez du bouillon pour le rendre moins épais.

Potage aux laitues. — Prenez des laitues, épluchez-les,
lavez-les bien, faites-les blanchir et jetez-les dans de l'eau
fraîche, ensuite ficelez-les, puis mettez dans une casserole des bardes de lard ; placez-y vos laitues, sur lesquelles vous mettrez deux ou trois lames de jambon, une carotte, un oignon, un clou de girofle et une demi-feuille de
laurier ; mouillez le tout avec la graisse de votre bouillon
au consommé, salez-les ; laissez cuire doucement ; lorsque
vous voudrez servir votre potage, égouttez-les et pressez-
les légèrement afin d'en faire sortir le trop de graisse, versez ensuite votre bouillon sur le pain en plaçant dessus
vos laitues, entières ou coupées en deux, afin de garnir
le potage.

Potage au macaroni. — Ayez dans une casserole du bon
bouillon de consommé, tenez-le bouillant, mettez-y du

macaroni, écumez le quand il aura bouilli un quart-
d'heure, retirez-le du feu dont vous apaiserez l'ardeur en
le couvrant d'un peu de cendre, remettez-y votre casserole, prenez moitié de fromage de parmesan, moitié de
gruyère râpés, mettez-les dans votre potage ; il faut que
ce potage soit plus épais que clair,

Potage aux poireaux. — Coupez des poireaux bien lavés
et épluchés en petits morceaux, faites-les revenir dans le
beurre jusqu'à ce qu'ils soient roux, faites-les cuire sur
un feu doux dans quantité suffisante de bouillon : après
qu'ils sont cuits, versez sur votre pain dans la soupière.

Potage aux carottes. — Coupez en petits morceaux des
carottes nouvelles, faites-les blanchir, puis égouttez-les,
et faites-les cuire dans du bouillon gras ; lorsqu'elles seront cuites versez-les sur le pain.

Potage aux concombres. — Même procédé.

Potage aux navets. — Même procédé, à l'exception que
lorsque les navets seront tournés, il faut les faire sauter
dans le beurre pour leur donner une belle couleur.

Riz au gras.—Prenez la quantité suffisante et relative au
nombre des convives, lavez votre riz plusieurs fois à l'eau
tiède en le frottant bien, puis à l'eau froide, mouillez à
grand bouillon pour qu'il ne se mette pas en bouillie, faites bouillir pendant deux bonnes heures à petit feu ; comme votre bouillon a été salé, mettez peu de sel ou point.
Afin de donner une belle couleur à votre potage, vous y
mettrez une demi-cuillerée de jus (indiqué à l'article jus).

Vermicelle au gras. — Mettez dans une casserole la quantité de bouillon suffisante pour faire votre potage, faites-
le bouillir, rompez légèrement votre vermicelle afin qu'il
ne se mette pas en pelotte, et metttez-le petit à petit dans
le bouillon ; laissez-le bouillir un quart-heure, retirez la
casserole, apaisez le feu avec un peu de cendres, remettez la casserole au feu et laissez mijoter le vermicelle jusqu'à ce qu'il soit cuit. L'on peut, comme au riz, y ajouter
une demi-cuillerée de jus.

Potages. — A la semoule, aux lazagnes, aux nouilles,
et généralement à toutes sortes de pâtes, se font de la
même manière que le potage de vermicelle au gras.

Potage à la fécule de pommes de terre. — Lorsque votre

bouillon sera bouillant, délayez avec un demi-verre de bouillon froid la quantité de fécule que vous désirez; retirez la casserole sur le bord du fourneau, et versez la fécule en tournant toujours avec une cuillère pour qu'elle ne tombe pas au fond.

Potage aux marrons. — Faites bouillir dans l'eau des marrons de bonne qualité que vous aurez épluchés jusqu'à ce que vous puissiez en enlever l'épiderme: pilez-les dans un mortier avec un morceau de pain humecté de bouillon; passez-les dans une étamine, et pour faciliter l'opération, jetez-y un peu de bouillon; mettez cette purée sur le feu, délayée dans du bon consommé et assaisonnée de sel: après trois quarts d'heure de cuisson, dégraissez et servez avec des croûtons frits. On peut employer également du bouillon maigre. On est dans l'usage de conserver quelques marrons cuits et bien épluchés pour les jeter dans le potage au moment de le servir.

Potage à la moelle. — Après avoir fait fondre une livre de moelle de bœuf, passez-la au tamis, et cassez une douzaine d'œufs; faites tremper, d'autre part, environ quatre onces de pain mollet dans le bouillon, avec un peu de farine, du persil, de la muscade, du sel et du poivre; versez sur ses ingrédients la moelle de bœuf mêlée avec les œufs, et formez avec le tout des boulettes que vous ferez ensuite bouillir dans le bouillon pendant quelques instants; versez le potage dans la soupière et servez.

Potage à la languedocienne. — C'est tout simplement une julienne, dans laquelle l'huile remplace le beurre, et dans laquelle on met des croûtons frits aussi dans l'huile.

Potage à la tortue. — On met tranche de bœuf, parure de veau, poule ou parure de volaille, moitié consommé et moitié blond de veau, carottes, oignons, cloux de girofle, dans une marmite; moitié de tête de veau dégorgée et blanchie, coupée par petits morceaux dans une autre marmite, petits piments, macis de muscade, consommé, vin de Madère, champignons, riz de veau en très-petits morceaux, crêtes de coqs, rognons, quenelles de volaille; dans la soupière, œufs pochés, et le potage dessus.

Potage à la garbure, à la Villeroi. — Coupez en petits morceaux carrés des navets, des carottes, des oignons, du céleri, des poireaux; faites revenir cela dans le beurre, et lorsque ces légumes auront pris une belle couleur blonde, vous y ajouterez des laitues et du cerfeuil que vous aurez hachés. Mêlez bien le tout, et mouillez de temps en temps avec du bon bouillon. Le tout étant bien cuit tressez les légumes en mettant successivement un lit de légumes et un lit de tranches de pain fort minces auxquels vons ajouterez un peu de gros poivre. Mouillez avec du bouillon, faites gratiner et servez comme il est dit pour les autres garbures.

Potage à la purée de gibier. — Composez un pot-au-feu avec un beau morceau de bœuf, un pied de veau, deux ou trois perdrix, un lapereau et préférablement un faisan que vous ferez bouillir pendant environ quatre heures dans du bouillon. Broyez plusieurs perdreaux rôtis et passez-les au tamis de manière à en former une purée que vous ferez seulement chauffer dans le bouillon préparé comme il a été indiqué, et servez le tout avec du croûton.

Potage aux tomates. — Mettez dans une casserolle des tomates dont vous aurez extrait le jus et les pepins ; ajoutez-y des tranches de jambon bien minces et bien maigres, quelques oignons, un bouquet garni, du sel et du poivre, un morceau de beurre et quelques croûtes de pain ; faites cuire le tout sur un feu bien doux ; puis passez cette préparation à l'étamine en la foulant avec une cuillère de bois ; ajoutez à cette purée une certaine quantité de consommé et du riz que vous aurez également fait cuire dans du consommé.

Potage à la purée d'oseille. — Mettez dans une marmite une égale quantité d'oseille et de laitues, et faites-les fondre ; d'autre part, faites cuire des pois verts, mêlez ensuite le tout ensemble, et faites une purée en le passant à l'étamine. Après avoir mis dans cette purée assez de consommé pour qu'elle ne soit ni trop claire ni trop épaisse, vous y joindrez des pointes d'asperges si c'est la saison, et vous ferez bouillir le potage jusqu'à ce que les asperges soient cuites ; ajoutez-y ensuite un peu de beurre et versez le dans une soupière où vous aurez mis d'abord des croûtons bien jaunes, taillés en petits dés.

Potage à la vierge. — Prenez environ une chopine de bouillon, la partie la plus grasse ; mettez-y la grosseur d'un œuf de mie de pain ; faites-lui faire quelques bouillons. Pilez bien fin, dans un mortier, du blanc de volaille

cuite à la broche, avec quelques amandes douces et six
jaunes d'œufs durs ; quand le tout sera bien pilé, ajoutez-y le bouillon à la mie de pain et un demi-setier de
crême, ou un poisson de lait ; passez votre coulis au tamis ;
assaisonnez-le et tenez-le chaud au bain-marie, jusqu'à
ce que, votre potage préparé avec des croûtes bien cha-
pelées et un peu de bouillon, vous puissiez y mettre votre
coulis bien chaud, sans néanmoins qu'il bouille, parce
qu'il tournerait.

Potage à la reine. — Faites bouillotter du consommé
dans lequel vous aurez mis un morceau de mie de pain ;
jettez-y un mélange de blanc de volaille rôtie, d'amandes
douces et amères et de jaunes d'œufs durcis, que vous aurez préalablement pilés ; délayez-y un bon verre de crême
et passez le tout au tamis. Ce coulis, assaisonné et tenu
chaud au bain-marie, sera mêlé au potage qu'on aura
préparé, et servez bien chaud.

Potage à la Clermont-Tonnerre. — Faites revenir dans
le beurre plusieurs carottes, quelques oignons, des navets et autres plantes potagères, sans trop les laisser avan-
cer dans la cuisson, au moyen d'un peu de bouillon qu'on
y mélangera ; passez le tout au tamis, et laissez reposer
avant de réunir cette purée à un potage consommé.

Potage aux écrevisses. — Elles ont un boyau noir et amer
que vous retirez en arrachant l'écaille qui se trouve au
milieu de la queue ; faites-les cuire dans du bouillon (d'autres emploient eau et vinaigre en quantité égale, avec farine, sel, poivre et ail) ; quand elles seront cuites, écrasez
les têtes, mouillez-les de bouillon, et passez au tamis,
trempez votre riz ou vos croûtes avec des queues d'écrevisses.

POTAGES MAIGRES.

La plupart des potages au gras peuvent être préparés au
maigre, par la simple substitution de bouillon maigre indiqué ci-après, au consommé, ou bouillon gras.

Bouillon maigre. — Coupez des carottes en rouelles minces, autant de navets et d'oignons, un chou, deux panais,
un pied de céleri : mettez le tout dans une marmite, en y
joignant un verre d'eau, un quarteron de beurre frais et
un bouquet de persil ; faites bouillir jusqu'à ce que l'eau

soit évaporée, ajoutez ensuite un petit litron de pois, quelques pommes de terre jaunes en quantité nécessaire, mettez-y du bouillon de pois.

Bouillon de pois. — Prenez un litron de pois, lavez-les et laissez tremper quelques heures, mettez-les dans une marmite avec oignons et carottes, assaisonnez, faites bouillir et n'attendez pas que les pois se mettent en purée, retirez du feu, passez le tout dans une passoire, laissez reposer, tirez à clair et laissez mijoter pendant trois heures après avoir assaisonné convenablement, et ensuite passez au tamis.

Ce bouillon et celui au maigre peuvent servir pour faire au maigre toutes les espèces de potages indiqués au gras. Au lieu de bouillon de pois, on peut mettre de l'eau chaude.

Riz au maigre. — Faites bien crever votre riz à l'eau après l'avoir lavé comme on fait pour le faire au gras; mettez beurre frais, sel et poivre, et au moment de servir ajoutez deux jaunes d'œufs.

Riz au lait. — On se sert de lait au lieu d'eau, l'on assaisonne avec deux onces de sucre et une feuille de laurier-amande.

Potage au vermicelle. — Le jeter dans le lait bouillant après l'avoir rompu légèrement, et le faire bouillir à grand feu pendant près d'une demi-heure; l'assaisonner de sucre et d'une feuille de laurier-amande. On peut le faire aussi comme le riz au maigre.

Potage à la semoule. — Comme le vermicelle; mais il ne faut pas que le liquide soit aussi chaud; avoir soin de toujours remuer avec une cuillère, afin d'éviter les grumeaux qui s'y formeraient. On le peut faire au maigre ou au lait, comme au riz.

Potage aux salsifis. — Prenez de gros salsifis; ratissez-les et coupez-les en petits morceaux, faites-les blanchir pendant quelques minutes à l'eau bouillante, et puis faites les cuire à fond dans du bouillon maigre; vous lierez ce potage avec six jaunes d'œufs avant de le verser sur le pain dans la soupière.

Potage aux grenouilles. — Faites bouillir dans de l'eau, avec sel et poivre et tout l'assaisonnement d'un pot-au-

feu, des cuisses de grenouilles après les avoir dépouillées ;
il en résultera un excellent bouillon.

Potage à la jardinière. — Coupez par morceaux carottes,
navets et pommes de terre : ajoutez-y poireaux et céleri,
coupés de la même manière ; faites-les blanchir et mettez-
les cuire dans du bouillon maigre.

Potage aux herbes. — Epluchez oseille, laitues, poirée
et cerfeuil, hachez le tout et faites revenir avec un morceau de beurre frais : lorsque le tout est bien assez cuit,
mouillez avec suffisante quantité de bouillon maigre, et
versez sur le pain au moment que le bouillon est prêt à
bouillir ; on peut y ajouter des jaunes d'œufs comme liaison.

Potage à l'oignon. — Epluchez vos oignons, faites fondre
du beurre dans une poële, faites frire et roussir vos oignons, puis mettant l'eau nécessaire à ce potage, vous
laissez bouillir le tout pendant une heure, après l'avoir
assaisonné de sel et poivre, versez votre bouillon sur le
pain dans la soupière, couvrez-la, et laissez mitonner au
moins cinq à six minutes.

Potage au fromage. — Mettez dans une casserole une
couche de pain et par dessus une de fromage rapé; faites
ainsi plusieurs couches l'une sur l'autre ; mouillez avec
votre bouillon maigre et laissez mitonner doucement ; au
moment de servir, ajoutez la quantité de bouillon nécessaire.

Potage printanier. — Prenez pois nouveaux, cerfeuil,
pourpier, laitues, oseille, oignons, persil, joignez-y un
morceau de beurre, faites bouillir le tout avec bouillon
maigre, passez-le en purée, faites mitonner le potage avec
trois quarts de bouillon, délayez dans l'autre quart des
jaunes d'œufs, versez votre liaison avant de servir.

Purée au maigre. — Comme dans les potages maigres
on se sert souvent de purée; pour en avoir de bonne, suivez la recette ci-après :

Pilez six jaunes d'œufs durs, en y ajoutant peu à peu,
et sans cesser de piler, six cuillerées d'huile fine, ajoutez
encore, sans cesser de piler, du poivre et du sel, six
gouttes de piment, un peu de safran et un demi-verre de

vinaigre. Il résulte de cela une purée que l'on passe à l'étamine, et qui se sert froide.

Maïs au blé de Turquie. — Mettez votre maïs en farine dans une casserole et délayez-le bien avec du lait, assez longtemps pour qu'il ne se fasse pas de grumeaux; ensuite mettez votre casserole sous un feu doux. Afin que votre bouillie ne brûle pas au fond, remuez toujours; lorsqu'elle aura bouilli un petit quart d'heure et quelle sera cuite, retirez du feu et servez. On peut la sucrer si l'on veut, ou la saler légèrement.

Pour faire le maïs au beurre, délayez cette farine avec de l'eau froide, et suivez le même procédé qu'au lait. Lorsque la bouillie sera bien chaude, mettez dedans un bon morceau de beurre frais, salez-la, remuez toujours jusqu'à ce que cette bouillie soit cuite.

Bouillie à la farine. — Comme le procédé ci-dessus.

Potage au potiron. — Faites cuire à l'eau du potiron coupé par petits morceaux, en le remuant souvent avec une cuillère de bois : passez à travers un tamis, ajoutez du beurre, du lait et du sucre avant de servir.

Potage aux croûtons. — Coupez du pain en morceaux carrés comme des dés, faites-les frire dans de bon beurre ; puis mettez-les dans une purée de pois, de haricots ou de lentilles.

Potage à la julienne. — Prenez carottes, oignons, céléri, navets, panais, oseille en égale quantité, le tout bien haché, et que vous ferez revenir dans du beurre, excepté l'oseille. Lorsque ces légumes commenceront à se colorer, hachez l'oseille avec du persil, de la ciboule, laitue et cerfeuil, que vous mettrez cuire avec pendant un quart d'heure, mouillez avec du bouillon maigre ou de l'eau, laissez bouillir une heure, et versez sur le pain en ajoutant une purée quelconque.

Panade. — Faites bouillir du pain mollet dans de l'eau avec sel et poivre, jusqu'à ce que le pain soit réduit en pâte ; retirez du feu cette préparation et ajoutez-y une liaison de jaunes d'œufs en remuant toujours, remettez le bouillon sur le feu, et continuez de le remuer jusqu'à ce qu'il soit épaissi.

Observation. Attendu que l'on se sert de bouillon gras

dans ces divers procédés, que ce bouillon est salé, il faut goûter s'il l'est assez ou non, et y suppléer.

Faites cuire des pois mondés avec la quantité d'eau strictement nécessaire, sel, gros poivre, bouquet garni et un morceau de beurre, ajoutez de l'eau à mesure qu'elle est absorbée en tournant jusqu'à ce que la purée soit cuite, ensuite écrasez-les dans une passoire à petits trous; pour faciliter le passage on verse de temps en temps sur les pois un peu de bouillon dans laquelle ils sont cuits.

Nota. Les purées de lentilles, haricots, navets et carottes, se font de même que celle des pois.

Purée au gras. — Même procédé, excepté qu'au lieu d'eau vous ajoutez de même du bouillon gras.

Purée de pois verts. — Prenez deux litres de pois verts, un quarteron de beurre frais, mettez-les dans de l'eau bouillante, et faites cuire avec persil, ciboules, sel; lorsqu'ils sont cuits, passez votre purée.

Potage au lait d'amandes. — Ayez des amandes amères et douces, dans la proportion d'une seule amande amère pour deux onces d'amandes douces; faites-les tremper un instant dans de l'eau bouillante, afin de pouvoir en lever la peau facilement; puis pilez-les, en ayant soin de les mouiller de temps en temps avec un peu de lait. Passez cette espèce de purée à l'étamine, mêlez-la à une certaine quantité de lait bouillant, et opérez, du reste, comme il est dit à l'article précédent.

Potage à la monaco. — Saupoudrez de sucre de petits morceaux de pain fort menus, et jetez dessus du lait, dans lequel vous aurez délayé des jaunes d'œufs.

Potages aux huîtres ou aux moules. — Prenez des huîtres ou des moules (les premières doivent être ouvertes), faites-les cuire dans leur eau; d'autre part, faites cuire dans du beurre des oignons coupés par tranches; quand ils seront de belle couleur, vous jetterez dessus un peu de farine, et vous les mouillerez avec l'eau des huîtres ou des moules, puis vous lierez ce bouillon avec des jaunes d'œufs, vous mettrez les huîtres ou les moules dedans, et vous verserez le tout sur des croûtons sautés au beurre.

SAUCES, RAGOUTS ET GARNITURES.

Beaucoup de sauces sont communes aux préparations culinaires, et le bouillon sert souvent à les confectionner;

il remplace les jus et les veloutés. L'on doit donc avoir presque toujours un fond de cuisson, qui n'est autre que le bouillon dans lequel on a fait cuire les viandes. Il est ordinairement très corsé et aromatisé, et devient par conséquent la base de presque toutes les sauces.

Fond de cuisson. — On appelle fond de cuisson le bouillon dans lequel on fait cuire des viandes; ce bouillon, qui est très corsé et aromatisé, est la base d'une foule de sauces.

Jus. — C'est la base de toutes les sauces. Mettez dans une casserole trois livres de tranche, les cuisses et le râble de deux lapins, un jarret de veau, six carottes, autant d'oignons, deux clous de girofle, deux feuilles de laurier, un bouquet de persil et de ciboule; versez plein deux cuillères à pot de bouillon dans votre casserole, que vous placerez sur un bon feu; votre bouillon réduit, vous étoufferez votre fourneau et y remettrez votre casserole, afin que votre viande jette son jus et qu'il s'attache doucement. Il est essentiel que la glace qui est au fond de votre casserole soit noire. Lorsqu'elle sera à ce point, vous retirerez votre casserole du feu, et resterez environ un quart d'heure sans la mouiller: remplissez-la avec du bouillon ou de l'eau; faites ensuite mijoter votre jus pendant trois heures. Ayez soin qu'il soit bien assaisonné. Si vos viandes cuites sont mouillées à l'eau, vous passerez le jus à travers un tamis de crin. On peut faire le jus plus simplement en mettant dans le fond d'une casserole un peu de lard, quelques tranches d'oignons et des morceaux de ruelle de veau minces par dessus: on les fait suer à très petit feu, puis attacher sans être brûlés; on mouille avec du bouillon; on fait bouillir une demi-heure, et l'on passe le jus au tamis pour s'en servir à ce que l'on juge à propos.

Blond de veau. — Mettez dans une casserole un casi et un jarret de veau, deux carottes, autant d'oignons; mouillez le tout avec du bouillon, et faites-le bouillir sur un feu ardent jusqu'à ce que le bouillon soit réduit; diminuez le feu afin que la glace ne brûle, et lorsqu'elle aura pris couleur, mouillez de nouveau avec du bouillon; faites bouillir; écumez avec soin et conservez cette préparation pour en servir au besoin.

Coulis d'écrevisses. — Choisissez des écrevisses de

moyenne grosseur que vous ferez bouillir dans l'eau ; prenez-en les coquilles et pilez-les, quand elles seront sèches, dans un mortier ; délayez avec du bouillon et passez au tamis. Si vous voulez ce coulis au gras, vous le mêlerez à un jus de veau, de jambon, d'oignon, de carottes, cuits ensemble ; si c'est au maigre, vous y substituerez du poisson.

Coulis maigre. — On fait cuire à petit feu, dans une casserole bien couverte et remplie d'eau aux deux tiers, des pois secs, pommes de terre, panais, carottes, navets, céleri, clous de girofle, et enfin tout ce qui entre dans un bouillon maigre ; mais pour être plus épais, il faut que le coulis soit bien plus cuit. Exprimez le jus en pressant fortement, et passez.

Coulis. — Beurrez le fond d'une casserole ; placez-y trois livres de maigre de veau, clous de girofle, une demi-douzaine de petits oignons ; faites prendre au veau une couleur blonde ; mouillez avec du bouillon ; quand le tout aura cuit à petit feu pendant cinq à six heures, vous retirerez la viande et passerez le bouillon au tamis.

Bouquet garni. — Il se compose de persil, de tanaisie, de sarriette, fenouil, verveine, estragon, cerfeuil, ciboule et ambroisie, basilic, thym, feuilles du laurier poète. La principale chose à considérer, c'est qu'aucun de ces ingrédients ne puisse dominer sur le goût des autres.

Il faut ajouter un bouquet garni à l'assaisonnement et dans le mouillement de la plupart des ragoûts. Il faut donc le composer avec soin.

Velouté au gras. — Ayez deux ou trois sous-noix de cuissot de veau, deux poules, quatre carottes, quatre oignons, dont un piqué de clous de girofle, un fort bouquet de persil et ciboules, et le tout dans une casserole. Mettez-y plein une cuillère à pot de consommé, placez la casserole sur un feu un peu ardent, ayez soin d'écumer vos viandes et d'essuyer l'intérieur de votre casserole, afin que votre sauce ne soit point trouble. Lorsque vous verrez que votre mouillement sera diminué, et qu'il fera de grosses bulles en bouillant, vous mouillerez votre suage avec du consommé, en ayant soin qu'il soit bien clair, et qu'il n'ait point de couleur brune. Quand vous aurez rempli votre casserole de consommé, vous aurez l'attention de l'écumer. Lorsqu'il bouillera, vous le mettrez sur le coin du fourneau ; vous ferez un roux-blanc dans lequel vous mettrez des champignons que vous aurez fait sauter à froid dans de l'eau et du citron, que vous remettrez dans votre roux-chaud ; puis vous démêlerez votre roux-blanc avec le mouillement de votre velouté, vous le verserez après sur vos viandes, vous ferez bouillir votre sauce sur le coin du fourneau, vous l'écumerez bien. Au bout d'une heure et demie, vous dégraisserez. Lorsque votre viande sera cuite, vous passerez votre sauce à l'étamine : tâchez que votre velouté soit le plus blanc possible.

Velouté au maigre. — Coupez par morceaux une carpe et un brochet, et mettez-les dans une casserole avec deux ou trois oignons, autant de carottes, sel, poivre, clous de girofle et bouquet garni. Après avoir fait revenir tout cela dans le beurre, mais sans lui faire prendre couleur, vous le mouillerez avec du bouillon maigre, et vous ferez bouillir jusqu'à ce que le poisson soit cuit : faites alors un roux-blanc (voy. art. *Roux blanc*); mouillez-le avec le fond de cuisson du poisson ; ajoutez-y des champignons, et laissez bouillir cette sauce jusqu'à ce qu'elle soit assez épaisse. Alors vous la passerez à l'étamine après l'avoir dégraissée.

Jus maigre. — Faites revenir dans du beurre une carpe et un brochet coupés par morceaux, ainsi que des carottes et des oignons coupés par tranches, un bouquet garni, un clou de girofle, du poivre et du sel. Le tout étant bien revenu, mouillez avec un verre de vin blanc, autant de bouillon maigre, et faites réduire jusqu'à ce que ces ingrédients tombent sur glace, et que cette glace soit presque noire : mouillez alors avec une plus grande quantité de bouillon maigre et un peu de vin; ajoutez des champignons, et faites bouillir de nouveau jusqu'à ce que tous les ingrédients soient cuits, et passez ce jus au tamis.

Nota. On fait le blond maigre en ayant soin de ne pas faire prendre autant de couleur, et ces diverses préparations s'emploient pour faire au maigre les sauces qui se font au gras, avec le velouté gras, le blond gras, etc.

Empotage. — On appelle *empotage* du bouillon que l'on a fait réduire, de manière à lui donner autant de force qu'en a de bon consommé.

Champignons. — Bien que certains champignons qui se trouvent dans les bois et les pelouses soient très bons, il est néanmoins très imprudent de s'en servir, attendu que les bons ressemblent beaucoup aux vénéneux qui peuvent causer la mort. Les champignons de couche sont donc les seuls qui doivent trouver accès dans une bonne cuisine.

Morilles. — Les morilles sont des espèces de champignons qui ressemblent à de petites éponges, et qui viennent sans culture. On les emploie comme les champignons après les avoir lavées à l'eau chaude pour les débarrasser du gravier dont elles sont souvent remplies.

Mousserons. — Les mousserons sont aussi de la famille des champignons. Ils se préparent comme les morilles.

Persil, fines herbes. — Pour que le persil haché ne conserve pas trop d'âcreté, il faut, lorsqu'on l'a haché aux trois quarts, jeter de l'eau dessus et le presser fortement dans une serviette ; puis on achève de le hacher le plus mince possible. On fait de même pour les oignons, les échalottes et l'ail.

Sauce aux truffes. — On met les truffes coupées par tranches dans un roux ; quand elles sont cuites, on les mouille de bouillon et de vin blanc ; on assaisonne ; on peut remplacer le bouillon gras par un maigre.

Sauce au beurre. — Mettez dans une casserole une pincée de farine que vous aurez délayée avec une cuillerée d'eau ; ajoutez un peu de beurre, sel, poivre, muscade, girofle, et mettez le tout sur un feu ardent. Tournez sans cesse cette préparation avec une cuillère de bois ; après quelques minutes d'ébullition, ôtez la casserole du feu et ajoutez à la sauce un fort morceau de beurre frais et un peu de vinaigre.

Sauce à la provençale. — Vous mettrez dans une casserole deux cuillerées d'huile fine, quelques échalottes et champignons hachés, deux gousses d'ail entières, passez le tout sur le feu ; ajoutez une pincée de farine, mouillez avec du bouillon et un verre de vin blanc, assaisonnez de sel, gros poivre, un peu de persil, ciboules, faites bouillir cette sauce à petit feu pendant une demi-heure ; dégraissez-la et ne laissez d'huile que ce qu'il faut pour qu'elle soit perlée et légère, ôtez le bouquet et les gousses d'ail, et servez sur ce que vous jugerez à propos.

Sauce à la remoulade. — Hachez très fin une échalotte, du persil, de la ciboule, une pointe d'ail, un anchois et des capres, salez, poivrez et délayez le tout avec un peu de moutarde, de l'huile et du vinaigre. Pour rendre la sauce meilleure, on peut y ajouter un jaune d'œuf cru que l'on remue avec la remoulade.

Sauce aux échalottes. — Hachez très fin des échalottes, mettez dans une casserole avec un demi-verre de vinaigre, une demi-gousse d'ail, sel, gros poivre, muscade, une feuille de laurier, une cuillerée de gelée ou de jus de viande rôtie, faites réduire de deux tiers, mouillez avec un peu de jus ou de bouillon; au moment de servir, ajoutez une cuillerée d'huile.

Sauce verte chaude. — Mettez dans une casserole un verre de jus, autant de vin blanc, et faites réduire; d'un côté, hachez et pilez dans un mortier toutes les petites herbes que l'on emploie en fourniture de salade; exprimez le tout pour en tirer le jus qui est vert, délayez dans ce jus quatre jaunes d'œufs et servez-vous-en pour lier la sauce.

Sauce verte froide. — Prenez cerfeuil, cresson alénois, pourpier, pinprenelle, estragon, un peu de baume, civette, de chaque suivant la force; pilez le tout dans un mortier après l'avoir haché; ajoutez de la rocambole hachée, de l'huile; sel, gros poivre et suffisante quantité de moutarde; mélangez bien le tout; si elle est trop épaisse, ajoutez de l'huile.

Sauce au blanc. — Prenez une demi-livre de lard râpé, une demi-livre de graisse, un quarteron de beurre, un citron coupé en tranches, dont vous ôterez le blanc, du laurier, un clou de girofle, deux carottes coupées en dés, deux oignons, une demi-cuillerée d'eau; vous ferez bouillir le tout jusqu'à ce qu'il soit réduit, ayant soin de tourner sans cesse votre blanc, de crainte qu'il ne s'attache. Quand il n'y aura plus de mouillement, et que votre graisse sera fondue, vous y jetterez du sel blanc; vous le ferez bouillir, vous l'écumerez, après quoi vous vous en servirez pour les mets que vous voulez faire au blanc.

Rocambole. — Épeluchez plein un grand verre de rocambole; mettez-les dans de l'eau bouillante; vous les retirerez quand elles commenceront à s'écraser sous les doigts et les mettrez dans de l'eau fraîche; quand elles seront froides, vous les mettrez dans du velouté que vous aurez fait réduire; vous pouvez lier votre velouté.

Sauce maître d'hôtel froide. — On marine un morceau de beurre avec du persil haché, du sel et un jus de citron. On peut aussi y mettre un peu de ciboule, et on met cette sauce sur les viandes, le poisson et les légumes, sans la faire chauffer.

Sauce maître d'hôtel liée. — C'est une sauce blanche à laquelle on ajoute un peu de persil haché (voyez sauce blanche).

Sauce aux câpres. — Sauce blanche à laquelle on ajoute des câpres.

Sauce italienne. — Hachez très menu des champignons, échalottes, persil; passez-les au beurre dans une casserole, ajoutez un peu de farine; mouillez avec du jus ou du bouillon et un verre de vin blanc; faites bouillir et dégraissez cette sauce avec soin.

Sauce au beurre et à l'ail. — Pilez la moitié d'une gousse d'ail; mêlez-la à un morceau de beurre environ de deux onces, et mettez ce beurre dans du velouté travaillé (voir Velouté).

Roux. — Mettez dans une casserole un morceau de beurre plus ou moins fort; lorsqu'il est fondu, on y met de la farine autant qu'il en peut humecter, et lorsque le roux commence à bouillir, on le met sur un feu très doux que l'on entretient; il faut le remuer souvent, crainte qu'il ne s'attache; lorsqu'il a une couleur blonde, on le dépose dans une terrine. Il se garde longtemps.

Roux blanc. — Même procédé; seulement on le laisse moins de temps sur le feu pour éviter qu'il ne prenne couleur. Ce roux ne se fait qu'au moment de s'en servir.

Beurre noir. — Faites noircir du beurre dans une poêle, écumez et tirez à clair. Faites bouillir dans la même poêle dú vinaigre avec du sel ; ajoutez-y votre beurre et versez bouillant sur le poisson.

Sauce blanche. — Mettez dans une casserole et sur un feu doux une demi-cuillerée de farine ou de fécule de pommes de terre, afin de faire une bouillie très-claire : délayez - les dans une quantité suffisante d'eau ou de bouillon ; ajoutez du sel , poivre, muscade rapée et placez cette casserole sur le feu en remuant toujours cette bouillie. Lorsqu'elle est cuite , retirez la casserole du feu et faites fondre dans cette bouillie un morceau de beurre très frais ; avant de servir ajoutez un filet de vinaigre ou du verjus, on peut aussi y ajouter des jaunes d'œufs.

Sauce blanche aux câpres. — Mettez dans une casserole gros comme un œuf de beurre que vous mêlerez avec une pincée de farine délayée avec un peu de bouillon, un anchois haché, des câpres entières, sel, gros poivre, ciboules entières ; faites lier votre sauce sur le feu ; ôtez les ciboules avant de servir.

Sauce à la maître d'hôtel. — Mettez un quarteron de beurre dans une casserole, persil, échalottes hachées très menues, sel, poivre, jus de citron : pétrissez le tout ensemble, lorsque cela aura passé sur un feu doux ; au moment de servir, vous versez dessus et dessous votre sauce dans les viandes ou poissons.

Sauce à la béchamel. — Faites une bouillie claire avec du lait et de la farine ; ajoutez un verre de jus blond de veau et un morceau de beurre ; réduisez le tout en consistance suffisante.

Sauce piquante. — Mettez dans une casserole un poisson de vinaigre, un peu de petit piment, du poivre, une feuille de laurier, un peu de thym , faites réduire à moitié; alors ajoutez trois cuillerées de bouillon , réduisez votre sauce à une juste mesure, et mettez-y le sel nécesasire.

Sauce au petit maître. — Mettez dans une casserole un verre de vin blanc, moitié d'un citron coupé en tranches, un peu de chapelure de pain très fine, deux cuillerées à bouche d'huile d'olive, un bouquet de persil , ciboules, ail , un peu d'estragon, deux clous de girofle , un peu de bouillon , sel ; gros poivre, faites bouillir le tout à très petit feu un quart-d'heure, dégraissez ensuite et passez.

Sauce tomate. — Mettez dans une casserole une douzaine de tomates coupées en quartiers, avec un bon morceau de beurre ; ajoutez oignons coupés en tranches, persil, ciboule, feuilles de laurier, sel, poivre, clous de girofle, muscade râpée ; ajoutez un bon morceau de beurre ; faites bouillir en remuant toujours. Quand tout est bien fondu et que la sauce s'épaissit, passez-la et réduisez jusqu'à consistance convenable.

Sauce à la ravigotte. — Dans une casserole mettez un verre de bouillon, une demi-cuillerée à café de vinaigre, sel, poivre, un morceau de beurre manié de farine, une fourniture de civette, estragon, cerfeuil, cresson ; de ces quatre une pincée pour tout ; faites bouillir cette fourniture un moment dans de l'eau ; passez-la bien et hachez-la très-fin avant de la mettre dans la sauce, et faites-la lier sur le feu pour la servir.

Sauce à la poivrade. — Mettez dans une casserole gros comme la moitié d'un œuf de beurre, deux oignons en tranches, carottes et panais coupés en zestes, une gousse d'ail, deux clous de girofle, une feuille de laurier, thym, basilic, passez le tout au feu jusqu'à ce qu'il commence à se colorer ; mettez-y une bonne pincée de farine ; mouillez avec un verre de vin vieux, un verre d'eau, une cuillerée de vinaigre ; faites bouillir une demi-heure, dégraissez, passez au tamis ; mettez-y du sel, gros poivre, et servez-vous-en pour tout ce qui a besoin d'être relevé.

Sauce tartare. — Prenez échalottes, estragon, cerfeuil haché menu, moutarde, épices, filet de vinaigre, huile que l'on tourne jusqu'à ce que le tout soit bien mélangé. Cette sauce se fait à froid.

Sauce au pauvre homme. — Faites cuire échalottes et persil hachés dans du bouillon, avec épices et cuillerée de vinaigre ; joignez-y les restes de rôti que vous aurez voulu réchauffer, et retirez avant qu'ils aient bouilli.

Sauce-Robert. — Mettez dans une casserole un peu de beurre avec une cuillerée à bouche de farine ; faites roussir votre farine à petit feu, quand elle est bien colorée, mettez-y trois gros oignons hachés très fin et du beurre suffisamment pour faire cuire l'oignon ; mouillez ensuite avec du bouillon ; dégraissez la sauce et laissez bouillir une demi-heure ; lorsque vous êtes prêt à servir, mettez-y sel, gros poivre, filet de vinaigre et de la moutarde. Cette sauce s'emploie avec le porc-frais et le dindon.

Sauce à tous mets. — Elle se fait avec vin blanc, un peu de zeste de citron, épices, bouquet garni, filet de verjus que l'on met infuser sur la cendre chaude pendant sept à huit heures. Elle convient à tous gibier, poissons, viandes, légumes.

Sauce aux cornichons. — Mettez dans une casserole beurre, farine, cornichons coupés en tranches, sel, poivre ; mouillez avec du bouillon, faites lier sur le feu.

Sauce à la bonne femme. — Faites roussir dans du beurre champignons, un oignon, une carotte, un panais, une pointe d'ail, persil et ciboules. Mouillez avec moitié bouillon et moitié vin blanc ; assaisonnez suffisamment, faites bouillir à petit feu pendant une heure, passez au tamis.

Beurre d'anchois. — On lave bien cinq ou six anchois, on en enlève les chairs, on les pile bien, on les passe ensuite, sans y mettre de mouillement, à travers un crin. Puis on prend les chairs et on les amalgame avec autant de beurre ; alors on s'en sert pour ce que l'on veut faire au beurre d'anchois.

Sauce à l'allemande. — Mettez dans une casserole un peu de coulis avec autant de bouillon, une pincée de persil blanchi haché, deux foies de volaille cuits, un anchois et des capres, le tout haché très fin, gros comme la moitié d'un œuf de bon beurre, sel, poivre, faites lier la sauce sur le feu, et servez-vous-en pour ce que vous jugerez à propos.

Sauce à l'anglaise. — Hachez deux jaunes d'œufs durs, mettez-en la moitié dans une casserole avec un anchois et des câpres hachés, un verre de bon bouillon, peu de sel, gros poivre, beurre manié de farine ; faites lier la sauce sur le feu, dressez-la sur ce que vous voudrez, et jetez sur la viande le restant du jaune d'œuf haché.

Salmis. — Les salmis ne s'emploient que pour le gi-

bier : les perdreaux, la bécasse, le faisan, les canards sauvages. Faites fondre sans roussir un morceau de beurre
manié de farine, mouillez de bouillon et de vin , parties
égales; ajoutez des échalottes et un bouquet garni que
l'on retirera après que la sauce aura bouilli pendant vingt-
cinq minutes, mettez du jus de citron, épicez et retirez du
feu.

Sauce à l'espagnole. — Mettez dans une casserole du jus
de viandes, un verre de vin blanc et autant de bouillon ,
carottes, oignons, panais, bouquet garni , muscade, sel ,
poivre et deux cuillerées d'huile d'olive; faites bouillir à
petit feu pendant une heure, après quoi vous dégraisserez
et passerez au tamis avant de servir.

Sauce aux cornichons. — Mettez dans une casserole
beurre, farine, cornichons coupés en tranches, sel poivre :
mouillez avec du bouillon, faites lier sur le feu et servez.

Sauce au jus d'orange. — Mettez dans une casserole un
demi-verre de bon bouillon , avec autant de jus, quelques
zestes de pelure d'orange aigre, gros comme la moitié d'un
œuf de bon beurre manié avec une petite pincée de farine,
sel, gros poivre, faites lier sur le feu, et pressez-y ensuite
le jus d'une orange aigre.

Sauce mayonnaise. — Mêlez bien dans un bol un jaune
d'œuf, poivre , sel , cinq ou six gouttes de vinaigre, une
cuillerée d'huile versée goutte à goutte et toujours en
tournant. Le mélange opéré, et la sauce bien liée, vous y
ajouterez encore une cuillerée de vinaigre.

Cette sauce délicate sert à masquer les viandes froides.

DES RAGOUTS ET GARNITURES.

Les ragoûts et garnitures sont des préparations ou des
substances diverses que l'on ajoute à plusieurs mets , dans
le but d'aiguillonner la sensualité et de piquer l'appétit,
comme les riz-de-veau, les crêtes , les écrevisses, les rognons qui accompagnent les tourtes, les vol-au-vent,
les fricassées de poulets, etc. D'autres sont de préférence
mangés isolés, tels que les truffes , les foies gras, les laitances, etc.; dans ces derniers cas, ils se servent en entremets.

Ragoût de truffes. — Prenez de moyennes truffes et coupez-les en tranches ; mettez-les dans une petite casserole ; vous les passez avec très peu de beurre et de muscade râpée, vous les mouillez avec de l'espagnole et du consommé, et, après les avoir dégraissées, vous incorporez un verre de vin de Champagne réduit.

Ragoût de foies gras. — Vous ôtez l'amer des foies gras, et les coupez par morceaux, s'ils sont trop gros ; vous les faites cuire dans une mirepoix , et, après les avoir égouttés, vous les incorporez, au moment de servir , dans une bonne espagnole clarifiée et réduite à son point.

Ragoût de laitances. — Vous faites réduire une demibouteille de vin de Champagne avec un bouquet garni ; quand elle est réduite, ôtez le bouquet, et mettez à la place quelques cuillerées d'espagnole et de consommé ; clarifiez cette sauce et réduisez-la ensuite à son point après avoir fait blanchir légèrement des laitances de carpe , faites-les mijoter quelque temps dans leur sauce.

Quenelles de volaille. — Levez des blancs de volaille rôties, ôtez-en les nerfs et les peaux , et pilez ces blancs dans un mortier. Pilez, d'autre part , de la mie de pain que vous aurez fait tremper dans du lait et un fort morceau de beurre. Passez au tamis ces blancs de volaille pilés ; mettez-les dans le mortier où sont la mie de pain et le beurre, et pilez de nouveau en ajoutant successivement du sel, du poivre et de la muscade, des jaunes d'œufs et des blancs d'œufs fouettés en neige. Faites , avec cette espèce de pâte, de petits bâtons longs et gros comme le pouce, et faites-les pocher dans du bouillon bouillant.

Papillottes de toutes sortes de filets de viande. — Prenez des filets de volaille ou gibier dans leur longueur, faites-les mariner avec sel, gros poivre, fines épices, thym, basilic, laurier en poudre, ail, échalottes, champignons, le tout haché, huile fine. Prenez du papier blanc, que vous frotterez d'huile, mettez dedans les filets avec leur marinade entre des bardes de lard ; faites-les cuire sur le gril à petit feu, et servez.

Chou à la flamande. — Coupez menu bon chou, faites-le blanchir ; hachez de l'ail, échalottes, persil, ciboules, champignons ; passez le tout avec un morceau de beurre :

égouttez les choux et les pressez pour en faire sortir l'eau ; faites-les cuire avec des fines herbes, sans les mouiller ; assaisonnez de sel, gros poivre. Servez à courte sauce.

Farce cuite. — Faites revenir dans du beurre des blancs de volailles crus et assaisonnés de muscade, sel et poivre ; ôtez ensuite les blancs pour les faire égoutter, et remplacez-les par un morceau de mie de pain et un peu de persil haché ; mouillez ce pain avec du bouillon, et laissez-le bouillir jusqu'à ce qu'il forme une panade. Pilez alors vos blancs de volailles ; pilez à part la panade, et pilez, toujours à part, la tétine de veau. Ces trois choses étant en égale quantité, mettez-les toutes dans le même mortier, et pilez de nouveau en y ajoutant des jaunes d'œufs.

Pâte à frire. — Faites une pâte claire en délayant de la farine avec des jaunes d'œufs, un demi-verre de bière, un peu d'huile et de beurre, le tout dans une proportion de trois jaunes d'œufs pour un demi-litre de farine et une cuillerée d'huile. La pâte étant bien délayée, fouettez des blancs d'œufs en neige, et mêlez-les bien avec cette pâte.

Pâte à frire à l'italienne. — Délayez une cuillerée de farine avec deux jaunes d'œufs, un peu de lait, du sel et gros poivre. Ajoutez ensuite deux cuillerées d'huile d'olive, et tournez sans cesse jusqu'à ce que tout soit bien mêlé.

Croustade. — Taillez une mie de pain de pâte ferme de manière qu'elle soit un peu moins large que le plat sur lequel vous voulez servir la croustade, et qu'elle ait au moins quatre pouces de haut. Faites avec ce pain, en enlevant l'intérieur, une espèce de caisse ; faites frire cette caisse dans du beurre, et, lorsqu'elle sera bien jaune, vous la ferez égoutter. Cette caisse peut se garnir avec une foule de choses, comme on le verra dans les chapitres suivants.

Pains à la Montmorenci. — Prenez des membres de volaille et de perdreaux ou de bécasses, que vous coupez en zestes ; faites-les mariner avec de l'huile fine, sel, gros poivre, persil, ciboules, champignons, une pointe d'ail, échalottes, le tout haché très fin ; mettez aussi quelques zestes de jambon ; mettez tous vos filets de viande les uns sur les autres, en forme de petits pains ; foncez une casserole de tranches de veau et jambon, mettez dessus les petits pains avec leur marinade, couvrez-les de bardes de lard, faites-les cuire à petit feu. Quand ils seront cuits à propos, retirez-les, et les dressez dans le plat que vous devez servir ; mettez deux cuillerées de coulis dans la casserole avec un peu de réduction ; faites bouillir pour dégraisser, passez la sauce au tamis, mettez-y un jus de citron, servez.

Ragoût de marrons. — Vous pelez un quarteron de marrons, et les passez au beurre sur un fourneau très vif ; par ce procédé, vous leur enlèverez la seconde peau. Vous les faites cuire ensuite dans de l'espagnole et du consommé : faites en sorte que la sauce ne soit pas trop claire, et que les marrons ne soient pas trop cuits, car ils s'écraseraient.

Ragoût d'olives. — Vous prenez telle quantité d'olives que vous jugerez à propos : vous coupez chacune en tournant autour du noyau, de façon que la chair y tienne ; vous les mettez à mesure dans l'eau ; après les avoir bien égouttées, vous les faites blanchir, et les incorporez dans de l'espagnole clarifiée et réduite.

Manière de faire la mirepoix. — Vous coupez en très petits dés un quarteron de jambon maigre et une livre de lard ; mettez le tout dans une casserole, avec une demi-livre de beurre, un bouquet garni, une carotte et un oignon ; après avoir fait mijoter cela pendant une heure, vous les mouillez avec un demi-verre d'eau, afin de faire fondre, le plus qu'il vous sera possible, le lard et le jambon.

Filets en salmis. — Prenez du gibier cuit à la broche ; quand il est froid, ôtez-en la chair et la mincez, faites piler les os dans un mortier. Quand ils sont très fins, délayez-les dans deux cuillerées de réduction, passez-les ensuite dans une étamine, assaisonnez ce coulis avec sel, poivre, mettez les filets dedans pour les faire chauffer sans qu'ils bouillent, servez-les garnis de croûtons frits.

DU BŒUF.

Le bœuf se mange du premier janvier au trente-un décembre, et est bon toute l'année. Les meilleurs sont ceux
dont les chairs sont foncées et couvertes de graisse. Les
parties préférables sont le filet, l'aloyau, le gîte à la noix,
la culotte, la tranche et les entre-côtes ; le paleron ou
épaule, le collet, le flanchet et la tête sont les morceaux
les moins estimés. On peut laisser mortifier le bœuf quatre jours en hiver, deux dans le printemps et l'automne
et dans l'été, suivant les chaleurs et l'exposition des vents
où vous mettrez la viande. Sa chair, riche en fibrine, est
tonique et très nourrissante ; le bouillon qu'on en retire
se digère d'autant mieux qu'il n'est ni trop réduit ni trop
gras.

Bœuf. — Pour faire à la fois de bon bouillon et avoir de
bon bœuf bouilli, l'on doit prendre la tranche, le gîte à la
noix, la culotte, la côte couverte. Le bouilli sortant de la
marmite se sert avec garniture de persil , de choux, de
choucroute, et avec plusieurs sortes de sauces, sauce aux
anchois, sauce tomate, etc.

Bœuf à la mo!e. — Piquez-le avec du. gros lard ; mettez-le dans une casserole garnie de couennes, de jarrets
de veau et de beurre, avec bouquet garni, épices, carottes, gousses d'ail, clous de girofle, oignons ; mouillez d'un
verre d'eau, autant de bon vin, et laissez cuire à l'étouffé
à petit feu pendant quatre à cinq heures. La tranche, le
gîte à la noix sont les morceaux auxquels on doit donner
la préférence.

Bœuf en miroton. — Coupez des oignons en tranches,
faites les revenir dans du beurre, puis saupoudrez-les avec
un peu de farine et les mouillez avec du bouillon et un
peu de vinaigre, sel, poivre, faites bouillir le tout jusqu'à
ce que la sauce soit un peu tarie ; coupez votre bouilli par
tranches ; mettez ces tranches sur un plat, faites cuiré
à petit feu, et mijoter le tout pendant un petit quart-
d'heure.

Bœuf en persillade. — Coupez votre bœuf comme en miroton ; mettez dessus du sel, du poivre, de la ciboule et du
persil haché ; saupoudrez le tout d'une légère couche dé

chapelure ; mouillez avec du bouillon, et faites bouillir le tout sur un feu doux pendant un quart-d'heure.

Bœuf en boulettes frites. — Hachez votre bouilli bien menu, faites revenir des fines herbes dans du bouillon, saupoudrez de farine, mouillez avec du bouillon, salez et poivrez, faites bouillir cette sauce pendant quelques minutes, versez-la sur le bœuf, mêlez bien le tout. Si cela n'a pas assez de consistance, ajoutez mie de pain ; faites ensuite avec ce hachis des boulettes de moyenne grosseur, faites-les frire, après les avoir saupoudrées de farine.

• *Bœuf bouilli et desservi.* — *Entrée.* — Il se sert à toutes sauces : piquantes, Robert, aux cornichons, etc.

Bœuf à la royale. — Lardez un morceau de tranche avec persil, ciboules, champignons, ail ; le tout haché avec sel et poivre ; faites cuire dans son jus ; ajoutez une cuillerée à bouche d'eau-de-vie, et servez froid.

Bœuf à la poulette. — Faites revenir dans du beurre persil et ciboules hachés, saupoudrez avec un peu de farine, mouillez avec bouillon, ajoutez poivre, sel, muscade, faites bouillir pendant un quart-d'heure, puis mettez votre bouilli coupé par tranches dans cette sauce, liez ensuite la sauce avec jaunes d'œufs.

Aloyau. — Faites rôtir un aloyau, ensuite levez le filet de cet aloyau, coupez-le en tranches minces, mettez-les dans une casserole avec une sauce aux câpres, anchois, champignons, une pointe d'ail, le tout haché ; passez dans un peu de beurre, et mouillez avec un bon coulis, dégraissez la sauce, assaisonnez-la, mettez-y les tranches de filet avec le jus de l'aloyau, faites chauffer sans qu'il bouille, et servez sous l'aloyau.

Quand l'aloyau est gras et tendre, on le sert plus souvent cuit à la broche avec son propre jus. Une heure et demie de cuisson lui suffisent.

Aloyau à la Godard. — Piquez-le de gros morceaux de lard, ficelez votre pièce, le filet mignon en-dessus, afin qu'il ait une bonne forme, mettez-le dans une braisière avec un bouquet garni de fines herbes, oignons et carottes en suffisante quantité, mouillez le tout avec du vin blanc et

bouillon, sel, gros poivre, faites cuire à petit feu, de manière que son fond soit réduit presque en glace, retirez-le
de sa braise lorsqu'il sera cuit, et servez-le avec le ragoût
ci-après :

Mettez quatre cuillerées à dégraisser de glace de viande
dans une casserole, ajoutez-y la cuisson de votre aloyau
que vous aurez fait passer et dégraisser, coupez quelques
riz de veau en tranches, des champignons tournés, des
culs d'artichaux en quartier, de petits œufs, dégraissez le
ragoût avant de servir, et saucez votre aloyau avec ce
ragoût.

Filet d'aloyau à la bourgeoise. — **Parez** et piquez de gros
lard un filet d'aloyau, mettez-en les parures dans le fond
d'une casserole avec votre filet ficelé, ajoutez oignons, carottes, pieds de céleri, culs d'artichaux, bouquet garni, sel
et poivre, et un demi-setier de bouillon bien dégraissé.

Filet de bœuf à la broche. — **Dégraissez-le** et parez-le
proprement, piquez-le de lard, faites-le mariner pendant
un jour avec de l'huile, oignons, persil, jus de citron, canelle et aromates, puis mettez-le à la broche, servez avec
une sauce hachée.

Filet d'aloyau braisé. — **Parez** un filet mignon, ôtez la
graisse et la peau qui le recouvrent, assaisonnez des lardons
avec du sel, poivre et fines herbes ; piquez votre filet et
mettez-le dans une braisière, que vous aurez foncée avec
des bandes de lard, ajoutez des débris de parure de viande,
un bouquet garni, quelques carottes, autant d'oignons,
mouillez avec du consommé, et faites cuire à petit feu ;
dressez le filet ainsi cuit, et mettez dessous un peu de son
fond de cuisson, que vous aurez passé, dégraissé et fait
réduire.

Filet d'aloyau aux concombres. — **Le** filet étant braisé,
dressez-le sur des concombres coupés par morceaux sautés
au beurre et cuits dans un mélange de velouté et de blond
de veau.

Filet à la sauce tomate. — **Parez** ce filet, piquez-le de
lard fin, faites-le cuire, comme il est dit à l'article Filet
d'aloyau braisé ; dressez-le et masquez-le avec la sauce à
l'italienne ci-après :

Bifteck. — Faites mariner des tranches de filets de bœuf dans de l'huile, oignons par tranches et épices, qu'elles cuisent ensuite sur le gril et soient servies sur du beurre manié de persil avec jus de citron.

Bifteck à l'anglaise. — Le filet de bœuf étant paré, coupé en morceaux, vous aplatissez ces morceaux et leur donnez une forme ronde, trempez-les dans du beurre tiède, puis dans de la mie de pain mêlée de sel et de poivre, faites-les griller. Préparez une sauce froide à la maître d'hôtel et dressez-les dessus.

Bifteck aux pommes de terre. — Même procédé qu'à l'anglaise. D'un autre côté, vous aurez fait sauter au beurre de petites pommes de terre entières ou coupées en rond, et garnissez avec le bifteck. Les pommes de terre doivent être bien rissolées.

Bifteck au cresson. — Comme aux pommes de terre, que l'on remplace par du cresson bien épluché et assaisonné d'un peu de vinaigre.

Entre-côte de bœuf. — Même procédé que pour le bifteck simple. Servez avec sauce piquante, ou à la maître-d'hôtel, ou aux cornichons.

Entre-côte au jus. — Même procédé. Ensuite dressez-la sur un peu de jus de viande.

Entre-côte à l'italienne. — Même procédé. Dressez-la sur une sauce à l'italienne.

Langue de bœuf en papillotes. — *Entrée.* — Faites cuire dans une marmite, ôtez la peau, et laissez refroidir; coupez en tranches en forme de cœur. Vous préparez une sauce pareille à celle que l'on emploie pour la côtelette de veau en papillottes; vous en mettez une certaine quantité dessus et dessous chaque tranche de langue qu'on empapillotte avec du papier fort et bien huilé : on fait ensuite griller ces papillottes sur un feu doux, et on les sert chaudes, dressées en miroton sur le plat.

Langue de bœuf au parmesan. — *Entrée.* — Faites blanchir et cuire dans du bouillon bien assaisonné; ôtez la peau, coupez la langue par tranches et mettez-la dans une casserole avec un verre de vin de Champagne et deux cuillerées de coulis; faites bouillir jusqu'à ce qu'il n'y ait presque plus de sauce; mettez la moitié de cette sauce dans un plat; râpez dessus du parmesan; faites glacer au four ou sur un couvercle de tourtière.

Langue de bœuf à l'écarlate. — Mettez une langue de bœuf dans un vase, couvrez-la avec du salpêtre, ajoutez gros poivre, feuilles de laurier, basilic, thym, et versez sur le tout de l'eau bouillante bien salée. Laissez la plusieurs jours dans cette saumure, après quoi faites dégorger dans de l'eau fraîche. Piquez-la avec de gros lardons bien assaisonnés, mettez-la dans une casserolle avec des bandes de lard, carottes, oignons, bouquet garni, mouillez avec du bouillon et mettez sur un feu ardent. Lorsque la peau se détache, elle est cuite, retirez du feu, ôtez la peau, fendez-la en deux, et dressez avec une sauce quelconque.

Langue de bœuf braisée. — Faites dégorger et blanchir la langue de bœuf, puis parez-la ensuite, piquez-la avec gros lardons bien assaisonnés, mettez-la dans une casserole avec des bandes de lard, carottes, oignons, bouquet garni. Mouillez avec du bouillon et mettez sur un feu ardent. Lorsque la peau se détache, elle est cuite; retirez du feu, ôtez la peau, fendez la langue en deux, et dressez-la avec une sauce quelconque.

Langue de bœuf aux cornichons. — De même que braisée, dressez-la et versez de plus une sauce piquante où vous aurez mis beaucoup de cornichons.

Langue de bœuf à la sauce hachée. — Même procédé. Dressez-la, et versez dessus une sauce hachée.

Langue de bœuf aux fines herbes. — Arrangez sur un plat câpres, persil, ciboules, échalottes, hachés très fin, avec un peu de bouillon, filet de vinaigre, épices, chapelure; mettez sur le tout des tranches de langue de bœuf, et faites bouillir à petit feu jusqu'à ce que vous obteniez un gratin au fond du plat.

Palais de bœuf à la ménagère. — Après avoir nettoyé le palais de bœuf et fait cuire dans de l'eau pour enlever la peau dure, on le coupe par filets; on fait roussir ensuite de l'oignon dans du beurre; quand il est à moitié cuit, on y joint les palais de bœuf et on mouille le ragoût avec du jus ou du bouillon, un bouquet garni, épices et pommes de terre coupées par tranches; faites réduire la sauce, et servez avec un peu de moutarde.

Palais de bœuf marinés. -- Idem *grillés*. — Se préparent de la même manière.

Palais de bœuf à la Lyonnaise. — Les palais de bœuf étant bien dégagés, blanchis et rafraîchis, on les met sur le gril jusqu'à ce que la peau commence à s'en détacher : on l'ôte avec soin, puis on fait cuire les palais de bœuf dans un blanc; lorsqu'ils sont cuits, on les coupe par morceaux, et on les jette dans une purée d'oignons bien chaude.

Palais de bœuf à la Béchamel. — Les palais de bœuf étant cuits comme à l'article ci-dessus, on les dresse et l'on verse une sauce à la Béchamel.

Cervelle de bœuf au beurre noir. — Faites dégorger les cervelles dans de l'eau tiède; ôtez-en avec soin les fibres et le sang; ensuite faites-les blanchir et égoutter; puis mettez-les dans une casserolle foncée de lard, recouvrez-les avec des bardes semblables, quelques carottes, oignons coupés en tranches, du sel et du gros poivre; on mouille le tout avec du vin blanc et l'on fait cuire sur un feu ardent; les cervelles cuites, on les fait égoutter et l'on met dessous du beurre noir.

Cervelle de bœuf à la sauce piquante. — Même procédé que ci-dessus; dressez-les sur une sauce piquante.

Cervelle de bœuf à la poulette. — Faites cuire comme ci-dessus; dressez et mettez dessous la sauce allemande ci-après; pour la faire, mettez dans une casserolle une égale quantité de velouté et de bouillon; faites-la bouillir et dégraissez avec soin, ajoutez-y des champignons bien tournés, et lorsque la sauce sera convenablement réduite, mettez une liaison de jaunes d'œufs; au moment de servir ces cervelles à la poulette, finissez le ragoût avec un peu de beurre fin et un jus de citron.

Queue de bœuf à la purée. — Faites dégorger à l'eau tiède et placez la queue de bœuf sur des bardes de lard dans une casserole avec bouquet garni, sel, poivre, épices, oignons, carottes, navets, céleri; faites cuire et passez au tamis, servez sur la purée, soit de lentilles, pois, haricots, etc.

Queue de bœuf à la sauce tomate. — **Même procédé et** masquez avec une sauce tomate.

Queue de bœuf aux choux. — **Faites blanchir des choux ;** mettez-les ensuite dans une marmite avec carottes, navets, lard, parure de viandes, un bouquet garni, mouillez le tout avec du bouillon et faites cuire, dressez ensuite une queue de bœuf cuite comme pour la purée ; entourez-la de choux, de carottes et de navets, et versez dessus une sauce quelconque.

Queue de bœuf aux champignons. — **La queue étant cuite** comme ci-dessus, faites-la égoutter ; faites ensuite revenir dans du beurre des champignons blancs bien tournés et blanchis ; saupoudrez-les de farine et mouillez avec un peu de fond de cuisson de la queue ; ce ragoût étant terminé, versez-le sur la queue, de manière à ce qu'elle en soit masquée.

Gras-double grillé. — **La partie la plus épaisse du gras-**double est la meilleure ; après l'avoir bien nettoyée, vous la faites cuire à l'eau avec carottes, oignons, persil, thym, laurier, girofle, sel et gros poivre. Quand il est cuit, vous l'égouttez, le coupez en morceaux et le couvrez de beurre frais fondu ou d'huile avec persil, ciboule, un peu d'ail haché très fin, sel et poivre ; vous le passez avec mie de pain, le faites griller et servez avec sauce piquante.

Gras-double à la Lyonnaise. — **Le gras-double étant cuit** comme il est dit à l'article précédent, on le coupe par petits morceaux ; puis on fait frire des oignons ; lorsqu'ils ont pris une belle couleur, on les mêle avec le gras-double, on laisse rissoler le tout pendant quelques minutes ; on le sert sans autre assaisonnement.

Gras-double sur le gril. — **Après l'avoir bien lavé et net-**toyé, mettez-le par morceaux sur le gril et faites une sauce avec vinaigre, huile, sel, poivre, moutarde et échalottes hachées.

Gras-double à la poulette. — **Ayez un morceau de gras-**double bien cuit ; coupez-le en petits morceaux ; mettez-le dans une casserole avec un morceau de beurre, des champignons tournés, du persil haché, sel, poivre et muscade ; étant bien bouillant, liez-le avec trois jaunes d'œuf et le jus d'un citron.

Rognons de bœuf au vin blanc. — Coupez-les par tranches minces, saupoudrez de farine et passez-les au beurre dans la poêle avec sel, poivre et bouquet garni. Mouillez de vin blanc, faites faire un bouillon et servez.

Foie de bœuf sur le gril. — Coupez-le par tranches minces, saupoudrez de sel et poivre, faites griller légèrement et servez avec beurre manié de persil entre chaque tranche.

Cœur de bœuf à la poivrade. — On le fait mariner en tranches coupées minces pendant vingt-quatre heures ; faites griller et servez sur une sauce à la poivrade.

Rognons de bœuf au vin blanc. — *Entrée.* — Coupez-les par tranches minces, saupoudrez de farine, et passez-les au beurre dans la poêle avec sel, poivre et bouquet garni ; mouillez de vin blanc, faites faire un bouillon et servez.

Foie de bœuf sur le gril. — *Entrée.* — Coupez-le par tranches minces, saupoudrez de sel et poivre ; faites griller légèrement et servez avec beurre manié de persil entre chaque tranche.

Cœur de bœuf à la poivrade. — *Entrée.* — On le fait mariner en tranches coupées minces pendant vingt-quatre heures, faites griller et servir sur une sauce à la poivrade.

Moelle de bœuf. — On l'emploie pour faire des farces, des petits pâtés, des tourtes, et à nourrir des cardons et autres légumes.

Tétine de vache. — Faites-la cuire dans une braisière avec du consommé, des carottes, des oignons et un bouquet garni.

Tétine de vache à la poulette. — Après l'avoir fait cuire à l'eau, coupez-la en morceaux et faites une bonne sauce blanche dans laquelle vous la mettez avec sel et poivre et que vous liez avec jaunes d'œuf et un peu de verjus. On peut aussi la préparer comme le gras-double ; mais, attendu sa fadeur, il faut toujours une sauce bien relevée.

DU VEAU.

La chair du veau est blanche, gélatineuse, tendre et rafraîchissante. Elle nourrit moins que la chair du bœuf et du mouton. Les estomacs paresseux la digèrent facilement, les morceaux qui servent à la broche sont le carré et le quasi , mais rarement ce dernier.

Tête de veau au naturel. — Prenez une tête de veau, échaudez-la, faites-la dégorger, puis plongez-la dans l'eau bouillante et laissez-la blanchir pendant une demi-heure, retirez-la pour la faire rafraîchir à l'eau froide. Enlevez la mâchoire supérieure jusqu'à l'œil ; désossez aussi le sommet de la tête ; rapprochez les chairs de manière que la tête conserve sa forme. Enveloppez-la dans un linge blanc que vous lierez avec de la ficelle , avant de l'envelopper; frottez la tête partout avec du jus de citron. Pour la faire cuire, délayez dans de l'eau une poignée de farine ou de fécule de pommes de terre ; ajoutez un bon morceau de beurre, des oignons, des panais, un bouquet garni, sel et gros poivre, mettez la tête dans cette eau ; lorsqu'elle sera bouillante, enlevez l'écume ; quand elle est cuite, servez avec une sauce à part comme sauce à la poivrade, à la ravigotte, ou tout autre sauce piquante.

Tête de veau à la poulette.—Faites revenir des fines herbes dans du beurre, jetez un peu de farine dessus. sel, poivre ; mouillez le tout avec du bouillon, faites bouillir pendant dix minutes, puis vous mettrez dans cette sauce la tête de veau cuite comme il est dit à l'article *tête de veau au naturel,* et coupez par morceaux , ajoutez-y des champignons, et le ragoût étant cuit, vous lierez la sauce avec des jaunes d'œufs ; mettez-y un jus de citron après l'avoir ôtée du feu.

Tête de veau frite.—Faites-la cuire au naturel, coupez-la par morceaux, mettez-les dans une marinade pendant plusieurs heures en les retournant de temps en temps ; trempez ces morceaux dans une pâte à frire ; mettez-les dans la friture bien chaude et servez-les avec du persil frit.

Tête de veau 'à la Sainte-Menehould. — Prenez des morceaux de tête de veau cuite ; faites une sauce avec un morceau de beurre, une demi-cuillerée de farine, sel, gros poivre, trois jaunes d'œufs et du jus de citron ou du vinaigre ; délayez le tout ensemble et ajoutez un peu de bouillon, faites lier la sauce ; il faut qu'elle soit épaisse ;

couvrez-en les morceaux de tête; panez-les avec mie de
pain, dorez les morceaux avec du beurre et passez-les une
seconde fois, mettez-les au four ou sous le four de campagne jusqu'à ce qu'ils aient pris une belle couleur, servez
avec une sauce piquante.

Oreilles de veau aux petits pois. — Entrée. — On les
flambe sur un fourneau et on les fait cuire dans un blanc;
on manie un litron de pois verts et bien tendres avec un
petit morceau de beurre, et on les passe un instant sur le
fourneau; on le mouille ensuite avec de l'espagnole et
quelques cuillerées de consommé, un bon bouquet de
persil et très peu de sucre; on les fait cuire ainsi pendant
une heure, en ayant bien soin de les dégraisser. Au moment de servir, on égoutte les oreilles de veau, on les
met sur le plat, légèrement ciselées, de manière qu'elles
fassent le panache, et au milieu on met le ragoût de petits
pois à courte sauce. Si on le juge à propos, on peut mettre dans les petits pois des morceaux de petit lard, mais
peu de sel.

Oreilles de veau en marinade. — Entrée. — On les fait
cuire dans un blanc, et, au moment de servir on les égoutte
et on les partage en deux, on les fait frire d'une belle couleur; on les dresse avec du persil frit au milieu.

Oreilles de veau à l'italienne. — Après avoir bien nettoyé et échaudé des oreilles de veau, on les fait blanchir,
ensuite égoutter, puis on les fait cuire dans un blanc,
coupez-les par filets, et l'on verse dessus une sauce à l'i-
talienne.

Oreilles de veau. — On les prépare de plusieurs façons,
et elles se servent avec différentes sauces : frites, on les
fait cuire comme la tête de veau et on les coupe par filets;
on les sert aussi panées et farcies.

Cervelles de veau en matelotte. — Entrée. — Faites dégorger deux cervelles de veau; enlevez la peau qui se
trouve à la surface, faites-les cuire avec bouillon, vin,
sel et poivre; faites roussir une demi-cuillerée de farine
dans du beurre, et passez-y des champignons et des petits oignons; mouillez avec la cuisson des cervelles; ajoutez sel, poivre et bouquet garni; faites reduire la sauce et
servez.

Cervelles de veau braisées. — *Entrée.* — Faites blanchir à l'eau bouillante, avec un peu de vinaigre, deux cervelles dégorgées et épluchées; mettez au fond d'une casserole des bardes de lard; mouillez avec du vin blanc, ajoutez carottes coupées, oignons, clous de girofle, bouquet garni, sel et poivre; faites cuire à très petit feu.

Cervelles de veau frites. — *Rôt.* — Coupez en morceaux des cervelles cuites comme pour la matelotte, ou braisées, ces dernières sont préférables; trempez-les dans une pâte à frire, après les avoir saucées dans un peu de vinaigre, sel et poivre, et jetez-les dans une friture modérément chaude; servez avec du persil frit par-dessus.

Cervelles de veau au beurre noir. — Lorsque vous avez préparé vos cervelles de veau, vous les faites cuire dans un blanc, ensuite vous les dressez et vous versez dessus du beurre noir bien chaud.

Cervelles de veau à la tomate. — Lorsqu'elles sont préparées, faites-les cuire comme pour les matelottes, dressez et versez dessus une sauce tomate italienne.

Cervelles de veau à la maître-d'hôtel. — Même procédé; dressez, versez dessus une maître-d'hôtel froide.

Cervelles de veau à la poulette. — Même procédé; dressez et versez une sauce blanche à la poulette.

Fraise de veau au naturel. — *Hors d'œuvre.* — Vous la coupez par morceaux et la faites dégorger dans l'eau froide, puis blanchir à l'eau bouillante; vous la mettez ensuite dans une casserole, avec un morceau de beurre, un bouquet garni, sel et poivre; passez-la sur le feu, mettez une pincée de farine, et mouillez avec du bouillon. Le ragoût cuit, vous y ajoutez une liaison de trois jaunes d'œufs délayés avec un peu de lait; vous faites lier sur le feu, et au moment de servir, vous y versez un filet de verjus.

Fraise de veau frite. — Faites-la blanchir dans l'eau bouillante, laissez égoutter, puis coupez-la par morceaux que vous tremperez dans une pâte composée de farine, jaunes d'œufs, peu d'eau-de-vie; faites frire et servez avec persil frit.

Foi de veau à la broche. — *Entrée.* — Avant de le mettre à la broche, on le pique de petit lard, et on le sert avec une sauce faite de ce qui se trouvera dans la lèchefrite, avec échalottes, épices, fines herbes et bouillon.

Foie de veau à la bourgeoise. — *Entrée.* — Lardez-le et faites-le cuire à petit feu dans la casserole avec tranches de lard, demi-verre d'eau, bouquet garni, oignons piqués de trois clous de girofle demi-verre de vin et épices.

Foie de veau à la poêle. — *Entrée.* — Faites légèrement roussir des tranches de foie dans la poêle, avec persil et ciboules hachés; ajoutez un morceau de beurre et une pincée de farine; mouillez avec un demi-verre de vin, cuillerée de vinaigre et bouillon, épicez et laissez cuire quelques minutes.

Foi de veau à l'italienne. — *Entrée.* — On le coupe en filets minces, on met une couche au fond d'une moyenne casserole; on assaisonne cette première couche avec du sel, du gros poivre, de l'huile et un peu de fines herbes, qui se composent de persil, ciboule, champignons, une demigousse d'ail, deux échalottes, le tout haché très menu, et d'une demi-feuille de laurier, du thym, et du basilic réduits en poudre; on continue de cette façon jusqu'à ce qu'on ait employé tout le foie, en assaisonnant chaque couche comme la première; on le fait cuire à petit feu pendant une heure; ensuite on le retire de la casserole avec une écumoire; on dégraisse la sauce, on y met un trèspetit morceau de beurre manié de farine, avec une demi-cuillerée à bouche de verjus ou un filet de vinaigre; on fait la sauce sur le feu, en la tournant avec une cuillère; si elle est trop courte, on y ajoute un peu de jus; on met le foie dans la sauce pour le faire réchauffer.

Pieds de veau au naturel. — *Hors d'œuvre.* — Après les avoir blanchis, faites-les cuire dans une marmite; servez-les avec une sauce composée de vinaigre, bouillon, sel, poivre et fines herbes hachées.

Pieds de veau frits. — *Rôt.* — Fendez en deux quatre pieds de veau; faites-les cuire dans une eau blanchie avec deux cuillerées de farine; quand ils sont cuits, faites les mariner; au bout d'une heure, vous les retirez, les couvrez de farine et les faites frire; servez-les avec du persil frit.

Riz de veau. — Faites les dégorger à l'eau tiéde, puis

blanchir à l'eau bouillante pour les employer dans les ragoûts.

Riz de veau en fricandeau. — *Entrée.* — Faites dégorger et blanchir deux riz de veaux ; ôtez le cornet. Piquez-les de lard fin roulé dans les fines herbes, mettez-les dans une casserole ; enveloppez dessus et dessous de bardes de lard ; mouillez avec bouillon et vin blanc ; assaisonnez de sel et poivre, bouquet garni, quelques tranches de citron dont on ôte le blanc et les pepins, faites cuire à très-petit feu. Retirez les riz lorsqu'ils sont cuits ; passez la cuisson, faites-la réduire, et lorsqu'il n'y en a presque plus, passez-y les riz de veau du côté du lard pour les glacer ; servez sur une purée d'oseille.

Riz de veau à la sauce tomate. — *Entrée.* — Faites-les cuire comme ci-dessus, et servez avec une sauce tomate un peu épaise.

On peut les servir aussi avec de la chicorée ou une purée de lentilles, etc.

Riz de veau en caisse. -- *Entrée.* — Coupez en tranches des riz de veau cuits comme pour le fricandeau, mais non lardés ; saucez-les dans une marinade composée d'huile, jus de citron, verjus ou vinaigre, fines herbes hachées, sel et poivre ; faites une caisse de fort papier ; huilez-en le fond ; placez dedans vos riz de veau ; dorez le dessus avec du beurre, et panez avec de la mie de pain ; répétez une seconde fois cette opération ; mettez la caisse sur un gril avec des cendres chaudes par dessous ; couvrez avec le four de campagne pour faire prendre couleur par-dessus, ou présentez-y une pelle rouge.

Riz de veau piqués. — *Entrée.* — On pique de lard ses riz ; on les fait cuire au four dans une bonne réduction pendant trois quarts-d'heure ; on les glace d'une belle couleur, et on les met sur de l'oseille ou de la chicorée à la crème.

Rognon de veau. — On le fait cuire à la broche pour s'en servir à faire des farces ; on le hache avec la graisse ; on y met persil, ciboule, champignons hachés séparément ; on lie cette farce avec des jaunes d'œufs et on l'assaisonne. C'est avec cette farce que se font les rôties de tourtes, les canelons ; elle sert également pour tous les ragoûts où il entre de la farce. On en fait aussi des omelettes.

Veau rôti. — *Rôt.* — Piquez-le de lard et faites rôtir à petit feu. Le veau demande à être bien cuit sans être desséché. Appliquez sur sa surface, mais légèrement, une pelle rouge afin de crisper les chairs et conserver ses sucs à l'intérieur.

Veau aux fines herbes. — *Rôt.* — On fait mariner un carré de veau pendant trois heures avec des champignons, ciboules, persil, échalottes, thym et laurier, qu'on hache très fin, et qu'on passe dans l'huile saupoudrée de poivre et de muscade râpée. Quand le carré est embroché, on met dessus tout l'assaisonnement; on l'enveloppe de papier bien beurré; on fait cuire à petit feu. On retire une partie de l'assaisonnement, qu'on met dans une casserole avec un peu de jus, quelques gouttes de vinaigre ou verjus, sel et poivre, et on lie cette sauce au moyen d'un petit morceau de beurre manié de farine au moment de servir.

Carré de veau à la bourgeoise. — *Entrée.* — Mettez dans une casserole foncée votre carré lardé avec du petit lard manié de fines herbes; ajoutez par dessus oignons coupés en tranches, carottes, sel et poivre, un demi-verre d'eau-de-vie, et faites cuire à petit feu.

Poitrine de veau farcie. — *Entrée.* — Après avoir coupé le bout des os des côtes qui se trouvent dans la poitrine, on fait une incision entre la peau et les côtes pour y introduire telle farce de viande que l'on juge à propos; on coud la peau afin que la farce ne puisse s'écouler; on la sert avec sauce ou ragoût de légumes, comme à la farce aux laitues, aux petits pois, aux cornichons, aux racines, etc.

Poitrine de veau aux petits pois. — *Entrée.* — Coupez par morceaux et faites blanchir; faites revenir dans le beurre, et ajoutez de la farine; mouillez avec du bouillon, avec poivre et bouquet garni; lorsque la poitrine est à moitié cuite, ajoutez les pois et un morceau de sucre; au moment de servir, mettez une liaison de trois jaunes d'œufs délayés avec de la crème.

Tendons de veau en matelotte. — *Entrée.* — Faites-les roussir dans le beurre ; ajoutez vin et eau, de chacun un verre, avec épices et bouquet garni ; quand ils sont presque cuits, mettez champignons et petits oignons roussis ; achevez de cuire à grand feu, dégraissez avant de servir.

Côtelettes de veau en papillotes. — *Entrée.* — Garnissez-les des deux côtés d'une farce composée de mie de pain, lard, persil, ciboules, champignons, le tout haché fin, sel, poivre ; recouvrez d'une mince barde de lard, enveloppez avec soin d'un bon papier beurré ou huilé ; faites cuire à petit feu, et servez avec le papier.

Côtelettes de veau aux fines herbes. — *Entrée.* — Faites fondre un morceau de beurre, et mettez-y vos côtelettes avec sel, poivre, épices ; sautez-les dans le beurre ; ajoutez fines herbes et champignons hachés, et un filet de vinaigre au moment de servir.

Côtelettes de veau au naturel. — *Entrée.* — Saupoudrez-les de poivre et de sel, trempez-les dans du beurre fondu, mettez sur le gril et servez avec une sauce piquante.

Côtelettes de veau au lard. — *Entrée.* — Mettez dans le fond d'une casserole du lard coupé en tranches, un peu de beurre, et les côtelettes par-dessus ; faites cuire à petit feu ; ajoutez persil, échalottes hachés, du gros poivre ; faites un peu réduire ; au moment de servir, mettez une liaison de trois jaunes d'œufs, et un jus de citron ou filet de vinaigre.

Filet de veau à la provençale. — *Entrée.* — Coupez en filets minces du veau cuit à la broche et froid, mettez-les dans une sauce composée de beurre manié de farine, persil, ciboule, échalottes, ail, le tout haché ; demi-verre d'huile, sel, poivre, épices, et jus de citron, faites chauffer sans bouillir.

Fricandeau. — Faites cuire dans une casserole, avec carottes, bouquet garni, épices et trois verres de bouillon, une noix de veau piquée très fin ; faites réduire la sauce, et servez-la sous le fricandeau avec une farce d'oseille, d'épinards, etc. Le fricandeau se sert aussi sur sa sauce délayée dans du bouillon.

Blanquette de veau. — La blanquette se compose du res-

tant d'un rôti de veau à la broche coupé par tranches
minces. Mettez les morceaux dans une casserole où vous
avez fait fondre du beurre, avec une pincée de farine sans
roussir, sel, poivre, bouquet de persil et ciboules, un peu
de laurier; faites revenir le tout ensemble, et mouillez
avec du bouillon; faites bouillir doucement, servez à
courte sauce avec une liaison de jaunes d'œufs et filet de
vinaigre.

Noix de veau dans son jus. — Parez et piquez l'intérieur
de gros lard assaisonné; mettez-la dans la casserole avec
un morceau de beurre, sur un feu doux ; mouillez avec de
l'eau ou du bouillon, ajoutez du sel et une feuille de laurier, faites cuire à petit feu, dégraissez et liez la sauce avec
de la fécule.

Epaule de veau à la bourgeoise. — Mettez dans une casserole avec vinaigre, sel, poivre, ciboules, une gousse d'ail,
thym, laurier, oignons et carottes coupées en tranches ;
ajoutez un morceau de beurre, et mouillez d'un verre de
bouillon; laissez sur le feu trois heures, dégraissez la sauce,
passez-la au tamis, et servez.

Mou de veau en matelotte. — Faites dégorger et cuire à
moitié dans l'eau avec sel, poivre, vinaigre, oignons;
faites revenir du lard et des petits oignons dans une casserole avec une cuillerée de farine, pour faire un roux ;
mettez un verre de vin et autant d'eau, bouquet garni,
mettez-y le mou et achevez de cuire; dégraissez et
servez.

Queues de veau à la remoulade. — Faites-les cuire avec
bouillon, vin et épices ; panez-les et faites-les griller, en
arrosant légèrement d'huile.

Queue de veau en hochepot. — Elle s'accommode comme
la queue de bœuf, à la seule différence qu'on met les légumes en même temps que la viande, parce que le veau
n'est pas dur à cuire.

Queue de veau à la Sainte-Menehould. — Voyez queue de
bœuf, la manière de l'arranger étant la même.

Quasi de veau glacé. — Piquez le de lard d'un côté; faites-
le cuire comme pour le fricandeau, et réduire la cuisson
après l'avoir dégraissée ; mettez-y le quasi, le lard en des-

sous pour prendre place ; lorsqu'il est cuit, retirez-le ; versez un peu de bouillon et de vin dans la casserole, pour en détacher la glace qui y reste ; ajoutez câpres, cornichons, et versez sur le quasi.

Rouelle de veau dans son jus. — Lardez de lard', et passez au beurre pour lui faire prendre couleur ; faites cuire à petit feu dans son jus ; dégraissez avant de servir.

Veau en paupiettes. — Coupez du veau en tranches minces, aplatissez chaque morceau avec le couperet, et couvrez de godiveau ou de toute autre farce de viande ; roulez chaque paupiette ; couvrez-la d'une barde de lard ficelée ; embrochez avec un hatelet ; couvrez le papier et couchez le hatelet sur la broche pour faire cuire ; passez ensuite les paupiettes par dessus les bardes de lard, et faites-leur prendre couleur à un feu clair ; servez avec une sauce piquante.

Noix de veau sautée. — Coupez par petits morceaux votre noix, faites-la sauter au beurre avec du sel, poivre, fines herbes ; lorsqu'elle sera cuite, dressez la viande, versez sur le beurre et les fines herbes un peu de velouté ; mêlez bien le tout, liez la sauce avec jaune d'œufs, et versez sur votre viande.

Longe de veau à l'étouffade. — Désossez une longe de veau, assaisonnez-la de sel et poivre, ficelez-la, faites-la cuire dans une casserole avec du beurre, en ayant soin de la retourner de temps en temps ; lorsqu'elle sera cuite, dressez-la sur un peu de glace de viande.

Foie de veau frit. — Coupez en tranches bien minces, trempez-les dans des œufs battus et assaisonnés comme pour omelette, trempez-les dans de la farine, faites frire avec de l'huile, dressez et versez une sauce à l'italienne.

Foie de veau à l'italienne simple. — Coupez-le en morceaux bien minces, faites-le sauter au beurre, dressez et versez une sauce à l'italienne.

Rognons de veau. — On peut les préparer de la même manière que les rognons de bœuf.

Escaloppes de veau à l'allemande. — Entrée. — On a un

filet de veau bien mortifié; on le coupe en petites lames, et on forme de petits morceaux gros comme des pièces de deux sous, que l'on met à mesure dans un plat à sauter, beurré. Au moment de servir, on les saute sur un fourneau très ardent; c'est l'affaire d'une minute : on égoutte le beurre et on les lie avec deux bonnes cuillerées d'allemande réduite, un bon morceau de beurre, du persil blanchi et un jus de citron; on sert chaudement avec des croûtons de mie de pain en bouchon autour et passés au beurre.

Noix de veau en papillottes. — Entrée. — On lève une noix de veau et on en ôte toutes les parties nerveuses, c'est-à-dire ce qui la couvre. On la pique de lardons bien assaisonnés, et on la fait mortifier pendant plusieurs jours dans des fines herbes hachées et trois quarterons de beurre fondu et clarifié à moitié, le tout assaisonné d'un bon goût; on l'enveloppe ensuite dans sept à huit feuilles de papier blanc huilées, et on le fait cuire pendant trois bonnes heures dans un four un peu doux, ou sur un gril couvert d'un four de campagne. Au moment de servir, on l'ouvre avec des ciseaux, et on met dedans une italienne rousse.

DU MOUTON.

Sa chair est ferme, succulente et plus facile à digérer que celle du bœuf. La qualité du mouton varie suivant l'âge de l'animal; on doit le manger quand il a atteint cinq ans; plus tard, il est dur et coriace.

Les meilleurs et les plus estimés sont ceux des Ardennes.

Gigot de mouton rôti. — Rôt. — Parez le manche et le bout du gigot; contenez-le fixement sur la broche, et ne le présentez qu'à un feu vif. Le mouton, comme le bœuf qu'on veut faire rôtir, doivent être saisis d'abord par le feu; il ne faut pas les laisser languir à la broche; mettez dans la lèchefrite du beurre fondu, un peu de vinaigre et de sel; arrosez souvent. Si on aime l'ail, mettez-en une gousse sous la peau près du manche. Le temps que doit durer la cuisson est de une heure et demie à deux heures.

Gigot de mouton à l'eau. — Désossez le quasi de votre mouton jusqu'à l'os de la cuisse, piquez l'intérieur de votre gigot avec de gros lardons assaisonnés de sel, poivre, ail et des quatre épices; vous le ficellerez; vous mettrez quelques bardes de lard par dessous, des carottes, des oignons, clous de girofle, trois feuilles de laurier et un peu de thym; mouillez votre gigot avec de l'eau; mettez-y du sel; ayez soin qu'il baigne dans l'eau; faites-le bouillir pendant cinq heures; déficelez-le avant de le servir, et mettez-le sur un plat avec un peu de mouillement dans lequel il a cuit, et que vous passerez à l'étamine.

On peut servir, si l'on veut, à l'entour, des pommes de terre tournées et cuites avec le gigot, ou bien une sauce tomate.

Gigot à la provençale. — Prenez un gigot de mouton mortifié, levez-en la peau qu'elle tienne au manche, lardez ensuite la chair avec anchois, lard, jambon, céleri blanchi et à moitié cuit, cornichons, estragons, ail; faites-le mariner avec de l'huile et toutes sortes de fines herbes hachées, mettez la marinade entre la chair et la peau; mettez-le cuire à la broche enveloppé de sa peau et de papier. Quand il est cuit, servez dessous une sauce au vin de champagne.

Gigot de mouton panaché. — Prenez un moyen gigot, et faites-le mortifier, parez le manche et désossez le reste, levez-en la peau légèrement, et lardez la chair avec lard, jambon, cornichons; ficelez le gigot et le faites cuire à petit feu avec bon bouillon, un verre de vin blanc, un bouquet de fines herbes, sel, poivre, un oignon et carottes. Quand il est cuit et d'un bon goût, mettez dans une casserole deux cuillerées de réduction, du beurre, jambon cuit, câpres, anchois, persil blanchi, quatre jaunes d'œufs durs, le tout haché très fin; faites lier la sauce sur le feu, pressez-y un jus de citron, servez dessus le gigot.

Gigot de mouton à la Génoise. — Ayez un bon gigot que vous ferez mortifier à point; levez-en la peau sans la détacher du manche; lardez toute la chair avec du céleri à moitié cuit dans une braise ou du bouillon, des cornichons coupés en gros lardons, quelques branches d'estragon blanchi, du lard, le tout assaisonné légèrement, et quelques filets d'anchois; remettez la peau par dessus, de façon qu'il n'y paraisse point; arrêtez-la avec de là ficelle, de crainte qu'elle ne se retire en cuisant : mettez votre gigot à la broche comme à l'ordinaire, et lorsqu'il sera cuit, vous le servirez avec une partie de son fond, que vous ferez réduire.

Gigot de mouton à la Sultane. — *Rôt.* — Prenez un gigot de mouton mortifié, levez-en la peau légèrement, faites un trou dans le milieu de la chair sans la percer, en creusant par dessus avec un couteau; vous mettrez une bonne farce fine assaisonnée; recousez le gigot, pour que la farce ne sorte pas; faites piquer le dessus de petit lard, et le faites cuire à la broche enveloppé de papier. Quand il est cuit à propos et d'une belle couleur, servez avec une sauce à la sultane.

Gigot de mouton piqué de truffes à la broche. — *Rôt.* — Prenez un gigot de mouton, que vous parez comme pour mettre à la broche, coupez une livre de truffes en lardons, une demi-livre de lard en lardons, assaisonnez les deux ensemble avec sel, fines épices, lardez le gigot avec les truffes et le lard, mettez-les sur un plat, couvrez-le avec du papier, laissez-le deux jours avant de le faire cuire pour qu'il prenne le goût de truffes; faites-le cuire enveloppé de lard et de papier. Quand il est cuit à propos, panez-le de mie de pain, faites-lui prendre une couleur dorée, servez-le dans son jus, ou, si vous voulez, dans un ragoût de truffes.

Épaule de mouton à la Sainte-Menehould. — *Entrée.* — Prenez une épaule de mouton que vous désosserez et ferez cuire dans une bonne braise ou avec un peu de bouillon, un bouquet de persil, des ciboules, une gousse d'ail, deux ou trois clous de girofle, une feuille de laurier, du thym, des oignons, des racines, du sel et du poivre; quand elle est cuite, vous l'ôtez de la casserole, vous l'égouttez et la dressez sur le plat que vous devez servir; mettez dessus un peu de coulis bien assaisonné et bien réduit, et vous le panez avec de la mie de pain bien fine; vous délayez trois jaunes d'œufs avec un peu de beurre fondu, et en arrosez l'épaule, que vous panez encore avec de la mie de pain; vous la mettez dans un four de moyenne chaleur, et l'arrosez de temps en temps avec du beurre fondu; lorsqu'elle a une belle couleur, servez-la avec son fond clarifié et réduit.

Quartier de mouton en chevreuil. — *Rôt.* — Prenez un

quartier de mouton de derrière bien mortifié, que vous lardez de gros lard, faites-le mariner vingt-quatre heures avec trois demi-setiers de vinaigre, une pinte de vin blanc, sel, poivre, ail, thym, laurier, basilic, genièvre, oignons en tranches, racines, coriandre, un morceau de beurre manié de farine ; faites tiédir la marinade en la remuant ; mettez le gigot dans la marinade ; le lendemain vous le faites cuire à la broche : arrosez avec sa marinade ; quand il est cuit, servez-le avec une sauce piquante.

Mouton à l'eau-de-vie, aux marrons. — *Entrée.* — Prenez un carré de mouton mortifié, coupez les chairs gros comme des noix, et les lardez de lard et de jambon, passez-le dans une casserole avec de l'huile, mettez ensuite un verre d'eau-de-vie, mettez-y le feu avec du papier, et remuez toujours sur le feu jusqu'à ce que l'eau-de-vie soit éteinte ; mouillez après avec du bouillon, un peu de réduction, du coulis ; ajoutez-y des champignons, truffes, ris-de-veau blanchis, un bouquet, assaisonnez de bon goût, faites cuire à petit-feu, dégraissez-le. Quand il est cuit, pressez un jus de citron. Prenez des marrons que vous pelez, et les faites cuire dans du bouillon et du sel. Quand ils sont cuits, retirez-les et les faites-chauffer dans le ragoût, prenez le plat que vous devez servir, dressez le mouton dans le milieu, le ragoût autour, les marrons en cordon sur les bords, et la sauce par-dessus.

Émincé de mouton aux cornichons. — *Entrée.* — Émincez les chairs d'un gigot rôti et froid, mettez-les réchauffer dans un roux mouillé de bouillon, avec épices ; ajoutez à cette sauce, au moment de servir, des cornichons en tranches.

Filet de mouton rôti. — *Rôt.* — Mettez-le à la broche, piqué de petit lard, et servez dans son jus.

Carré de mouton à la bourgeoise. — *Entrée.* — Faites cuire dans la casserole avec bouillon, vin blanc, bouquet garni et épices. Quand il est cuit, on le retire et l'on fait réduire la sauce, à laquelle on ajoute un morceau de beurre manié de farine, et du persil haché, avec filet de vinaigre ; servez-le avec telle garniture que vous jugerez convenable.

Côtelettes de mouton grillées. — *Hors-d'œuvre.* — Contrairement à l'usage, n'aplatissez pas vos côtelettes. Saupoudrez-les de sel et de poivre ; faites cuire à feu vif, pour que leur suc soit bien concentré, et servez sans autre apprêt.

Côtelettes de mouton panées. — *Hors-d'œuvre.* — Les côtelettes étant parées, passez-les à l'huile, après les avoir saupoudrées de sel, de poivre et de girofle en poudre. Panez-les ensuite ; laissez-les sur le gril pendant dix minutes, servez-les au naturel ou avec une sauce aux fines herbes.

Cotelettes de mouton à la purée d'oignons. — *Entrée.* — Passez au beurre des côtelettes après les avoir parées ; mouillez avec du bouillon ; ajoutez carottes, oignons, bouquet garni, sel, poivre, et clous de girofle ; faites cuire à très petit feu, dressez-les sur le plat en couronne, et mettez au milieu d'oignons.

Côtelettes à la purée d'oseille ou de lentilles. — *Entrée.* — Faites cuire comme ci-dessus, dressez de même, avec une purée d'oseille ou de lentilles.

Côtelettes de mouton sautées. — *Entrée.* — On ôte de ses côtelettes la peau et les os, excepté l'os de la côte, en leur donnant une forme ronde du côté du filet ; on fait en sorte de les approprier tellement qu'on puisse prendre la côtelette avec les doigts sans toucher à la viande ; on les met dans le sautoir et on les assaisonne : l'on verse dessus du beurre tiède. Au moment du service, l'on place le sautoir sur un feu modéré, ayant soin de tourner les côtelettes : pour les cuire à propos, cinq à six minutes suffisent ; lorsqu'elles sont fermes, on les retire du feu, et on les sert chaudement avec une demi-glace.

Côtelettes de mouton à la Soubise. — *Entrée.* — De deux carrés de mouton on forme dix côtelettes, à chacune desquelles on laisse seulement un os ; on ne les pare pas, et on les pique de lard bien assaisonné ; on les fait cuire dans une bonne braise, et, au bout de quelques heures, lorsqu'on voit qu'elles sont cuites, on les retire et on les met sur un plat fond avec un couvercle et un poids par-dessus, pour leur faire prendre une belle forme. Lorsqu'elles sont bien froides, on les pare proprement et on les met dans un plat à sauter avec son fond, que l'on fait clarifier et réduire. Au moment de servir, on les dresse en miroton, avec un cordon de petits oignons glacés autour, et une purée d'oignons blancs au milieu. Pour faire cette purée, on émince une dixaine d'oignons blancs et on les fait blanchir ; on les fait cuire à petit feu dans du beurre avec une petite lame de jambon ; on les mouille avec du coulis blanc, et on les fait réduire avec une chopine de bonne crême ; quand elle est assez réduite, on la passe à l'étamine.

Côtelettes de mouton à la poêle. — *Entrée.* — Mettez dans la poêle vos côtelettes et un morceau de beurre frais ; faites cuire à petit feu ; égouttez, mouillez le bouillon ; jetez épices, fines herbes, échalottes, cornichons hachés, et servez avec un jus de citron.

Épaule de mouton braisée. — *Entrée.* — Cassez les os par-dessous avec le dos d'un couperet, et faites-la cuire dans une braise comme le gigot (*voyez* cet article) ; on la sert de même, soit glacée avec sa cuisson réduite, soit sur de la chicorée, des épinards ou une purée d'oignons.

Épaule de mouton rôtie. — *Entrée.* — Piquez de branches de persil passées dans l'huile d'olives où vous aurez haché des fines herbes, des échalottes, une gousse d'ail et un peu de girofle en poudre. Embrochez, arrosez et ne laissez pas trop cuire.

Haricot de mouton. — *Entrée.* — Coupez en morceaux une épaule ou un carré ; faites roussir une cuillerée de farine avec du beurre ; faites-y revenir votre viande ; mouillez avec du bouillon ; assaisonnez de sel, poivre, bouquet garni et oignon piqué de clous de girofle ; dégraissez lorsque le mouton est à moitié cuit ; passez des navets au beurre, jusqu'à ce qu'ils aient pris une belle couleur, et mettez-les avec le mouton ; ajoutez, avant de servir, un peu de caramel.

Poitrine de mouton farcie. — *Entrée.* — Levez la peau ; mettez entre elle et la chair une farce de telle viande que vous voudrez ; cousez la peau par-dessus ; faites cuire avec épices, bardes de lard, bouillon et bouquet garni ; faites réduire, et servez.

Poitrine de mouton grillée. — *Entremets.* — Composez une braise de bouillon ; assaisonnez d'épices, avec laurier, thym, basilic, persil, ciboules ; faites-y cuire la poitrine de mouton ; passez cette poitrine à l'huile ; panez alors avec la mie de pain mélangée de persil et ciboule hachés ; faites griller, et ajoutez une sauce piquante.

Poitrine de mouton à la purée. — *Entrée.* — Faites cuire comme ci-dessus, et servez sur *chicorée*, *laitues* ou *oseille.*

Collet de mouton. — *Entrée.* — On le fait cuire dans une braisière avec du bouillon, sel, poivre et bouquet garni; on le sert avec un ragoût de navets, de concombres, de céleri, ou avec une sauce à la ravigotte.

Hachis de mouton. — *Entrée.* — Hachez fin, avec marrons grillés ou pommes de terre cuites; faites roussir une demi-cuillerée de farine avec du beurre; passez-y votre hachis; mouillez avec du bouillon, assaisonnez de sel, gros poivre et muscade râpée; laissez cuire à petit feu pendant une heure; au moment de servir, faites-y fondre un peu de beurre.

Langues de mouton grillées. — *Entrée.* — Parez-les et faites cuire dans la marmite; enlevez la peau, et fendez-les en deux, sans les séparer; saucez dans l'huile avec persil, champignons, ciboule, une pointe d'ail, le tout haché fin, avec sel et poivre. Panez de mie de pain, faites griller, et servez avec une sauce piquante.

Langues de mouton braisées. — *Entrée.* — Dégorgez les langues; parez-les; piquez avec lardons assaisonnés; foncez une casserole avec des bardes de lard et des parures de viande; arrangez les langues par-dessus; couvrez-les de bardes; ajoutez carottes, oignons, sel, poivre, clous de girofle, un bouquet garni et de la muscade râpée; mouillez avec du bouillon; faites cuire à très petit feu pendant quatre heures au moins. La cuisson faite, dégraissez la sauce, liez-la avec un roux, ajoutez cornichons et câpres avant de servir.

Langues de mouton au gratin. — *Entrée.* — Faites-les cuire avec bouillon, vin blanc, bouquet garni, échalottes, pointe d'ail, clous de girofle, sel et gros poivre.

Mettez au fond d'un plat une farce faite avec de la mie de pain, du lard râpé ou du beurre, deux jaunes d'œufs, persil et ciboule hachés, sel, poivre, et une cuillerée de bouillon, le tout bien mêlé ensemble; posez le plat sur les cendres chaudes pour faire attacher le gratin; égouttez le beurre ou la graisse; arrangez les langues sur le gratin, et versez la cuisson par-dessus.

Pieds de mouton à la poulette. — *Entrée.* — Mettez-les dans une marmite avec assez d'eau pour les couvrir. Joignez-y deux oignons, sel, poivre, bouquet garni, un ou deux clous de girofle. Laissez bouillir huit ou dix heures. Quand la cuisson est faite, retirez et ôtez une partie des os; mettez-les ensuite dans une casserole où vous aurez jeté un morceau de beurre manié de farine, et que vous aurez mouillé de bouillon; laissez mijoter une heure avec champignons, petits oignons, sel, poivre et muscade.

Pieds de mouton frits. — *Hors-d'œuvre.* — Préparés comme ci-dessus et désossés, faites-les bouillir pendant une heure dans un bouillon où vous aurez mêlé un peu de vinaigre, sel, poivre, épices, ail, laurier, clous de girofle, et un morceau de beurre manié avec de la farine. Laissez refroidir; trempez dans des œufs battus; panez, faites frire et servez garni de persil frit.

Pieds de mouton au fromage. — *Entrée.* — Cuits et désossés comme ceux à la poulette, coupez-les en deux, passez-les à la casserole avec beurre, champignons, persil, ciboule, ail, clous de girofle, sel et poivre : mouillez avec du bouillon; faites réduire la sauce, ajoutez un filet de vinaigre, dressez et couvrez d'une farce de godiveau unie avec œufs battus; saupoudrez de mie de pain mêlée au fromage râpée, et faites prendre couleur au four de campagne.

Hachis de mouton à la bourgeoise. — *Entrée.* — Un gigot rôti se mange rarement entier le même jour; le lendemain on fait ordinairement un hachis de ce qui reste. On lève les chairs, on en ôte les nerfs et les peaux; après avoir haché la viande, on la met dans une casserole; on fait réduire quelques cuillerées de coulis, et, au moment de servir, on lie son hachis avec cette réduction; on y met un demi-quarteron de beurre, on le fait chauffer, prenant garde qu'il ne bouille, et on le sert avec des œufs mollets autour.

Queues de mouton panées à l'anglaise. — *Entrée.* — On prépare et on fait cuire les queues comme celles dites à la braise; lorsqu'elles sont cuites, on les égoutte et on les assaisonne de sel, gros poivre; on fait tiédir un morceau de beurre, on met les queues dedans, ensuite dans de la mie de pain ; on casse quatre œufs dans le beurre, on bat le tout ensemble ; en trempant les queues dans les œufs, on fait en sorte qu'elles en prennent partout ; on les roule dans de la mie de pain, de manière qu'elles soient complètement panées, et on les arrose avec quelques gouttes de beurre ; on les mettra sur le gril, à un très petit feu, une demi-heure avant de servir, en les couvrant d'un four de campagne bien chaud, pour leur donner une belle couleur ; au moment de servir, on les dresse sur le plat, avec un jus clair dessous.

Queues de mouton braisées. — *Entrée.* — Faites-les cuire dans du bouillon ; ajoutez oignons, carottes, céleri, fines herbes, sel, poivre ; laissez cuire ; faites réduire la sauce, et servez sur une purée d'oseille, de lentilles, un ragoût de choux, de chicorée ou une sauce tomate.

Queues de mouton frites. — *Entrée.* — Cuites comme les précédentes, laisser-les refroidir, panez-les, faites-les frire ; quand elles sont ôtées de la poêle, faites frire du persil.

Queues de mouton grillées. — *Entrée.* — Cuites comme celles ci-dessus, laissez refroidir. Passez-les dans des œufs battus ; panez de mie de pain, faites griller à petit feu, et servez avec une sauce piquante.

Cervelles de mouton. — *Entrée.* — Elles se préparent, s'accommodent exactement comme celles de veau. On les sert aussi en matelotte, à la remoulade ou à la sauce tomate.

Rognons de mouton à la brochette. — *Hors-d'œuvre.* — Fendez les rognons par le milieu sur leur longueur ; percez-les en dessous d'une brochette qui les traverse. Assaisonnez d'épices ; mettez-les sur le gril, et servez à la maître-d'hôtel, avec un jus de citron.

Rognons de mouton au vin blanc. — *Entrée.* — Coupez-les par tranches minces, et accommodez comme le *rognon de bœuf* (voy. cet article.)

Rognons de mouton à l'échalotte. — *Hors-d'œuvre.* — Prenez une douzaine de rognons de mouton, fendez-les en deux sans les séparer, faites-les mariner avec un peu de bonne huile, persil, ciboules, une pointe d'ail, le tout haché très fin, thym, laurier, basilic en poudre, sel, fines

épices. Quand ils ont pris goût, passez les rognons dans
de petites hatelettes, trempez-les dans leur marinade,
et les panez de mie de pain ; faites-les griller, en les arrosant de temps en temps avec le reste de leur marinade ;
mettez une sauce claire à l'échalotte dans le plat que vous
devez servir ; mettez dessus les rognons avec leurs hatelettes.

AGNEAU.

Sa chair est blanche, tendre et gélatineuse ; elle est
indigeste si l'animal a été tué trop jeune. Il faut, pour
qu'elle soit bonne, que l'agneau ait tété cinq mois au
moins.

Issues d'agneau au petit lard. — *Entrée.* — On nomme
issues, la tête, le foie, le cœur, le mou et les pieds. Faites
dégorger à l'eau tiède, et blanchir à l'eau bouillante ; mettez
cuire avec bouillon, petit lard coupé en tranches, bouquet
garni, racines, oignons ; faites infuser sans bouillir sur de
la cendre chaude, persil, ciboule, laurier, ail, clous de girofle, échalotes, sel, poivre, deux cuillerées de vinaigre,
un verre de bouillon, un peu d'huile d'olive ; dressez les issues bien égouttées dans le plat que vous devez servir, la
tête au milieu, la cervelle découverte, la fressure et les
pieds autour, les morceaux de petit lard au-dessus ; passez la sauce au tamis, mettez-la sur le ragoût ou dans une
saucière.

Oreilles d'agneau farcies. — *Entrée.* — Prenez dix ou
douze oreilles d'agneau que vous ferez dégorger et blanchir ; après les avoir essuyées, flambées, vous les ferez
cuire dans un blanc, après quoi vous les égouttez et les
remplissez d'une farce cuite ; vous les trempez dans un
bon coulis lié, et ensuite dans de la mie de pain ; vous casserez quelques œufs et y mettrez du sel et du gros poivre :
vous battrez le tout ensemble ; trempez vos oreilles de manière qu'elles prennent de l'œuf partout ; roulez-les de nouveau dans de la mie du pain, de sorte qu'elles en soient entièrement couvertes ; au moment de servir, mettez votre
friture sur le feu ; lorsqu'elle est chaude, vous y jetez vos
oreilles ; lorsqu'elles auront pris une belle couleur, vous les
retirerez et les égoutterez sur un linge blanc ; vous ferez
frire du persil que vous mettez par-dessus.

Tête d'agneau. — *Entrée.* — Désossée comme la tête de veau, faites-la blanchir et cuire de même ; égouttez et servez au naturel pour manger à l'huile.

La tête d'agneau se mange également en tortue, à la sauce tomate, aux champignons, etc.

Quartier d'agneau rôti. — *Rôt.* — Piquez de lardons fins, du côté de la peau ; dorez l'autre côté avec du beurre tiède et panez-le de mie de pain ; assaisonnez de sel, poivre et persil haché très fin ; enveloppez le quartier avec une grande feuille de papier, pour qu'il ne soit pas saisi trop vivement par le feu ; faites rôtir ; lorsqu'il est aux trois quarts cuit, retirez-le du feu, et, sans le débrocher, panez une seconde fois le côté qui n'est que lardé ; ne remettez pas l'enveloppe de papier, et approchez le quartier d'un feu vif, pour lui faire prendre couleur ; servez, et arrosez-le d'un jus de citron.

Carré d'agneau à la périgord. — *Entrée.* — Mettez dans une casserole votre carré bien paré, avec huile, persil, champignon, épices. Votre casserole doit être foncée de tranches de veau et d'une douzaine de truffes coupées par morceaux. Bardez le tout de lard, ajoutez un demi-citron coupé par des tranches, faites légèrement bouillir, et mouillez avec du bouillon ; laissez un peu réduire la sauce, tamisez-la, arrosez-en votre carré, et servez avec les truffes.

Agneau à la poulette. — *Entremets.* — Faites blanchir un quartier d'agneau ; délayez dans le beurre fondu une cuillerée de farine ; versez, peu à peu, dans votre casserole, deux verres d'eau bouillante ; mettez votre agneau avec poivre, sel, bouquet garni, petits oignons et champignons ; dégraissez et liez la sauce avec un jaune d'œuf.

Côtelettes d'Agneau. — Elles se préparent et s'accommodent comme celles du mouton.

Blanquette d'Agneau. — *Entrée.* — Emincez un gigot, ou toute autre partie d'agneau rôti ; passez des champignons coupés par quartiers dans du beurre, et lorsqu'il commence à tourner en huile, ajoutez plus ou moins de farine, suivant l'étendue de votre blanquette ; tournez pour la mêler avec les champignons ; mouillez avec du bouillon ; assaisonnez de sel et poivre, persil et ciboules non hachées,

mettez votre émincé dans la casserole, et faites mijoter
à petit feu pendant une demi-heure. Avant de servir, ajoutez une liaison de jaune d'œufs et un jus de citron.

Rôt de bif d'Agneau. — Ou coupe son agneau jusqu'à la
seconde côtelette du flanc, ce qui fait la moitié de l'agneau.
Après l'avoir bien assujetti avec des brochettes, on le met à
la broche et on le fait cuire d'une belle couleur. On prend
deux quartiers du devant de l'agneau, on en lève les épaules ; on coupe les poitrines de manière que les côtelettes ne
soient pas endommagées ; on fait cuire les poitrines dans
une bonne braise : quand elles seront cuites, on les mettra
entre deux couvercles et on les laissera refroidir. On les
coupera en petits morceaux, que l'on parera bien proprement, et que l'on trempera dans une sauce d'un bon goût ;
on les panera avec de la mie de pain : on coupe les côtelettes, on les pare proprement, on les assaisonne de sel et
de poivre, et on les met dans un plat à sauter avec du
beurre fondu. On prend les épaules cuites à la broche et
refroidies, on en fait une bonne blanquette. Au moment
de servir, on fait griller ou frire les tendons ; on fait sauter les côtelettes, que l'on glace, et on dresse le tout entre-
mêlé et en miroton : on met la blanquette au milieu.

DU COCHON.

Sa chair est ferme et à fibres serrées, ce qui la rend
lourde et indigeste. Mais elle est aussi très nourrissante ;
elle ne convient qu'aux individus qui, doués d'un estomac
robuste, se livrent à des travaux fatigants qui exigent une
réparation abondante.

Du Boudin. — Prenez de l'oignon, que vous hachez, et
le faites cuire avec un peu d'eau et de la panne ; quand il
est bien cuit et qu'il ne reste que de la graisse, vous prenez
de la panne que vous coupez en dés ; mettez-la dans la
casserole où est votre oignon, avec du sang et le quart de
crème ; assaisonnez de sel fin, d'épices mêlées ; maniez bien
le tout ensemble, et l'entonnez dans des boyaux que vous
aurez coupés auparavant de la longueur dont vous voulez
faire les boudins ; ne les emplissez point trop, de crainte
qu'ils ne crèvent en cuisant ; ficelez les deux bouts de chaque boyau ; vous les faites ensuite cuire dans l'eau bouillante : il faut un quart d'heure pour les cuire ; pour voir

s'ils sont cuits, vous en tirerez un avec l'écumoir et le pi-
querez avec une épingle ; si le sang ne sort plus, que ce
soit de la graisse, c'est une preuve qu'ils sont cuits ; mettez-
les ensuite refroidir pour les faire griller quand vous voudrez les servir. La même façon se pratique pour les boudins de sanglier.

Boudin blanc. — Faites bouillir deux litres de lait, une
poignée de mie de pain, en les tournant souvent jusqu'à ce
que la mie de pain ait bu tout le lait, et qu'elle soit bien
épaisse ; vous la mettrez refroidir ; vous couperez une
demi-douzaine d'oignons en petits dés, et les ferez cuire à petit
feu, sans qu'ils soient colorés, avec un morceau de beurre ;
vous aurez ensuite une demi-livre de panne hachée, que vous
mêlerez avec les oignons ; après qu'ils seront ôtés du feu,
vous y mettrez aussi la mie de pain, avec six jaunes d'œufs,
et 5 décilitres de crême ; vous délayerez le tout ensemble,
et assaisonnerez de sel fin et de fines épices. Vous emplirez
aux trois quarts des boyaux de cochon bien lavés et vous
lierez le tout. Vous terminerez comme ci-dessus.

Saucisses. — *(Hors-d'œuvre).* — Hachez de la chair de
porc plus grasse que maigre ; et mettez du persil et de la
ciboule aussi hachés ; assaisonnez de sel et de fines épices ;
entonnez le tout dans des boyaux de veau ou de cochon ;
pour leur donner du goût comme celui de truffes ou d'é-
chalotes, hachez-en plus ou moins ; mettez très peu d'é-
chalote afin qu'elle ne domine pas.

Saucissons. — *(Hors-d'œuvre).* — Prenez, dit un éco-
nome instruit, une livre de chair de porc hachée, que vous
ferez cuire à moitié ; mêlez cette chair avec quatre livres
de pommes de terre battues en pâte ; salez, poivrez et épicez ; pétrissez ensuite avec soin : ayez alors des boyaux de
bœuf bien nettoyés et embossez-les après avoir lié un de
leurs bouts, avec ce mélange, au moyen d'un embossoir
de fer-blanc ; piquez le boyau de temps-en-temps, avec
une épingle, pour empêcher qu'il ne crève ; pressez-le
bien pour le rendre partout d'une égale grosseur, fermez
avec une ficelle, et étranglez vos saucissons de longueur.
On les laisse se ressuyer dans un linge pendant trois jours,
et ensuite on les suspend au plafond. C'est un manger très
agréable que l'on fait cuire, griller ou bouillir au besoin.

Andouilles. — *Entrée.* — Après avoir lavé et nettoyé

les boyaux les plus charnus du cochon, lorsqu'ils sont bien propres, on les fait dégorger pendant douze heures, après quoi on les égoutte, on les essuie bien et on les met dans une terrine; ensuite on les assaisonne de sel, de poivre, d'aromates pilés et des quatre épices; on les laisse dans cet assaisonnement pendant deux heures; cela fait, on les met dans les boyaux, qu'on lie par le bout, et on les place au fond du saloir.

Lorsqu'on veut les manger, on les fait cuire dans du bouillon, avec des racines, un bouquet de persil et ciboule, du thym et du laurier; on les laisse refroidir dans leur cuisson, ensuite on les met sur le gril et on les sert pour hors-d'œuvre.

Hure de cochon. — *Rôt.* — Otez d'une tête de cochon la langue et les oreilles; mettez cuire cette tête dans une marmite contenant de l'eau suffisamment épicée, un bouquet de persil, ciboules, thym, laurier, basilic et sauge; joignez des oignons et des carottes; jetez-y quelques clous de girofle; faites cuire à petit feu pendant sept ou huit heures jusqu'à ce que vous puissiez désosser. Levez doucement la peau; garnissez d'un linge fin et blanc le fond d'une casserole longue, étroite et profonde, et posez sur ce linge cette peau à la renverse, de manière à ce qu'elle puisse envelopper toute la chair que vous aurez soigneusement désossée; renversez votre casserole sur le plat où vous devrez servir; ôtez délicatement votre linge, et servez froid.

Fromage de cochon. — (*Hors-d'œuvre*). — On prend une tête de cochon bien nettoyée, on la désosse à forfait, on lève toute la chair et le lard sans couper la couenne; on coupe la chair en filets très minces; on en fait autant du lard; on met le maigre à part sur un plat bien étendu, et le gras dans un autre; on coupe les oreilles aussi en filets; on assaisonne le tout des deux côtés avec du sel fin, du gros poivre, thym, laurier, basilic, six clous de girofle, deux pincées de coriandre, la moitié d'une muscade, le tout haché très fin, deux gousses d'ail, quatre échalottes, aussi hachées, une demi-poignée de persil en feuilles entières; on met la peau de la hure dans une casserole ronde; on arrange tous les filets de viande, en mettant un lit de vinaigre et quelques tranches de jambon, des feuilles de persil arrangées proprement; on continue de cette façon jusqu'à la fin; on coud la couenne et on la plisse en bourse, on l'enveloppe d'un torchon que l'on serrera fort avec de la ficelle; on met ce fromage dans une marmite juste à sa grandeur, pour le faire cuire pendant six ou sept heures avec du bouillon, une pinte de vin blanc, de l'oignon, racines, thym, laurier, basilic, une gousse d'ail, sel, poivre; lorsqu'il est cuit, on l'égoutte et on le met dans un vaisseau juste à sa grandeur et bien rond; on le couvre avec un couvercle et un poids très lourd dessus, pour lui faire prendre la forme que l'on veut.

Langue fourrée. — (*Hors-d'œuvre*). — Commencez par en affermir la chair, en la faisant bouillir dans de l'eau pendant un quart d'heure; après quoi, enlevez, avec un couteau, la première peau; ensuite lavez-la dans de l'eau fraîche; laissez-la bien égoutter, et mettez-la ensuite dans un pot de grès, après l'avoir saupoudrée de sel et de fines herbes, successivement; puis mettez-la dans un boyau de bœuf; après placez-la dans la cheminée, plus ou moins de temps, selon qu'on y allume du feu plus ou moins fréquemment pour lui donner une saveur particulière, et la rendre plus de garde. Enfin, on la fait cuire dans de l'eau salée, ou dans le bouillon ordinaire.

JAMBON.

La cuisse et l'épaule se mettent en jambon : il faut les saler et fumer. Pour cet effet, vous faites une saumure avec du sel et du salpêtre, et toutes sortes d'herbes odoriférantes, comme thym, laurier, basilic, baume, marjolaine, sariette, genièvre, que vous mouillez avec moitié eau et moitié lie de vin; laissez infuser toutes ces herbes dans la saumure pendant vingt-quatre heures, ensuite vous la passez au clair et mettez tremper les jambons dedans pendant quinze jours. Ensuite vous les tirerez de la saumure pour les faire égoutter; après les avoir bien essuyés, vous les mettez fumer à la cheminée. Quand ils seront secs, pour les conserver, vous les frotterez avec de la lie de vin et du vinaigre, et mettrez par-dessus de la cendre. Quand vous les voulez faire cuire, vous en ôtez le mauvais sans rien ôter de la couenne; faites-les dessaler dans de l'eau deux ou trois jours, suivant qu'ils sont nouveaux et que vous les jugez assez dessalés; désossez-les et enveloppez-les d'un torchon blanc, et les mettez dans une marmite pas plus large que le jambon : mettez-y deux pintes d'eau et autant de vin blanc; racines, oignons, un gros bouquet garni de toutes sortes de fines herbes; faites cuire votre jambon pendant cinq ou six heures à très petit feu. Quand il est cuit, laissez-le refroidir dans sa cuisson; vous le retirez ensuite, et enlevez doucement la couenne, sans ôter de la graisse; mettez par dessus la graisse, du persil haché avec un peu de poivre, et après de la chapelure de pain, par dessus la pelle rouge, pour que la chapelure s'imbibe un peu dans la graisse et prenne une belle couleur; ou bien, si vous voulez qu'il ait meilleure façon, lorsqu'il est refroidi, vous ôtez la couenne et le parez bien uniment; vous le glacez ensuite d'une belle couleur. Servez froid sur une serviette, pour gros entremets.

Quand les jambons sont nouveaux et petits, vous pouvez les faire cuire à la broche et les servir chauds ou froids pour entremets : faites attention qu'ils soient beaucoup plus dessalés pour la broche que pour la marmite.

Jambon à la Broche. — Rôt. — Faites-le mariner pendant vingt-quatre heures dans du vin blanc avec oignons et persil. Embrochez et arrosez de sa marinade : avant la cuisson parfaite, levez la couenne et panez; laissez cuire alors tout-à-fait. Préparez pendant ce temps, avec des débris de viande et d'os, une glace qui se fait à la casserole, et qu'on mouille de bouillon; on la passe au tamis, et on la réduit en gelée, dans laquelle on trempe une plume; avec cette gelée on dore le jambon qu'on sert sur la marinade réduite.

Du Petit Salé de Cochon. — Toutes sortes d'endroits du cochon sont bons pour faire du petit-salé, le filet est estimé le meilleur : vous coupez les morceaux de la grosseur que vous voulez, et prenez du sel pilé; sur quinze livres mettez une livre de sel; frottez votre viande partout, mettez-la à mesure dans un vaisseau; quand il est plein., bouchez le bien, de crainte qu'il ne prenne le vent; vous pouvez vous en servir au bout de cinq ou six jours; si vous voulez le garder long-temps, vous y mettrez un peu plus de sel; observez que plus le salé est nouveau, meilleur il est; vous vous en servez ensuite, soit pour manger avec de la purée de pois ou un ragoût de choux, ragoût de légumes, de lentilles, purée de navets : de telle façon que vous le serviez, ne mettez point de sel dans le ragoût que vous lui destinez ; et si votre salé avait pris trop de sel, faites-le tremper dans de l'eau froide avant de le faire cuire.

Pieds de cochon à la Sainte-Menehould. — Hors-d'œuvre. — Fendez-les en long ; enveloppez chaque morceau dans une bande de toile ; fixez-les au fond d'une marmite dans laquelle vous mettrez sel, bouquet garni, du basilic, deux gousses d'ail ; jetez sur le tout de l'eau froide. Après avoir écumé, remplissez avec eau bouillante ; après cinq heures de cuisson, laissez refroidir pour ôter vos bandes ; passez les pieds à l'huile ; panez, faites griller à feu vif et servez à sec.

Oreilles de cochon à la Sainte-Menehould. — Entrée. — Faites-les cuire avec bouillon, vin rouge, carottes et oignons, dont un piqué de clous de girofle, un fort bouquet garni, gros poivre et du sel, si elles n'ont pas été mises auparavant dans la saumure. Cuites et refroidies, dorez-les avec du beurre tiède et panez-les ; couvrez-les ensuite avec de l'œuf battu, et panez une seconde fois ; faites prendre couleur sous un four de campagne. Servez avec une remoulade : on peut aussi les faire frire comme celles de veau.

Oreilles de cochon à la purée. — Entrée. — Flambez, nettoyez et faites cuire avec des lentilles, de l'eau, oignons et carottes. Faites une purée de lentilles et servez dessus.

Porc frais à la broche. — Rôt. — Faites mariner pendant deux ou trois jours dans l'huile, avec sel, poivre, persil, oignons coupés, laurier et clous de girofle. Retirez pour mettre à la broche et arrosez de sa marinade.

Côtelettes de porc frais. — Entrée. — Faites mariner comme ci-dessus et cuire sur le gril ou dans la poêle. Servez sur une sauce Robert, piquante, ravigote ou tomate.

Rognons de cochon au vin. — Entrée. — Coupez-les en morceaux, passez-les à la poêle avec beurre, sel, poivre, persil, ciboules hachés ; remuez, afin qu'ils ne s'attachent pas ; mettez une pincée de farine ; mouillez avec du vin et retournez sans laisser bouillir.

Queues de cochon à la purée. — Entrée. — Coupez-les en quatre morceaux, après les avoir échaudées et flambées ; faites cuire avec lentilles, carottes, oignons, clous de girofle, thym, laurier, sel et poivre; mouillez avec de l'eau; après cuisson, mettez-les dans une casserole avec du bouillon, passez vos lentilles et faites réduire votre purée.

Cervelles de cochon. — *Entrée.* — Elles se préparent comme celles de veau.

Oreilles de cochon braisées. — *Entrée.* — Etant bien nettoyées, faites-les cuire avec carottes, oignons, sel, poivre, bouquet garni, mouillez avec bon bouillon gras.

Les oreilles de cochon se servent avec toutes sortes de purée; elles se servent encore aux sauces tomate, italienne, piquante, etc. Il suffit de les faire cuire comme il est indiqué à l'article Oreilles de cochon braisées; on les met bien chaudes sur la purée ou les sauces.

Foie de cochon sauté. — *Entrée.* — Coupez votre foie en tranches minces; faites-le sauter au beurre, avec sel, poivre, une idée d'ail haché; dressez, versez dessus une sauce poivrade, avec échalottes et persil haché.

Cochon à la sauce poivrade. — Lorsqu'il vous reste du cochon rôti, émincez-le, coupez-le en morceaux, mettez dans une sauce poivrade, faites bouillir pendant dix minutes et servez.

Cochon de lait en blanquette. — *Entrée.* — Prenez du cochon de lait rôti et procedez ensuite comme pour une blanquette de veau.

Cochon de lait à la broche. — *Rôt.* — Epilez-le en le trempant un instant dans l'eau chaude: quand il est bien net, videz-le, et troussez-le après l'avoir frotté dans tout l'intérieur avec du beurre pétri de fines herbes, sel, poivre et muscade; mettez-y aussi quelques zestes de citron; ciselez légèrement la peau de la tête, des épaules et des cuisses, pour l'empêcher de crever; faites rôtir, et arrosez souvent avec de l'huile pour que la peau devienne croquante et prenne une belle couleur; servez le plus chaud possible

Cochon de lait farci. — *Entrée.* — Désossez un cochon de lait, excepté la tête, que vous laisserez entière; étendez-le, la peau en-dessous, et couvrez-le d'une farce faite avec moitié lard, moitié foie de veau; assaisonnez la farce avec sel, poivre, girofle et muscade en poudre, un peu de sauge et de basilic hachés; couvrez cette couche de farce avec du jambon coupé en filets, des lardons, des truffes, des filets de langue à l'écarlate, etc., etc.; recousez la peau de manière que le cochon reprenne sa première forme; enveloppez-le d'un linge blanc avec quelques feuilles de sauge, laurier et basilic, et quelques bardes de lard : mettez-le dans une braisière avec bouillon et vin blanc, sel et poivre, faites cuire à très petit feu, laissez-le dans la cuisson jusqu'à ce qu'il soit assez refroidi pour que vous puissiez, en le pressant dans les mains, en faire sortir le liquide qu'il peut retenir. Ne le développez que lorsqu'il est tout-à-fait froid; servez sur une serviette.

SANGLIER.

Sa chair est nourrissante, lourde, indigeste, et néanmoins plus facile à digérer que celle du cochon ordinaire. Le sanglier convient, surtout en hiver, à ceux qui ont un bon estomac et aux personnes qui fatiguent beaucoup.

Filet de sanglier. — *Entrée.* — Coupé en tranches sur son épaisseur, on couche ces tranches dans une casserole, sur un lit de beurre, de persil, de ciboules hachées avec une gousse d'ail, un peu de thym et de basilic saupoudrés de sel et d'épices. Avant la cuisson parfaite, on retire le tout de la casserole; vingt-quatre heures après, on achève la cuisson et l'on sert garni de cornichons en tranches.

La hure se prépare comme celle de cochon.

Toutes les parties du sanglier doivent être servies avec une sauce très relevée.

Cuisse de sanglier. — Brûlez les soies qui sont après la cuisse; vous la nettoyez le mieux possible; vous la désossez jusqu'à la jointure du manche; vous la piquez de gros lardons assaisonnés d'aromates pilés, des quatre épices, du sel, du gros poivre; quand elle sera bien piquée, vous garnirez une terrine ou un baquet avec beaucoup de sel, poivre en grain, du genièvre, du thym, du laurier, du basilic, des oignons coupés en tranches, du persil en branches, de la ciboule entière et du salpêtre; vous laisserez mariner votre cuisse une douzaine de jours; lorsque vous voudrez la faire cuire, vous ôterez de l'intérieur de votre cuisse les aromates qui y seront; vous l'envelopperez dans un linge blanc; vous la mettrez dans une braisière, avec six bouteilles de vin blanc, autant d'eau, six carottes, six oignons, quatre clous de girofle, un fort bouquet de persil et ciboules; vous la ferez mijoter pendant six heures; vous la sondez pour vous assurer si elle est cuite, et vous la retirez, vous la laisse-serez dans sa couenne : glacez-la, et qu'elle ait une belle forme.

Côtelettes de sanglier sautées. — Coupez et préparez vos côtelettes de sanglier comme celles de moutons; mettez les dans votre sautoir, assaisonnées de sel, gros poivre; faites tiédir du beurre que vous verserez dessus; posez-les sur un feu modéré, ayant soin de les tourner des deux côtés; lorsqu'elles sont fermes, vous les dressez sur votre plat. Servez-les avec une sauce Robert ou une poivrade.

De la Venaison. — Sous le nom de venaison ou de viande noire, on entend le chevreuil, le daim, le faon, le cerf, la biche, le sanglier et le marcassin.

La chair du cerf et celle du daim sont peu en usage dans la cuisine; on peut néanmoins accommoder l'une et l'autre comme celle du chevreuil.

CHEVREUIL.

La femelle a la chair plus tendre que le mâle. Le che-vreuil à poil brun est plus estimé que le roux.

La chair de cet animal est dure et indigeste quand il est vieux; mais s'il a moins de deux ans, elle est au contraire excellente et se digère bien. Dans presque tous les cas, le chevreuil ne doit se faire cuire qu'après avoir été mariné avec vinaigre, sel, poivre, épices, aromates, oignons en tranches, persil et ciboules. Tenez-le dans cette marinade pendant quarante-huit heures au moins. Soit qu'on le fasse cuire à la braise ou à la broche, soit qu'on le mette en civet, il faut le servir avec une sauce piquante très relevée.

Côtelettes de chevreuil. — *Entrée.* — Faites mariner dans l'huile, après les avoir salées et poivrées; grillade pendant une demi-heure à feu vif, sauce piquante aux cornichons ou autres fruits marinés.

Gigot de chevreuil. — *Rôt.* — Marinez comme les côte-lettes; faites rôtir à feu vif; arrosez de sa marinade; une heure et demie suffit pour sa cuisson, servez avec une sauce piquante mêlée au jus de la lèchefrite.

Civet de chevreuil. — *Entrée.* — On prend de préférence

les épaules ou la poitrine; mettez vos morceaux de chevreuil dans un roux avec échalottes hachées, vin rouge, thym, sel et poivre; dégraissez au moment de servir et ajoutez un peu de sucre en poudre.

Quartier de chevreuil. — Après avoir paré votre filet et le cuissot de votre chevreuil, vous le piquez de lard fin et le mettez dans une terrine, dans trois ou quatre bouteilles de vinaigre, du sel, du poivre, trois ou quatre feuilles de laurier, six clous de girofle, six ou sept branches de thym, cinq oignons coupés en tranches, une petite poignée de persil et de ciboules entières; vous le laissez mariner pendant quarante-huit heures au plus; lorsque vous voulez vous en servir, vous le sortez de la marinade et le mettez à la broche, où cinq quarts d'heure suffisent pour le faire cuire. Au moment de servir, vous l'appropriez : servez avec une sauce poivrade.

Filets de chevreuil. — Après avoir levé les deux filets de chevreuil, vous les piquez et les faites mariner comme le quartier; lorsque vous voudrez vous en servir, vous les retirerez de votre marinade, ayant soin de les approprier : vous les faites cuire comme les filets de mouton en chevreuil, et y mettez la même sauce. On peut mettre ces mêmes filets a la broche, si on ne veut pas les braiser.

DU GIBIER.

Du gibier à poil. — On désigne ordinairement sous ce nom les lièvres, les levrauts, les lapins et les lapereaux.

LIÈVRE.

Lièvre. — Sa chair, noire et compacte, est savoureuse, nourrissante et se digère assez bien.

Lièvre à la broche, — *Rôt.* — Faites-le revenir sur les charbons pour donner de la fermeté aux chairs. On peut le mettre entier à la broche, après l'avoir piqué de lard; il faut se servir du sang, du foie et du mou qu'on écrase dans du vinaigre salé et poivré, et où l'on hache fin quelques échalottes. Cette sauce se cuit au moyen de charbons ardents mis sous la lèchefrite. On arrose le rôt de cette sauce. Le lièvre ne doit pas être trop cuit. Si l'on ne met à la broche que le train de derrière, on garde le foie et le mou pour les mettre dans le civet, que l'on fait avec le train de devant.

Civet de lièvre. — Entrée. Faites revenir à la casserole du lard coupé par morceaux, avec petits oignons et beurre; quand les oignons ont pris couleur, retirez-les; mettez votre lièvre coupé par morceaux; faites revenir; ajoutez une cuillerée de farine, et mouillez avec du bouillon et du vin, un bouquet garni, sel et poivre : au bout de trois quarts-d'heure, remettez les oignons; une heure suffit pour la cuisson; quand il est cuit, si vous avez de son sang, mettez-le dedans, ajoutez un peu de sucre et faites lier la sauce à part sur le feu.

Lièvre au chaudron. — Entrée. — Coupez en morceaux votre lièvre encore chaud; mettez-le dans un chaudron avec son sang, bouquet, oignon, sel, poivre, deux bouteilles de vin rouge; faites cuire à feu clair qui entoure le chaudron, afin que le vin s'enflamme au premier bouillon; ayez une demi-livre de beurre manié avec farine, jetez-le dans votre sauce; une demi-heure suffit pour la cuisson.

Pâté de lièvre en terrine. — Entrée. — Le lièvre doit être frais tué. Désossez-le et joignez une livre de porc frais, une livre de rouelle de veau, un peu de graisse de bœuf, une demi-livre de lard, ciboule, persil, un peu de thym, une feuille de laurier, une gousse d'ail hachée très fin, girofle, sel et poivre. Bardez et couvrez de bandes de lard; versez sur le tout un verre d'eau de vie. Faites cuire au four pendant quatre heures dans une marmite fermée.

Filet de lièvre piqué. — Entrée. — Après avoir dépouillé trois lièvres, vous en détachez le filet, en le tirant à vous, de manière que la peau nerveuse reste : vous le piquez de lard fin.

Mettez des bardes de lard dans un plat à sauter, et arrangez vos filets de manière qu'ils soient un peu cintrés, pour qu'ils prennent bien la rondeur du plat; vous les mouillez avec une demi-glace, et faites-les cuire au four pendant une demi-heure; glacez-les d'une belle couleur, et dressez-les en miroton sur votre plat; mettez pour sauce une purée de champignons, ou celle que vous jugerez à propos. Vous pouvez, si vous voulez, par le moyen de quelques petits attelets, les faire cuire à la broche.

On distingue le levraut du lièvre par une petite éminence que l'on sent à la première jointure, près de la patte de devant du levraut.

Levraut sauté. — *Entrée.* — Dépecez un levraut et faites-le sauter au beurre sur un bon feu ; lorsqu'il sera cuit à moitié, saupoudrez de farine et d'herbes fines hachées fin, mouillez avec vin blanc et consommé, par moitié, laissez bouillir jusqu'à ce qu'il soit cuit, dressez, versez dessus la sauce réduite.

LAPIN.

Du Lapin et du Lapereau. — On en distingue de deux sortes : le lapin domestique et le lapin de garenne. Ce dernier est à préférer en cuisine ; ses chairs ont un meilleur parfum et sont plus délicates, surtout si c'est un lapin des montagnes, où croissent beaucoup de thym et de serpolet, et autres plantes aromatisées.

Le lapin domestique a la chair assez bonne ; mais il faut éviter avec soin de se servir de celui qui n'a été nourri que de choux.

Pour connaître un lapereau d'avec un lapin, il faut le tâter sur le dehors des pattes de devant, au-dessus du joint ; si vous trouvez une grosseur comme une petite lentille, c'est une marque qu'il est jeune.

La chair du lapin est blanche, molle et facile à digérer. Le lapin domestique demande à être vidé aussitôt tué. Il faut avoir soin de garnir l'intérieur de thym, laurier, sauge, sel et poivre qu'on retirera ensuite.

Gibelotte de lapin. — *Entrée.* — Coupez par morceaux ; faites un roux avec beurre et de la farine en suffisante quantité ; lorsque le roux est bien blond, passez-y le lapin, des champignons et des petits oignons ; ajoutez quelques tranches de petit lard ; quand le tout est bien revenu, mouillez avec un tiers de vin blanc et deux tiers de bouillon ; ôtez les oignons ; assaisonnez de sel et poivre, avec persil, ciboules et un peu de thym en bouquet ; faites bouillir à grand feu ; lorsque le mouillement sera réduit à un tiers, remettez les petits oignons ; achevez à petit feu, et dégraissez la sauce avant de servir.

Civet de lapin. — *Entrée.* — Comme le civet de lièvre.

Matelotte de lapin. — Entrée. — Faites revenir votre lapin coupé par morceaux dans un roux que vous mouillerez avec bouillon et vin blanc. Ajoutez petit lard, oignons, bouquet garni, sel et poivre. Faites sauter à part des petits oignons et champignons dans le beurre; mouillez avec la sauce du lapin; servez vos petits oignons et champignons autour.

Lapin rôti. — Rôt. — Piquez-le de petit lard depuis le cou jusqu'à l'extrémité des cuisses; vous pouvez aussi, au lieu de le piquer, le couvrir de bardes. On ne doit faire rôtir que le lapereau.

Cuisses de lapin à la purée. — Entrée. — Prenez des cuisses de lapin, piquez avec du lard, faites les cuire avec bardes de lard, racines, bouquet garni; arrosez le tout de consommé; quand elles seront cuites, faites égoutter; glacez-les et mettez sur une purée quelconque.

LAPEREAU.

Lapereau frit. — Entrée. — Coupez en morceaux : faites mariner avec du vin blanc, jus de citron, persil, ciboules, thym, laurier, une pointe d'ail, de tout haché grossièrement, sel et poivre; égouttez vos morceaux, après les avoir laissés une heure dans la marinade; essuyez-les, roulez-les dans la farine, et faites-les frire; servez avec une sauce piquante ou une sauce tomate.

Marinade de lapereau. — Entrée. — Coupez en morceaux deux jeunes lapereaux rôtis; n'employez que les membres et le râble; faites-les mariner comme ci-dessus; trempez-les dans une pâte à frire, après les avoir égouttés; mettez-les dans une friture qui ne soit pas trop chaude; servez à sec avec du persil frit.

Lapereau à la poulette. — Entrée. — Coupez-le par morceaux, que vous passerez sur le feu avec beurre, champignons, ciboules et persil; ajoutez une pincée de farine; mouillez de bouillon et de vin blanc; épicez; faites réduire et formez une liaison de jaunes d'œufs.

Filets de lapereau de différentes façons. — Coupez en filets la chair d'un ou de deux lapereaux cuits à la broche et froids, faites chauffer dans une bonne sauce consistante. Les sauces les plus convenables sont celles à la française,

à l'espagnole, à la béchamel, au jus de ravigote, au civet
relevé. Vous les servez encore avec ragoût de concombres
émincés, ou en salade.

Filets de lapereaux piqués. — Entrée. — Vous levez
les filets de quatre lapereaux, et, après les avoir piqués
de lard bien fin, vous foncez un plat à sauter de bardes
de lard bien fin, et y mettez dessus vos filets un peu cour-
bés; vous les mouillez avec une demi-glace ou de la mirepoix, et les faites cuire au four, glacés d'une belle couleur. Au moment de servir, vous les dressez et mettez
pour sauce une purée de champignons ou de la chicorée.

Filets de lapereaux à la Vénitienne. — Entrée. — Vous
levez les filets de quatre lapereaux et les parez; vous les
mettez dans un plat à sauter, avec du beurre à demi-clarifié, saupoudrez légèrement d'une petite pincée de sel. Au
moment de servir, vous les faites sauter sur un fourneau
bien doux, et y mettez pour sauce trois ou quatre cuillerées de velouté bien corsé, clarifié et réduit, dans lequel
vous mettrez du persil haché et blanchi, un jus de citron
et un bon quarteron de beurre pour le rendre moelleux.

Lapereaux en papillottes. — Entrée. — Prenez un lapereau tendre que vous coupez par membres; ôtez-en les
plus gros os; mettez le mariner, avec persil, échalotes,
champignons, une pointe d'ail, le tout haché, sel, gros
poivre et du beurre; enveloppez chaque morceau tiré de
leur assaisonnement d'une petite barde de lard dans du
papier blanc huilé; faites cuire à très petit feu sur le gril,
en mettant encore une autre feuille de papier graissée dessous : servez avec le papier.

Lapereaux aux petits oignons. — Entrée. — Prenez un
fort lapereau, ou deux petits, que vous coupez par morceaux, faites blanchir un quart-d'heure une douzaine de
petits oignons blancs; mettez-les cuire avec les morceaux
de lapereau, du bouillon, vin blanc, bardes de lard, un
bouquet, sel, poivre; la cuisson faite, dressez les lapereaux
dans le plat, les petits oignons autour, mettez du blond de
veau dans la cuisson, un pain de beurre manié de farine,
sel, gros poivre, muscade; faites lier sur le feu; servez sur
les lapereaux.

Lapereaux à la tartare. — Entrée. — Désossez un ou
deux lapereaux; coupez la chair en quatre morceaux

que vous faites mariner avec de l'huile, sel, gros poivre, persil, ciboules, échalottes, le tout haché : trempez-les bien dans la marinade pour les paner avec de la mie de pain ; faites cuire sur le gril, en les arrosant de temps en temps avec le restant de la marinade; servez-les à sec et cuits d'une belle couleur, une remoulade dans une saucière.

Vous pouvez aussi servir dessous une sauce relevée et très claire.

Lapereau à la poulette aux mousserons. — Entrée. — Passez sur le feu un lapereau un peu fort, coupé en six morceaux, avec un morceau de beurre ; une poignée de mousserons, un bouquet de persil, ciboules, mettez-y une pincée de farine, mouillez avec un demi-setier de bon vin blanc, du bouillon, sel, poivre; faites cuire et réduire à courte sauce; mettez une liaison de trois jaunes d'œufs avec de la crème, faites lier sur le feu, en servant jus de citron. Vous faites la même chose avec des champignons, ou des morilles bien lavées, battues dans plusieurs eaux pour faire sortir le sable.

Lapereaux en raccourci. — Entrée. — Videz et cassez un peu l'os des cuisses d'un ou deux lapereaux, désossez le milieu du râble de la longueur de deux doigts, faites-y un trou assez grand pour faire passer la tête et les épaules, de façon que tout se trouve ramassé ensemble ; ficelez bien pour les tenir en état; faites cuire sur une bonne braise, servez avec une sauce ou un ragoût.

Lapereau en matelotte. — Entrée. — Coupez un lapereau en six morceaux; faites un roux avec de la farine et du beurre. Quand il est de belle couleur, passez le lapereau dedans pour le faire refaire, mouillez avec du bouillon, du vin blanc, un bouquet de persil, ciboules, une gousse d'ail, deux clous de girofle, thym, laurier, basilic, une douzaine de petits oignons blanchis, sel, gros poivre; à la moitié de la cuisson, mettez-y une anguille coupée par tronçons, faites cuire et réduire à courte sauce ; en servant, un anchois haché avec des câpres fines entières, garnissez de croûtons frits ; à la place d'une anguille, vous pouvez mettre un autre poisson ; la façon est la même.

Lapereaux à la Gascogne. — Entrée. — Coupez deux lapereaux, chacun en quatre morceaux, que vous lardez de gros lard, et faites cuire avec quelques tranches de veau blanchies, quatre gousses d'ail, un peu d'huile, un demi-setier de vin blanc, un bouquet de persil, ciboules et basilic, du blond de veau, un peu de bouillon, sel, poivre; prenez le fond de la sauce, que vous passez au tamis, dégraissez, mettez-y un jus de citron, servez sur les lapereaux.

Lapereau à la minute. — Entrée. — Votre lapin dépouillé et vidé, coupez-le en morceaux, ayant soin d'ôter le mou; vous essuierez proprement ces morceaux, afin qu'il n'y reste point de sang; mettez un bon morceau de beurre dans une poêle; quand il sera un peu chaud, vous y mettrez votre lapereau avec un peu d'aromates pilés, du sel, du gros poivre, de la muscade râpée; placez-le sur un feu ardent; quand vos morceaux seront bien raidis, mettez du persil et des échalottes hachés très fin; vous le laisserez encore trois ou quatre minutes sur le feu : servez-le en tirant de la poêle.

Lapereau sauté au vin de champagne. — Entrée. — Préparez et faites cuire votre lapereau comme le précédent; mettez-y le même assaisonnement, et versez-y une petite cuillerée de farine, que vous mêlez avec votre lapereau sans le passer sur le feu; ajoutez un verre de vin de champagne; placez ensuite votre casserole sur le feu; remuez-la, pour que votre ragoût se lie sans bouillir : quand votre sauce sera liée, servez votre ragoût.

Cuisses de lapin à la purée de lentilles. — Entrée. — Prenez huit cuisses de lapin, désossez-les, c'est-à-dire retirez l'os jusqu'aux joints de l'avant-cuisse; faites en sorte de ne point couper le dessus; piquez l'intérieur de vos cuisses avec de moyens lardons assaisonnés de sel et de poivre; quand elles seront bien piquées, vous les mettrez dans une casserole entre des bardes de lard et un bouquet bien assaisonné; vous le ferez cuire pendant une heure et demie dans de la mirepoix ou un excellent fond; et, au moment de servir, vous les égoutterez, les parerez et les dresserez sur un plat, avec la purée de lentilles d'une belle couleur, que vous mettrez par-dessus ou au milieu.

GIBIER A PLUMES.

Le Faisan. — Le jeune faisan est d'une facile digestion :

celui d'un certain âge a besoin d'être gardé quelque temps avant d'être mangé. Quelques personnes l'estiment davantage lorsqu'un commencement de décomposition putride s'est emparé de sa chair.

Faisan à la broche. — *Rôt.* — Laissez-le mortifier pendant quelques jours avant de le mettre à la broche; videz-le et piquez-le de petit lard; faites rôtir à feu doux et arrosez souvent.

Faisan à l'étouffade. — Après avoir plumé et vidé votre faisan, vous le flambez et faites rentrer les cuisses dedans; vous le bridez et piquez de moyens lardons assaisonnés de sel, de gros poivre et de quatre épices; vous en lardez l'estomac et les cuisses: vous le couvrez d'une barde de lard et le ficelez.

Vous foncez une braisière de toutes sortes de légumes et d'un bon bouquet garni; vous y mettez quelques tranches de veau et votre faisan par-dessus; vous le couvrez encore de quelques tranches de veau, de manière qu'il soit bien étouffé, et le mouillez avec une demi-bouteille de vin de Madère sec. Quand il est cuit, ce que vous connaissez en appuyant votre doigt dessus, vous le retirez et le mettez sur le plat, après l'avoir approprié: faites réduire et clarifier son fond, et mettez-le dessus pour sauce.

Faisan pour entrée de plusieurs façons. — Vous prenez un faisan que vous flambez et videz; farcissez-le avec son foie; après avoir ôté l'amer, persil, ciboules, champignons, truffes, le tout haché et manié avec du beurre, assaisonnez de sel, fines épices; mettez cette farce dans le corps du faisan, cousez-le et le troussez les pattes en long, faites-le cuire à la broche, enveloppé de lard et de papier. Quand il est cuit, servez avec tel ragoût que vous jugerez à propos, comme truffes, olives, écrevisses, aux choux, ou sauce à la sultane, à l'espagnole, à l'italienne.

Faisan en salmis. — *Entrée.* — Dépecez un faisan cuit aux trois quarts à la broche; coupez les ailes et les cuisses en deux; levez les blancs et toutes les chairs qui tiennent à la carcasse; coupez-les en filets; mettez ces débris dans une casserole avec un verre de vin blanc, échalottes hachées, deux cuillerées de bouillon, sel, poivre et muscade râpée; faites réduire quelque temps avant de servir; ajoutez deux cuillerées d'huile, et le foie du faisan bien écrasé ; servez avec des croûtons passés au beurre.

Filets de faisan à l'italienne. — Ecrasez deux foies de faisans cuits à la broche, mettez-les dans une casserole avec des truffes, de l'échalotte hachée, un peu d'huile fine, un verre de vin de champagne, du blond de veau, sel, gros poivre ; faites cuire cette sauce un quart d'heure ; mettez-y chauffer, sans qu'ils bouillent, des filets de faisans cuits à la broche ; en servant, jus de citron et courte sauce.

PERDRIX.

Perdrix. — On distingue les perdreaux des perdrix, en examinant la dernière grande plume de l'aile, qui est pointue dans les perdreaux et ronde dans les perdrix.

Perdrix à la broche. — *Rôt.* — La perdrix tient le premier rang après la bécasse dans la catégorie des gibiers à plumes. C'est, lorsqu'elle est rouge, l'un des plus honorables rôts. Elle se trousse, se barde et se pique.

Il est important de bien saisir le point de cuisson ; une perdrix trop cuite n'a plus de saveur.

Perdrix aux choux. — *Entrée.* — Plumez, videz, flambez, troussez deux perdrix, faites revenir à la casserole avec beurre et farine ; mouillez de bouillon, ajoutez lard coupé en dés, un gros cervelas, bouquet garni ; laissez cuire. Mettez dans une petite marmite un chou de Milan ou frisé, avec petit salé et deux cuillerées de graisse ; emplissez d'eau et faites cuire aux trois quarts. Faites égoutter les choux et les mettez dans la casserole, achevez de cuire une demi-heure avec les perdrix, et dressez avec les choux autour des perdrix ; entremêlez-les de carottes et de tranches de cervelas, et versez la sauce sur le tout.

Salmi de perdreaux. — *Entrée.* — On le prépare comme le salmi de faisan ; il faut que les perdreaux ne soient pas tout-à-fait cuits ; on écrase les foies pour lier la sauce.

Perdreaux à la crapaudine. — *Entrée.* — Ils se préparent comme les pigeons. (*Voyez* cet article.)

Perdrix à la paysanne. — Faites refaire deux vieilles perdrix après les avoir flambées et vidées, troussez les pattes dans le corps comme à une poule, mettez-les cuire dans une marmite avec un verre de bon bouillon, une barde de lard, tranches d'oignons, carottes, panais, un peu de sel, gros poivre; faites cuire à très petit feu pendant trois heures, passez après la cuisson au tamis, que vous dégraissez et servez sur les perdrix.

Perdreaux à l'allemande. — Farcissez deux perdreaux avec leurs foies, lard râpé, persil, ciboules, sel, gros poivre, un jaune d'œuf, faites cuire à la broche enveloppés de lard et de papier; mettez dans une casserole un peu de beurre manié avec de la mie de pain, persil, ciboules, échalottes hachées, sel, gros poivre, un peu de bouillon, un demi-verre de vin blanc, faites bouillir un quart d'heure; mettez-y un jus de citron, servez dessus les perdreaux.

Perdreaux gratinés. — Prenez des perdreaux cuits à la broche qui ont été servis sur la table; coupez-les par membres, mettez dessus le plat que vous devez servir un morceau de beurre manié avec de la chapelure de pain, persil, ciboules, échalottes hachées, deux jaunes d'œufs, sel, gros poivre, faites gratiner sur le feu; mettez-y après les perdreaux chauffer dans un peu de bouillon, sel, gros poivre, un peu de persil blanchi haché, un filet de vinaigre; en servant, un peu de chapelure de pain par-dessus.

Perdreaux à la sauce au panais. — Prenez deux perdreaux que vous flambez; videz, gardez les foies, mettez dans le corps du lard râpé avec persil, ciboules, un peu de sel, gros poivre, faites refaire dans du beurre et cuire à la broche enveloppés de lard et de papier; mettez dans une casserole une tranche de jambon, un peu de bardes de lard, de l'oignon en tranches, un panais coupé en deux, deux foies de perdreaux, faites suer sur le feu jusqu'à ce qu'ils commencent à s'attacher; mouillez avec du bouillon, faites bouillir un quart d'heure, retirez les morceaux de panais et foies que vous pilez dans un mortier avec deux rocamboles, passez la sauce au tamis, délayez dedans ce que vous avez pilé, faites chauffer sans bouillir, servez sur les perdreaux.

Perdrix à la Ménagère. — *Entrée.* — Flambez, videz et troussez les pattes dans le corps; faites revenir à la casserole et cuire à petit feu avec un verre de bouillon, petit lard, oignons, carottes, sel, poivre et épices. Servez avec sa sauce.

Canard sauvage à la broche. — *Rôt.* — Faites-le rôtir sans le piquer; mettez dans le corps du canard un morceau de beurre, sel et poivre, le jus et la moitié du zeste d'un citron ; arrosez souvent. Le canard sauvage doit être cuit un peu rouge.

On peut le farcir de saucisses et de marrons qu'il faut faire cuire auparavant.

Sarcelles. — *Rôt et entrée.* — La sarcelle, plus petite et plus délicate que le canard, se prépare de même.

Bécasses rôties. — *Rôt.* — Il y a plusieurs espèces de bécasses, qui toutes sont excellentes; on ne les vide pas; on les couvre de feuilles de vigne, une barde de lard par dessus ; on met des rôties dans la lèchefrite pour recevoir ce qui tombe; on sert les rôties sous les bécasses.

On peut aussi les accommoder en salmi comme le faisan.

Bécasses à la sauce à la bécasse. — Flambez et videz deux bécasses par le dos, prenez le dedans d'une, que vous hachez avec du lard râpé, persil, ciboules, échalottes hachées, sel, gros poivre, liez de deux jaunes d'œufs, farcissez les bécasses, cousez et faites cuire à la broche, enveloppées de lard et de papier ; prenez le dedans de l'autre bécasse que vous écrasez, et le mettez dans une casserole avec un verre de bon vin rouge, un peu de blond de veau, du bouillon, de l'échalotte hachée, sel, gros poivre ; faites bouillir un demi-quart d'heure, passez la sauce au tamis, mettez-y un jus de citron, servez sur les bécasses.

Bécassine à la minute. — Après avoir troussé et flambé vos bécassines, vous les épluchez et les dépecez ; vous les mettez ensuite dans une casserole sur un feu ardent, avec un bon morceau de beurre, des échalottes hachées, du sel, du gros poivre, et, si l'on veut, de la muscade râpée ; après les avoir fait sauter un petit quart d'heure, mettez-y le jus de deux citrons, un demi-verre de vin blanc, un peu de chapelure de pain ; vous les laissez sur le feu jusqu'à ce que votre sauce ait jeté un bouillon. Vous les retirez du feu et les servez.

Salmi de bécasses. — Vous avez quatre bécasses rôties à la broche, dont vous levez les membres, quand elles sont froides ; vous les parez et les mettez dans une casserole ; vous tirez un consommé des débris, avec une demi-bouteille de vin blanc, échalottes émincées, thym, laurier, basilic, quelques parures de champignons, un bouquet de ciboules et persil : lorsque vous voyez que le fumet peut être extrait, vous passez ce fond au tamis, le clarifiez à l'œuf, et les faites réduire à glace, pour l'incorporer dans de l'espagnole clarifiée, et que vous faites réduire de manière qu'elle se soutienne un peu sur vos bécasses. Une demi-heure avant de servir, vous passez cette sauce à l'étamine sur le gibier, et y ajoutez gros comme un œuf de beurre frais et quelques gouttes de jus de citron. On met aussi assez ordinairement des champignons passés au beurre : vous dressez votre salmi sur le plat, avec des croûtons de pain frits au beurre par-dessus ou entre chaque membre, et avec les champignons par-dessus.

Pluviers à la broche. — *Rôt.* — On ne les vide pas ; ils se préparent et se font cuire, comme les bécasses, avec des rôties de pain dans la lèchefrite.

Vanneau à la broche. — *Rôt.* — On les met à la broche pour rôt ; on les accommode comme les pigeons pour les entrées.

La gélinote se prépare et se sert de même que le vanneau.

Cailles à la broche. — *Rôt.* — Cet oiseau de passage est un manger très recherché ; il n'est bon que vers la fin de l'été ; mais on les prend vivantes et on les engraisse pour en avoir toute l'année. Les cailles sauvages sont préférables aux cailles de vignes.

Plumez, videz, flambez, enveloppez de feuilles de vigne, bardes de lard, et faites cuire sur des rôties de pain dans la lèchefrite.

Cailles grillées. — Flambez et videz six cailles, fendez-les à moitié par le dos, mettez-les dans une casserole avec de l'huile, quatre feuilles de laurier, sel, gros poivre ; enveloppez de bardes de lard, faites cuire à très petit feu sur la cendre chaude. Quand elles sont presque cuites, panez-les avec de la mie de pain et faites griller ; mettez dans la casserole un peu de blond de veau, du bouillon, détachez tout ce qui peut tenir après, dégraissez, passez au tamis, servez dessous les cailles ; que la sauce soit de bon goût et claire.

Cailles au jambon. — Faites une farce avec des foies, lard râpe, persil, ciboules, champignons, le tout haché, gros poivre, farcissez six cailles après les avoir flambées,

et vidées ; foncez une casserole de six tranches de jambon très minces , mettez-les cailles dessus avec des fines
herbes hachées, gros poivre, point de sel, couvrez avec
bardes de lard, faites suer et cuire sur de la cendre chaude ; la cuisson faite , dressez les cailles sur les tranches
de jambon ; mettez dans la casserole un peu de blond de
veau, un filet de vinaigre blanc, détachez ce qui reste,
passez la sauce au tamis, dégraissez, servez sur les
cailles.

Cailles au fumet du gibier. — Otez les os de l'estomac
de votre caille par l'intérieur ; après l'avoir vidée par
la poche, vous la flambez légèrement ; levez les filets
d'autres cailles , que vous assaisonnez d'un peu de sel, de
gros poivre, de persil haché bien fin, un quarteron de
beurre, le jus d'un citron ; vous en mettrez deux à chaque
caille : il en faut huit pour une entrée ; vous les troussez
et les bridez ; vous placerez des bardes de lard dans une
casserole, vos cailles par-dessus ; vous les couvrez encore
de bardes ; vous mettez par-dessus vos cailles une poêle
mouillée avec du vin blanc : vous les tenez au feu une
bonne demi-heure ; avant de servir, vous les égouttez, les
débridez et les dressez sur votre plat : vous mettrez une
sauce espagnole travaillée avec du fumet de gibier.

Cailles au chasseur. — Vos cailles vidées et flambées,
mettez-les dans une casserole avec un morceau de beurre,
sel, gros poivre ; passez-les au beurre en les sautant de
temps en temps ; vous prenez plein une cuillère à bouche
de farine que vous mêlerez avec vos cailles, un verre de
vin blanc, et presque autant de consommé et un bouquet
garni ; vous les faites cuire pendant une heure, en ayant
bien soin de les écumer et de les dégraisser ; au moment
de servir, lorsque votre sauce est un peu réduite, vous la
retirez du feu et la liez avec deux jaunes d'œufs, un bon
morceau de beurre et le jus d'un citron : dressez vos cailles
et passez la sauce à l'étamine : ajoutez-y une petite pincée
de persil blanchi.

Cailles au laurier. — Flambez, videz vos cailles, hachez
bien les foies, que vous mêlez avec du persil, ciboule, un
morceau de beurre, sel, gros poivre ; remettez dans le
corps, et faites-les cuire à la broche enveloppées de papier ; faites infuser plusieurs feuilles de laurier dans de

l'espagno'e bouillante et d'un bon goût, et saucez vos cailles, auxquelles vous mettrez, comme aux précédentes, des
croûtons de pain. Vous aurez eu soin de retirer les feuilles
de laurier.

Alouettes ou mauviettes à la broche. — *Rôt.* — Elles se
bardent de lard ; on les enfile avec une brochette, et on
les attache à la broche ; faites cuire à feu vif : mettez dessous des rôties, et servez.

Alouettes à la minute — *Entrée.* — Sautez vos alouettes
dans du beurre et du sel ; faites revenir dans le beurre,
champignons, persil, échalottes hachés ; mettez une pincée
de farine, mouillez avec vin blanc et bouillon : quand cette
sauce commence à bouillir, vous retirez vos mauviettes ,
et les servez garnies de croûtons frits.

Alouettes au four. — Videz douze alouettes que vous
mettez dans une casserole avec des champignons, un morceau de beurre, un bouquet, passez sur le feu ; mettez-y
une pincée de farine, douze petits oignons blanchis, mouillez avec un verre de vin blanc, du blond de veau, un
peu de sel, gros poivre, faites cuire à petit feu et réduire à courte sauce, mettez refroidir : prenez le plat que
vous devez servir, mettez dans le fond un peu de sauce du
ragoût, et sur la sauce moitié mie de pain et parmesan
râpé, dressez le ragoût dessus avec le restant de la sauce ,
panez moitié mie de pain et parmesan , faites prendre
couleur au four ou sous un couvercle de tourtière, servez
de belle couleur.

Alouettes en surprise. — Flambez et videz douze alouettes ; ôtez les pattes et le cou, fendez-les par derrière
pour les désossez le mieux que vous pourrez , hachez
tout ce qu'elles ont dans le corps, hors le gésier ; mêlez
ce que vous avez haché avec lard râpé, persil, ciboules,
un jaune d'œuf ; farcissez les alouettes et ficelez ; faites
cuire dans une petite braise, mettez-les après refroidir. Prenez des œufs que vous videz proprement, en
coupant la coque avec des ciseaux , de façon que le
dessus puisse vous servir, lavez les coques, mettez dans
chaque œuf une alouette avec un peu de salpicon cuit
et froid ; remettez le dessus avec le dessous, de façon que
l'œuf paraisse entier, soudez avec du jaune d'œuf ; faites
la même chose à toutes les alouettes, et mettez cuire au

bain-marie dans un coquetier; il ne faut que le temps qu'ils soient chauds; servez comme des œufs frais dans une serviette.

Alouettes en salmi à la bourgeoise. — Elles se préparent de la manière suivante : quand elles sont cuites à la broche (vous vous servez de celles qu'on a desservies de la table), vous leur ôtez les têtes et ce qu'elles ont dans le corps; jetez les gésiers. et le reste servez-vous-en avec les rôties; pilez le tout dans un mortier; délayez ce que vous avez pilé avec un peu de bouillon, passez-le à l'étamine et assaisonnez ce petit coulis de sel, gros poivre, un peu de rocambole écrasée, un filet de verjus; faites chauffer dedans les alouettes, sans qu'elles bouillent, et servez garni de croûtons frits.

Grives, merles, ortolans, becfigues et guignards. — *Rôt.*— On les fait rôtir bardés, avec rôties dans la lèchefrite, et on les sert avec filet de verjus.

Grives à l'eau-de-vie. — Troussez les pattes de cinq grives, après les avoir vidées; mettez-les dans une casserole avec un morceau de bon beurre; passez-les sur le feu, mettez-y une pincée de farine; mouillez avec un grand verre d'eau-de-vie. Quand elles bouilliront, faites-leur prendre le feu avec du papier allumé, laissez brûler jusqu'à ce qu'il s'éteigne de lui-même; mettez après du bouillon, du blond de veau, un riz de veau blanchi coupé par morceaux, des champignons, un bouquet; faites cuire le ragoût, dégraissez, assaisonnez de sel, gros poivre, servez à courte sauce.

Grives panées au pauvre homme. — Prenez cinq ou six grives que vous flambez; ne les videz point, mettez-les cuire à la broche; pendant qu'elles cuisent, mettez un morceau de lard au bout d'un hatelet; faites-lui prendre le feu et dégouttez sur les grives, panez après avec de la mie de pain. Quand elles sont cuites de belle couleur, servez avec une sauce faite avec un peu de beurre manié de farine, un filet de vinaigre blanc, de l'eau, de l'échalotte hachée, sel, gros poivre, faites lier sur le feu.

Grives au genièvre. — Couvrez vos grives de bardes d'un lard succulent, et enveloppez-les ensuite de papier; attache-les solidement à la broche (car les petits oiseaux ne s'embrochent jamais que dans des brochettes fixées à la grossé broche), et abandonnez-les à sa rotation. Pendant ce temps, mettez dans une casserole parties égales de jus et de coulis mouillés d'un verre d'excellent vin blanc et du jus d'un citron vert ; vous laissez ce mélange jeter quelques bouillons, puis vous faites blanchir douze grains de genièvre (on peut même aller jusqu'à quatorze, que vous mettez dans votre coulis avec les grives, à leur descente de la broche.) Vous laissez mitonner le tout, et dégraissez votre coulis avant de servir.

Des Pluviers. — Les pluviers sont des oiseaux excellents quand ils sont gras : ils se servent ordinairement pour rôts ; alors on les plume et on les pique sans les vider : on les fait cuire à la broche ; quand ils sont cuits et d'une belle couleur dorée, on les sert avec les rôties dessous. On les sert aussi en entrées de broche, et on peut les employer comme les bécasses. Si on veut les servir à la braise, on les fait cuire comme des cailles et on les sert de la même façon.

Des Ortolans. — Les ortolans sont de petits oiseaux très délicats et excellents ; ils se servent pour rôts ; on les larde en les embrochant avec de petits attelets d'argent ; on les met à un feu ardent : neuf ou dix minutes suffisent pour les cuire. On met des rôties dessous comme aux mauviettes.

VOLAILLE.

POULET.

Poulet rôti. — *Rôt.* — Videz votre poulet par le haut ; flambez, bridez et mettez-le entre des bardes de lard ; attachez les pattes à la broche, faites-le cuire à point, arrosez de son jus et servez avec cresson autour, assaisonné de sel et de vinaigre.

Poulet rôti. — *Entrée.* — Mettez dans le corps de votre poulet du lard râpé avec le foie, persil et ciboules hachés, du jus et un peu de zeste de citron ; enveloppez-le de bardes de lard, et faites-le rôtir, en le couvrant sur la broche d'une feuille de papier beurrée. Vous éviterez avec soin qu'il prenne couleur ; en servant, vous ôterez les bardes, et vous mettrez sous votre poulet telle sauce ou ragoût que vous jugerez convenable.

Poulet aux fines herbes. — *Entrée.* — Hachez le foie, et mêlez-le avec un peu de beurre, persil, ciboules, estragon, cerfeuil, sel et poivre ; mettez ce mélange dans le corps de votre poulet, que vous coudrez ; passez le poulet au beurre dans une casserole, et faites-le cuire à la broche, enveloppé de lard et de papier ; mettez dans le beurre qui a servi à passer le poulet carottes et oignons émincés, ail, clous de girofle, laurier, thym, basilic ; passez le tout sans colorer ; mouillez avec vin et bouillon ; faites bouillir à petit feu pendant une demi-heure, et passez au tamis ; hachez fin estragon, pimprenelle, cerfeuil, civette, cresson ; mettez ces herbes dans la sauce, et laissez-les infuser pendant une demi-heure, à petit feu, sans bouillir ; passez au tamis avec expression ; ajoutez un morceau de beurre manié de farine, sel, poivre et muscade râpée ; faites lier au feu sans bouillir. Servez sous le poulet.

Poulet à l'estragon. — *Entrée.* — Faites blanchir une pincée de feuilles d'estragon que vous hachez finement, après les avoir rafraîchies et pressées ; hachez le foie de votre poulet ; mêlez-le avec un morceau de beurre, lard râpé et le quart de l'estragon, sel, gros poivre et muscade rapée ; mettez cette muscade dans le corps de votre poulet ; couvrez-lui l'estomac avec une barde de lard, et faites le cuire à la broche enveloppé d'une feuille de papier beurrée ; faites fondre dans une casserolle un morceau de beurre manié avec de la farine, et ajoutez-y le reste de l'estragon que vous avez haché ; un peu de bouillon, un filet de vinaigre, deux jaunes d'œufs, sel et gros poivre ; faites lier la sauce sans bouillir.

Poulet à la paysanne. — *Entrée.* —Coupez-le par morceaux, que vous passerez sur le feu avec beurre et huile d'olive ; quand ils auront belle couleur, vous-y joindrez épices, bouquet de persil, carottes et oignons en tranches ; mouillez de bouillon et achevez de cuire.

Poulet à la tartare. — *Entrée.* — Otez-lui le cou et les pattes, fendez-le du côté de l'estomac, aplatissez-le ; faites-le cuire dans une casserole avec beurre, épices, ciboules et persil hachés, retirez-le, panez, et faites griller à feu doux jusqu'à ce qu'il ait pris couleur, servez-le sur une sauce à la tartare.

Poulet à la marengo. — *Entrée.* — Dépecez comme pour une fricassée ; mettez les cuisses dans une casserole, et cinq minutes après les autres membres avec huile d'olive et sel fin ; faites cuire et prendre couleur ; un peu avant la cuisson terminée, ajoutez un bouquet garni, des champignons et des truffes coupées en tranches.

Préparez dans une casserole à part beurre, persil, champignons, échalotes, truffes hachées, faites revenir ; mouillez avec un demi-verre de vin blanc ; sel et poivre ; faites bouillir à petit feu pendant une demi-heure. passez au tamis, ajoutez peu à peu et en remuant l'huile où a cuit le poulet ; ornez de croûtons et servez.

Poulet au four. —*Entrée* — Faites cuire une demi-livre de riz dans du bouillon assaisonné, ayant soin qu'il soit épais ; étendez-en la moitié sur une tourtière ; placez dessus une fricassée de poulet froide avec sauce, recouvrez de l'autre moitié de riz ; dorez avec jaune d'œufs ; faites cuire au four.

Poulet grillé dans son jus. — *Entrée.* — Laissez-le deux heures dans une marinade d'huile, épices, persil, oignons en tranches ; entourez-le de son assaisonnement, que vous maintiendrez avec des bardes de lard et papier beurré ; faites cuire sur le gril à petit feu ; ôtez tout son entourage, et servez sur une sauce à la ravigote.

Fricassée de poulet. — *Entrée.* — Levez les membres de votre poulet : coupez les ailerons et les pattes ; parez les cuisses en coupant le bout de l'os au dessous de son articulation avec la patte : épluchez les pattes après les avoir fait griller un instant sur les charbons ; coupez la poitrine en deux, et le dos en quatre ; séparez la tête du cou ; faites dégorger le tout dans de l'eau tiède, et ensuite égouttez sur un tamis ; faites fondre du beurre dans une casserole mettez-y votre poulet coupé ; quand il est bien revenu ajoutez un peu de farine que vous mêlez bien ; mouillez avec du bouillon ; ajoutez champignons, quelques émincés de petit lard, bouquet de persil et ciboules, sel, gros poivre et laurier ; menez votre fricassée à grand feu pour réduire la sauce ; lorsqu'elle est cuite aux trois quarts, mettez-y de petits oignons. Au moment de servir, retirez

le bouquet, et mettez une liaison de trois jaunes d'œufs,
un jus de citron ou un filet de vinaigre.

Poulet à la Sainte-Menehould. — *Entrée.* — Prenez une
fricassée de poulet faite comme ci-dessus, refroidie et
bien liée; trempez chaque morceau dans la sauce, et roulez-les dans la mie de pain; panez une seconde fois à l'œuf
battu, faites prendre couleur sous un four de campagne,
ou frire à la poêle.

Poulet en matelote. — *Entrée.* — Faites blanchir à l'eau
de petits oignons que vous jeterez ensuite dans un roux
couleur de cannelle; mouillez avec vin blanc et bouillon,
ajoutez carottes, bouquet garni, sel, poivre, et faites
bouillir à petit feu une demi-heure.

Vos morceaux de poulet revenus sur le feu devront être
ajoutés et bouillir à petit feu pendant une heure.

Dégraissez et servez avec une pincée de câpres.

Poulets à la vestale. — *Entrée.* — Farcissez deux poulets
bien blancs et gras avec une farce de leurs foies; détachez
la peau de dessus l'estomac, mettez-y du lard râpé, troussez les pattes en dindonneau; faites refaire avec un peu de
beurre et un jus de citron, faites cuire à la broche enveloppés de bardes de lard et de papier, mettez sur l'estomac
des tranches de citron pour les tenir blancs; servez avec
une sauce que vous faites de cette façon. Mettez dans une
casserole gros comme la moitié d'un œuf de la mie de pain,
que vous faites cuire avec du bouillon qui ne soit pas coloré,
mettez dans un mortier un morceau de blanc de volaille
cuite à la broche, que vous pilez avec deux jaunes d'œufs
durs et la mie de pain que vous avez fait cuire avec le bouillon; assaisonnez de sel, un peu de poivre; délayez avec de
la crème, passez à l'étamine, faites chauffer sans bouillir,
servez dessus les poulets.

Poulets à la vénitienne. — *Entrée.* — Désossez par la
poche deux moyens poulets gras : faites un ragoût de petits
oignons; quand ils sont presque cuits, mettez-y deux ou
trois foies gras, blanchis, coupés en gros dés, deux anchois
hachés ou en petits dés, que le ragoût soit bien fini, peu de
sel et courte sauce; mettez-le dans les poulets; cousez et
faites cuire entre des bardes de lard, un peu de bon bouil-

lon, une moitié de citron en tranches ; servez avec le fond de la sauce et blond de veau.

Poulets grillés dans leur jus. — *Entrée.* — Troussez les pattes en dedans de deux poulets aux œufs ; après les avoir flambés et vidés, faites mariner avec de l'huile, persil, ciboules, une gousse d'ail, deux rocamboles, deux clous de girofle ; le tout sans être haché : sel, gros poivre. Après avoir mariné deux heures, mettez sur l'estomac des poulets la moitié d'un citron en tranches, enveloppez de bardes de lard et de papier, avec tout leur assaisonnement, faites griller à très petit feu ; la cuisson faite, ôtez le papier, les bardes et tout ce qui pourrait tenir après ; servez avec une sauce au jus de ravigotte, que vous trouverez à l'article des sauces

CHAPON.

Chapon au gros sel. — *Relevé.* — Plumez, videz, flambez légèrement et troussez votre chapon ; placez une feuille de papier beurré sur son poitrail pour conserver sa blancheur ; mettez-le dans une casserole avec bouillon ; ajoutez-y sel, lard gras, carottes, oignons, thym, laurier et un bouquet ; faites cuire doucement ; lorsqu'il est cuit, ce que l'on reconnaît à l'aileron qui cède sous le doigt, dégraissez un peu de sa cuisson que vous mettez dans une casserole ; faites réduire cette cuisson jusqu'à ce qu'elle s'attache et qu'elle soit d'une couleur brune ; quand elle est parvenue à ce point, mouillez d'eau pour détacher ; remettez encore de la cuisson ; faites cuire un peu cette sauce, dégraissez et servez.

Chapon au riz. — *Relevé.* — Faites-le cuire comme celui au gros sel ; prenez la moitié de sa cuisson pour cuire le riz et toute sa graisse ; faites avec le reste de la cuisson une sauce semblable à celle du chapon au gros sel ; glacez le riz et le chapon avec votre sauce, et servez avec le riz.

Chapon rôti aux truffes. — *Rôt.* — Passez au beurre des truffes avec sel, gros poivre et muscade râpée ; remplissezen le corps de votre chapon jusqu'au jabot ; recousez les peaux pour que rien ne s'échappe, troussez le chapon, et conservez-le, enveloppé de papier, dans un endroit frais et sec pendant quatre ou cinq jours, selon la saison : faites-le rôtir pendant deux heures, enveloppé d'un papier beurré ; découvrez-le quelques instants avant de servir, pour lui faire prendre couleur. Servez à sec ou avec une sauce aux truffes.

Chapon braisé. — *Entrée.* — Foncez une casserole de bardes de lard : passez votre chapon par-dessus ; couvrez-le avec des bardes de lard et quelques émincés de veau ; ajoutez carotte coupée en tranches, oignons, clous de girofle, bouquet garni, quelques tranches de citron, sel et poivre : mouillez avec bouillon et vin blanc ; faites cuire à feu doux pendant une heure ; dégraissez la cuisson ; faites-la réduire, si elle est trop longue ; liez-la avec beurre manié de farine, et servez sous votre chapon.

POULARDE.

Poularde aux truffes. — Vous épluchez deux livres de truffes de Périgord (ce sont les meilleures), et après les avoir bien lavées et égouttées, vous les mettez dans une casserole avec une bonne livre de lard râpé ou du saindoux, mais cela est moins bon ; du sel, poivre, muscade râpée, échalottes, persil, et les parures de vos truffes, le tout haché, un bouquet d'aromates ; vous les faites chauffer un instant sur le feu, et les mettez toutes bouillantes dans votre poularde, que vous aurez auparavant flambée et vidée ; vous la laissez ainsi autant de temps qu'elle peut se conserver, afin que la poularde prenne bien le goût de truffes, et la faites cuire à la broche, enveloppée de deux ou trois feuilles de papier huilé ; vous aurez soin de mettre sur votre poularde quelques lames de citron pour la tenir blanche. Vous mettez pour sauce une espagnole, dans laquelle vous mettez une demi-bouteille de vin de champagne réduite et quelques truffes hachées.

Nota. Si vous voulez que votre poularde sente beaucoup la truffe, vous n'avez qu'à les mettre dans son corps au moment où elle vient d'être tuée : cette manière est préférable à toute autre.

Poularde farcie en ragoût. — Flambez et videz une poularde, que vous fendez en deux le long de l'estomac, désossez ; mettez dessus une farce faite de blanc de volaille cuite à la broche, téline de veau blanchie, persil, ciboules, champignons, sel, fines épices ; liez de six jaunes d'œufs, roulez chaque morceau de poularde, enveloppez de bardes de lard et morceau d'étamine, ficelez, faites cuire dans une braise avec bouillon, vin blanc, un bouquet, racines, oignons, sel, poivre; la cuisson faite, ôtez de l'étamine, essuyez de sa graisse, dressez sur le plat, servez dessus un ragoût, que vous ferez avec un ris de veau blanchi coupé en six morceaux, des champignons, un bouquet, un peu de beurre; passez sur le feu, mettez-y une pincée de farine, mouillez de bouillon, blond de veau, gros poivre; faites cuire, dégraissez, en servant jus de citron. Si vous avez de petits œufs, vous les mettrez dans le ragoût un peu avant de servir.

Poularde à la reine. — Votre poularde cuite dans une poêle, vous la laissez refroidir; vous enlevez les chairs de l'estomac; avec les chairs vous ferez une farce cuite; vous remplirez votre poularde et vous lui donnerez sa forme première: enveloppez le tour de votre volaille avec des bardes de lard que vous assujettirez avec des petites chevilles de bois; vous la mettrez sur une tourtière au four, ou bien vous placerez votre tourtière sur un feu doux, et le four de campagne un peu chaud par-dessus, pendant une heure. Au moment de servir, vous ôterez les bardes qui entourent votre poularde, vous la dresserez sur votre plat: vous mettrez pour sauce un velouté clarifié et d'un bon goût.

Poularde à la cardinale. — Troussez en dindonneau les pattes d'une poularde, après l'avoir flambée et vidée; détachez la peau d'avec la chair sur l'estomac, mettez-y partout du beurre d'écrevisses; farcissez le dedans avec son foie, lard râpé, persil, ciboules hachées, sel, gros poivre, deux jaunes d'œufs; cousez la poularde; faites-la cuire à la broche, enveloppée de lard et de papier; servez avec un ragoût de queues d'écrevisses. Mettez les queues et les œufs d'écrevisses, si vous en avez, cuire avec un peu de bon bouillon, un demi-verre de vin blanc, du blond de veau, sel, gros poivre; en servant, mettez-y un peu de beurre d'écrevisses, faites lier sans qu'il bouille, servez dessus la poularde.

Poularde à la Conty. — Flambez et videz une poularde; farcissez de son foie, et faites cuire à la broche, enveloppée de lard et de papier; dressez sur le plat que vous devez servir; ciselez-la dessus comme un canneton de Rouen;

arrosez avec une sauce faite avec oignons hachés, persil, ciboules, échalottes, un morceau de beurre ; passez sur le feu, mouillez avec bouillon, blond de veau, vin blanc, un peu de sel, poivre ; faites cuire ; mettez-y après un anchois, grosses câpres hachées ;, faites faire encore quelques bouillons. La sauce étant finie, mettez de la moutarde, que vous délayez dans la sauce, passez-la au tamis ; qu'elle ne soit ni trop claire ni trop liée et d'un bon goût ; faites chauffer sans qu'elle bouille ; servez.

Poularde à la lyonnaise. — Troussez en dindonneau une poularde, que vous passez sur le feu ; faites-la cuire dans une casserole foncée de tranches de veau blanchies ; couvrez de bardes de lard, tranches d'oignons et racines, un bouquet ; mouillez avec un peu de bouillon et vin blanc, sel, gros poivre. La cuisson faite, passez le fond de la sauce, que vous dégraissez ; mettez-y un peu de blond de veau ; servez dessus la poularde ; semez légèrement dessus et sur la sauce du persil blanchi haché.

Poularde à la Toulouse. — Désossez une poularde, en commençant par le cou ; prenez garde de percer la peau ; remplissez-la d'un ragoût de ris de veau, truffes, champignons bien finis et courte sauce ; foncez une casserole de tranches de veau blanchies ; mettez la poularde dessus, après l'avoir cousue et lui avoir donné la forme d'une poularde non désossée ; couvrez de bardes de lard, une moitié de citron en tranches ; mouillez avec un verre de bouillon, un peu de sel, gros poivre ; faites cuire à petit feu. La cuisson faite, prenez le fond de la sauce, que vous dégraissez ; passez au tamis ; mettez-y un peu de blond de veau ; servez sur la poularde.

COQ ET POULE.

Le coq et la poule sont excellents pour faire du consommé, du bouillon et de la gelée pour les malades.

Poule aux petits oignons. — *Entrée.* — Cuite au pot, passez-la à la casserole, avec lard coupé en morceaux ; faites prendre couleur et retirez-la pour la mettre dans un roux que vous mouillerez avec du bouillon.

Tenez-la une heure et demie sur un feu doux ; ajoutez sel, poivre, bouquet garni et quantité de petits oignons.

Poule au riz. — *Entrée.* — Cuite au pot, comme la précédente, couvrez de riz cuit épais et assaisonné.

DINDON.

La femelle est plus délicate que le mâle.

Les vieux dindons ne doivent être mis qu'en daube ou en gélatine.

Dindon aux truffes. — *Rôt.* — Voyez chapon aux truffes, préparez-le de même.

Dindons en daube. — *Rôt.* — Mettez dans une braisière tranche de veau, jarret et un morceau de beurre avec carottes, oignons, bouquet, clous de girofle, peu de thym et une feuille de laurier; piquez votre dindon avec de gros lardons; enveloppez-le de papier beurré et posez-le sur la couche; faites cuire pendant sept heures avec feu doux dessus et dessous. Au moment de servir, dégraissez le jus.

Dindon rôti et farci. — *Rot.* — Bardez, embrochez et faites cuire à petit feu pendant longtemps. On peut le farcir de toutes sortes de viandes hachées, de champignons avec fines herbes, ou de marrons rôtis.

Dindonneau rôti. — *Rôt.* — Préparez comme ci-dessus; une heure suffit pour la cuisson.

On peut le farcir et le truffer comme la poularde et le dindon.

Cuisses de dindon à la sauce-robert. — *Entrée.* — Ciselez légèrement les cuisses d'un dindon cuit à la broche et refroidi; assaisonnez de sel et de poivre; faites griller à feu doux, et servez avec une sauce-robert.

Galantine de dindon. — *Rôt.* — Désossez entièrement; commencez par le dos, et prenez garde d'endommager la la peau; levez une partie des chairs de l'estomac et des cuisses, en retranchant de celles-ci tous les nerfs qui s'y trouvent; coupez en filets la moitié de la chair que vous avez levée sur le dindon, et hachez le reste; prenez un morceau de veau proportionné à la grosseur de votre dindon, et autant de lard gras; coupez-en moitié en filets, en lardons, et hachez l'autre moitié; préparez des filets de truffes à l'écarlate; étendez la peau du dindon; la chair en dessus ; couvrez-la de la farce que vous avez faite en mêlant vos viandes hachées, assaisonnées de sel, poivre et épices ; sur cette couche, arrangez, en les entremêlant, des filets de dindon, de lard, de truffes, de veau et de langue : recouvrez d'une couche de farce ; mettez encore des filets, et ainsi de suite, jusqu'à ce que tout soit employé : roulez la peau du dindon ; cousez-la pour que rien ne puisse s'échapper ; donnez à votre galantine une forme alongée ; couvrez de bardes de lard, et enveloppez-la d'une toile très claire que vous contiendrez avec une ficelle ; mettez-la dans une braisière de sa grandeur, avec des bardes de lard dessus et dessous : ajoutez un jarret de veau en morceaux, carottes coupées, oignons et clous de girofle, un fort bouquet garni, sel, poivre et épices.

Concassez la carcasse de votre dindon, mettez-la dans une casserole avec du bouillon ; faites bouillir pendant une bonne heure ; passez le jus au tamis, et servez-vous-en pour mouiller votre galantine ; ajoutez un verre de vin blanc et faites cuire à petit feu pendant quatre heures.

Hachis de dindon à la Béchamel. — *Entrée.* — Enlevez les chairs qui vous restent d'un dindon rôti ; hachez-les fin ; faites bouillir une quantité suffisante de béchamel un peu claire ; mettez-y votre hachis avec beurre, sel, poivre et muscade rapée ; tenez chaudement sans faire bouillir. Servez avec croûtons ou œufs pochés.

Ailerons de dindonneau à la Pinson. — *Entrée.* — Faites roussir dans le beurre une cuillerée de farine ; passez-y vos ailerons, et mouillez avec du bouillon en quantité ; assaisonnez d'un bouquet garni, poivre, épices, et faites cuire à grand feu. Quand les ailerons sont cuits aux trois quarts, faites roussir un peu de farine dans du beurre ; ajoutez peu de sucre dans votre roux, et passez-y des petits navets jusqu'à ce qu'ils aient pris couleur ; versez le tout sur les ailerons ; achevez la cuisson et dégraissez avant de servir.

Ce mets, aussi délicat qu'il est peu connu, a puissamment contribué à la vogue si suivie, et d'ailleurs si justement méritée dont jouit le successeur d'Edon, surnommé aujourd'hui le Vatel du faubourg St-Germain.

Ailerons de dindon farcis. — *Entrée.* — Faites blanchir

huit ailerons échaudés, que vous faites cuire à très petit feu dans une casserole foncée de tranches de veau blanchi, un peu de bouillon, un verre de vin blanc, un bouquet, couvrez de bardes de lard, assaisonnez de sel, de poivre ; la cuisson faite, mettez refroidir. Vous avez une bonne farce de volaille que vous trempez autour des ailerons, enveloppez de crépine, mettez dans de l'œuf battu, panez de mie de pain, arrangez sur une tourtière, arrosez légèrement avec de l'huile, faites prendre couleur au four ou sous un couvercle de tourtière, prenez le fond de la sauce des ailerons, mettez-y un peu de blond de veau, faites bouillir un instant, dégraissez, passez au tamis, servez.

Ailerons au four aux petits oignons. — Entrée. — Faites cuire six ailerons échaudés et blanchis dans une casserole foncée de tranches de veau blanchies, mettez les ailerons dessus, couvrez de bardes de lard, un bouquet, mouillez de bouillon ; sel, gros poivre, à la moitié de la cuisson ; mettez-y des petits oignons blancs, blanchis un quart-d'heure à l'eau bouillante ; la cuisson faite, retirez les oignons et les ailerons, passez la sauce au tamis sans la dégraisser, mettez-y du blond de veau et trois jaunes d'œufs, faites lier sur le feu, qu'elle soit courte et de bon goût, mettez-en au fond du plat que vous devez servir avec de la mie de pain et permesan râpé, dressez dessus les ailerons avec oignons, mettez dessus le restant de la sauce, panez de mie de pain et parmesan ; faites prendre couleur au four, servez à courte-sauce, égouttez-en la graisse.

Ailerons en différents ragoûts. — Entrée. — Si vous mettez les ailerons en ragoûts, n'en prenez que six ; pour met-avec une sauce huit pour le moins ; de quelque façon que vous les mettiez, il faut les échauder et blanchir ; faites cuire avec bon bouillon, un bouquet, entre des bardes de lard, sel, gros poivre ; la cuisson faite, prenez-en la sauce que vous passez au tamis, dégraissez ; mettez dans le ragoût ou sauce que vous destinez aux ailerons pour lui donner du corps, ne salez le ragoût qu'après que vous aurez mis dedans le fond de cette sauce. Vous pouvez les servir avec un ragoût de petits pois, de concombres, de navets, de ris de veau, de petits oignons, de marrons, de cornichons.

Abatis de dindon à la bourgeoise. — Entrée. — Prenez un ou deux abatis de dindon, ce qui comprend les ailes, les pattes; le cou, le foie, le gésier; échaudez le tout et l'épluchez, mettez-le dans une casserole avec un morceau de beurre, un bouquet de persil, ciboule, une gousse d'ail, deux clous de girofle, thym, laurier, basilic et des champignons; passez le tout sur le feu, et mettez-y une bonne pincée de farine; mouillez avec du bouillon, assaisonnez de sel, gros poivre; ajoutez à cela quelques navets passés à la poêle et roussis d'une belle couleur; faites cuire, en ayant bien soin de dégraisser, et que la sauce soit courte : c'est le moyen de l'avoir bonne.

Ailerons de dindon à la chicorée. — *Entrée.* — Ils se font cuire comme ceux à l'espagnole, et après les avoir dressés sur le plat, vous mettez la chicorée au milieu.

Ailerons de dindon en chipolata. — *Entrée.* — Vous faites cuire des ailerons de dindon comme ceux à l'espagnole; vous pelez ensuite une douzaine de marrons de Lyon, crus, et les passez au beurre vivement, pour en ôter la seconde peau; vous foncez une casserole de lard et les mettez dedans, avec une douzaine de petits oignons blancs blanchis, une douzaine de petites saucisses à la chipolata, aussi blanchies, six ou huit grosses truffes et quelques beaux champignons; vous couvrez de bardes de lard, faites cuire cela pendant une bonne demi-heure avec du consommé, enfin jusqu'à ce que les petits oignons soient cuits. Un instant avant de servir, vous dégraissez la cuisson de vos ailerons, et la mêlez avec celle du ragoût; vous la clarifiez, la faites réduire et l'incorporez dans une bonne espagnole qui vous sert de sauce. Méfiez-vous cependant du sel de vos saucisses; vous égouttez et dressez les ailerons en miroton, et arrangez au milieu et autour les marrons, les saucisses, les truffes, les petits oignons et les champignons : masquez cela avec l'espagnole ci-dessus, et qu'elle ne soit point trop épaisse.

Ailerons de dindon en haricot vierge. — *Entrée.* — Vous faites cuire les ailerons comme ci-dessus : vous avez des navets de Freneuse ou autres, d'une bonne qualité, auxquels vous donnez la forme que vous jugez à propos; vous les faites blanchir et cuire dans du consommé, et gros comme une noisette de sucre. Lorsqu'ils sont cuits, et que la réduction est opérée, vous les liez avec une béchamelle bien blanche : vous dresserez vos ailerons en miroton, et le ragoût de navets au milieu.

Ailerons supposés. — *Entrée.* — Prenez des peaux de volaille, ce que vous ferez aisément quand vous en employez pour tirer des filets ou d'autres entrées où vous n'avez que faire de la peau ; après avoir flambé vos volailles et bien épluché, levez-en la peau sans la déchirer ; mettez-les dans des moules de cuivre faits en ailerons, remplissez le dedans d'une bonne farce de volaille cuite et bien finie, enveloppez la farce de la peau, et collez avec de l'œuf battu, mettez cuire dessous un couvercle de tourtière un bon quart d'heure, dressez dans le plat que vous devez servir, servez avec une sauce comme aux autres ailerons.

DE LA PINTADE.

Quoiqu'élevée dans les basses-cours, la pintade n'a pas encore complètement dégénéré : sa chair est savoureuse et plus délicate que celle des volailles domestiques.

La pintade se prépare et s'accommode de la même manière que le faisan et le chapon.

DU CANARD.

Le canard sauvage est bien supérieur au canard domestique : la chair de ce dernier est nourrissante et en général difficile à digérer.

Canard à la broche. — *Rôt.* — Salez l'intérieur avant de le mettre à la broche. On peut le farcir de saucisses et de marrons cuits par avance. Trois quarts d'heure suffisent pour la cuisson du canard.

Rôti à la broche, on peut le servir également avec une sauce en *salmis.*

Canard aux navets. — *Entrée.* — Faites roussir dans le beurre une cuillerée de farine, passez-y votre canard ; mouillez avec bouillon et demi-verre de vin blanc ; ajoutez bouquet garni, sel, poivre et muscade râpée ; le canard moitié cuit, faites roussir des navets dans le beurre en ajoutant un peu de sucre dans votre roux. Lorsqu'ils ont pris couleur, mettez-les dans la casserole au canard, et finissez de cuire le tout ensemble ; dégraissez et servez à courte sauce.

Canard aux olives. — *Entrée.* — Videz, troussez et flam-

bez le canard que vous ferez cuire à la braise comme ci-
dessus : passez la cuisson ; ajoutez-y des champignons
coupés, et faites-la réduire ; épluchez des olives, en coupant la chair autour du noyau ; elles conserveront par là
leur première forme ; jetez-les dans votre sauce, et faites-
les bouillir un instant. Versez sur le canard.

Canard en daube. — Entrée. — Comme le dindon. Servez
froid, entouré de gelée faite avec son jus clarifié.

Canneton aux pois. — Entrée. — Cuit comme le canard
aux navets, faites roussir un peu de farine dans du beurre ;
passsez-y du petit lard coupé en tranches minces, et un litron de pois ; mouillez avec la cuisson que vous avez passée
au tamis ; assaisonnez de sel, poivre et bouquet garni.
Quand les pois sont cuits, masquez-en votre canneton.

Canard farci à la poêle. — Entrée. — Flambez, videz et
épluchez un canard, désossez-le par la poche sans percer
la peau, mettez dans le corps une bonne farce fine de volaille ou de godiveau ; cousez, pour que la farce ne sorte
pas ; faites-le refaire dans une casserole avec deux cuillerées d'huile, persil, ciboules, champignons, une pointe
d'ail, le tout haché, sel, gros poivre, foncez une casserole
de tranches de veau blanchies, une tranche de jambon,
mettez le canard dessus, l'estomac en dessous, avec tout
son assaisonnement ; couvrez de bardes de lard ; faites
suer un quart d'heure ; mouillez avec un verre de vin
blanc et autant de bouillon. La cuisson faite à petit feu,
retirez-le, mettez-le dans la casserole ; un peu de blond de
veau. Faites bouillir un instant, dégraissez, passez au
tamis, servez sur le canard avec un jus de citron.

Canard à la bourgeoise. — Entrée. — Flambez, épluchez et videz un canard, lardez-le de gros lard, faites
cuire à petit feu avec un peu de bouillon, un verre de vin
blanc, un bouquet de persil, ciboules, deux clous de gi-
rofles, une demi-feuille de laurier, basilic, sel, gros poivre ;
prenez le fond de la sauce que vous dégraissez, passez au
tamis, faites réduire si elle est trop longue, servez sur le
canard.

Canard en hochepot. — Entrée. — Vous faites cuire votre canard comme celui à la poêle. Pour faire votre hochepot, vous tournez des carottes en forme de gousse d'ail, ou,

comme vous jugerez à propos; faites-les blanchir et faites-les cuire dans un peu de consommé, et gros comme une noisette de sucre. Lorsqu'elles sont cuites, vous les liez avec quelques cueillerées d'espagnole clarifiée, et faites-les mijotter dedans pendant quelques minutes: servez sur votre canard.

DES OIES.

Sa chair, compacte et dure, est très nourrissante, mais difficile à digérer, Elle ne convient ni aux malades, ni aux vieillards, ni aux enfants.

Oie à la broche. — *Rôt.* — On doit les choisir jeunes pour mettre à la broche. Il faut deux heures de cuisson; il en découle une graisse dont on se sert dans la cuisine. On peut également la farcir de saucisses ou de marrons cuits.

Oie en daube. — *Rôt.* — Elle se prépare et s'accommode comme le dindon. (*Voy.* dindon en daube.)

Cuisses d'oies à diverses sauces. — *Entrée.* — Trempez les froides dans la graisse de leur cuisson; panez-les et faites griller. Servez sur une sauce à la tartare, à la ravigote, à la Sauce-Robert, etc.

Manière de conserver les cuisses et ailes d'oies. — Prenez des oies grasses, faites cuire à moitié à la broche; levez les cuisses et ailes; laissez-les refroidir; frottez-les avec salpêtre mêlé de sel fin; rangez-les par lits dans une terrine, en mettant entre elles des feuilles de laurier, de sauge et de thym; laissez-les vingt-quatre heures dans cet état. Mettez à part toute la graisse qui peut se trouver encore dans le corps de vos oies; faites-la fondre à petit feu, et réunissez-la à celle que les oies ont rendue en cuisant. Lorsque vos cuisses et ailes ont mariné pendant vingt-quatre heures, essuyez-les: faites fondre toute la graisse, et, si vous ne croyez pas en avoir assez pour couvrir les ailes et les cuisses, ajoutez-y quantité suffisante de saindoux; mettez les ailes et les cuisses dans la graisse pour achever de cuire à feu doux. Quand elles sont cuites, ce qui se reconnaît lorsqu'on peut y enfoncer une paille, retirez-les, et laissez-les presque refroidir; arrangez-les alors dans un pot de terre, en les serrant le plus possible les unes contre les autres; versez par dessus votre graisse

encore chaude : il faut qu'elles soient couvertes de l'épaisseur de trois doigts. Ne couvrez le pot que lorsqu'il est froid,
mettez-le dans un lieu frais , mais non humide.

DES PIGEONS.

Le pigeon de volière est le seul qu'on mette à la broche;
sa chair est tendre , nourrissante et se digère bien.

Le pigeon ramier est plus dur, et se digère moins facilement.

Pigeons rôtis. — Rôt. — Troussez les pattes en dedans,
enveloppez-les de bardes de lard et d'une feuille de vigne
dans la saison. Arrosez-les de beurre mêlé à un filet de
vinaigre : demi-heure suffit pour la cuisson.

Pigeons en compote. — Entrée. — Faites un roux; passez-y des tranches de petit lard et vos pigeons; mouillez
avec du bouillon; ajoutez champignons, petits oignons, ris
de veau coupés en morceaux, bouquet garni, une pointe
d'ail , poivre, muscade râpée; faites cuire et réduire à
courte sauce.

Pigeons aux petits pois. — Entrée. — Mettez-les dans
une casserole avec un morceau de beurre et du petit lard ;
faites-leur prendre couleur et ajoutez vos pois , bouquet
garni, une pincée de farine; mouillez avec du bouillon,
faites cuire à petit feu, et servez à courte sauce.

Pigeons à la crapaudine. — Entrée. — Fendez-les par le
dos et aplatissez-les, frottez-les d'huile assaisonnée d'épices, ciboules et persil hachés, passez et faites cuire sur le
gril à petit feu; servez sous une ravigote.

Pigeons à la minute. — Entrée. — Prenez trois gros pigeons plumés à sec, que vous videz, troussez les pattes
dans le corps, faites refaire sur le feu et lardez de gros
lard ; foncez une casserole de tranches de veau blanchies,
mettez dessus les pigeons avec sel, gros poivre, tranches
de racines, oignons, un bouquet de persil, ciboules, une
gousse d'ail, deux clous de girofle; couvrez de bardes de
lard ; faites suer un quart-d'heure; mouillez avec un verre
de bouillon, un demi-verre de vin blanc; faites cuire à
petit feu ; dégraissez la sauce de la cuisson, que vous pas-

sez au tamis : mettez-y un peu de blond de veau ; servez sur les pigeons. Ces mêmes pigeons se peuvent servir froids, en passant simplement la sauce sur les pigeons, qui se met en gelée, sans y mettre de blond de veau.

Pigeons aux petits pois au roux. — Entrée. — Vous ma-niez avec un petit morceau de beurre un litron de petits pois, et les passez à grand feu ; pour les tenir verts, vous les mouillez avec quatre cuillerées à ragoût d'espagnole et deux de consommé : vous mettrez vos pigeons dedans, un petit morceau de sucre gros comme une noisette, un bon bouquet et du petit lard blanchi. Faites cuire à petit feu, et ayez bien soin d'écumer et dégraisser. Quand les pi-geons sont cuits, vous jetez le bouquet et dressez vos pi-geons sur le plat avec les petits pois.

Pigeons aux pois. — Entrée. — Prenez trois ou quatre pigeons, faites-les dégorger et blanchir ; troussez les pattes en dedans ; mettez-les dans une casserole avec un litron de petits pois ; maniez dans un demi-quarteron de beurre, un bouquet de persil, ciboules, passez-les sur le feu, et mettez-y une pincée de farine ; mouillez avec du con-sommé et peu de sucre ; faites cuire à petit feu et dégrais-sez. Quand ils sont cuits, que la sauce est courte, vous y mettez une liaison de deux jaunes d'œufs ; faises lier sur le feu sans bouillir. Servez à courte sauce.

Pigeons à l'étuvée. — Entrée. — Troussez en poule trois moyens pigeons ; faites refaire et lardez avec filets d'an-chois ; faites un petit roux de belle couleur avec du beurre et farine, passez-y huit ou dix petits oignons ; mouillez avec du bouillon, un demi-setier de vin blanc ; mettez-y cuire les pigeons , un bouquet de persil, ciboules, deux clous de girofle, une feuille de laurier, thym, basilic ; à la fin de la cuisson, six petites saucisses ; finissez de bon goût. En servant, mettez-y un jus de citron ; garnissez de croûtons passés au beurre.

Vous pouvez faire blanchir les saucisses avant de les mettre dans les ragoûts , de crainte qu'elles ne les salent trop.

Pigeons au feuilletage de coquilles. — Entrée. — Faites une pâte de feuilletage comme celle de petits pâtés, met-tez-en dans de grandes coquilles, qu'elle en prenne bien la forme ; mettez cuire au four ; faites blanchir cinq petits

pigeons échaudés, les pattes troussées en dedans, passez-
les sur le feu avec un morceau de beurre, un ris de veau
blanchi coupé en dés, des champignons, un bouquet, mettez-y une pincée de farine, mouillez avec du bouillon, sel,
gros poivre ; faites cuire et réduire à peu de sauce ; mettez-y une liaison de jaunes d'œufs et de crème ; faites lier
sur le feu : en servant jus de citron ; dressez un pigeon
dans chaque coquille de feuilletage avec un peu de ragoût.

Coquilles à la Sainte-Menehould. — Vous prenez une
compote de pigeons qui vous a déjà servi, mettez-les dans
des coquilles, couvrez le dessus avec une farce de volaille
cuite ; panez de mie de pain ; faites prendre couleur au
four. Servez avec les coquilles.

Filets de pigeons à l'espagnole. — Entrée. — Vous levez
les filets de six gros pigeons de volière, vous les parez légèrement en leur ôtant leur première peau, et les
mettez dans un plat à sauter avec un peu de beurre à
demi-clarifié ; vous les saupoudrez très légèrement d'une
pincée de sel. Au moment de servir, vous les faites cuire
sur un fourneau doux : c'est l'affaire de deux minutes ;
les égouttez de leur beurre, et mettez à la place deux cuillerées à ragoût d'espagnole bien corsée, clarifiée et réduite ; vous liez avec un bon quarteron de beurre frais
et quelques gouttes de citron ; vous les dressez en miroton avec un croûton de pain qui aura la forme du filet de
pigeon, et que vous aurez eu soin de passer au beurre et
d'une belle couleur.

Filets de pigeons à la financière. — Entrée. — Ils se font
de même que les précédents, à l'exception que vous devez
mettre un ragoût roux à la place d'un blanc. (Voy. *Ragoût
blanc.)*

Pigeons aux oignons en crépine. — Entrée. — Echaudez
cinq petits pigeons, troussez les pattes dans le corps ; faites blanchir et cuire avec du bouillon, un bouquet, peu de
sel. La cuisson faite, retirez-les, et faites réduire le bouillon en glace, tournez les pigeons dedans, pour que la
sauce reste sur la chair ; mettez refroidir ; prenez huit
gros oignons que vous coupez en petits dés, et passez sur
le feu avec un morceau de beurre, en les remuant de
temps en temps jusqu'à ce qu'ils soient bien cuits ; mettez-

y un anchois haché et une liaison de trois jaunes d'œufs
avec de la crême, faites lier sur le feu : que la liaison soit
épaisse, les oignons assaisonnés de bon goût ; prenez autant de morceaux de crépine que de pigeons , mettez du
ragoût d'oignons dessus avec un pigeon, que vous enveloppez d'oignons et de crépine ; soudez avec de l'œuf battu, panez de mie de pain, faites prendre couleur au four
ou sous un couvercle de tourtières ; servez dessous une
bonne sauce au blond de veau.

Pigeons à la Fleury. — Faites une compote de pigeons
finie de bon goût et à courte sauce ; laissez-la refroidir.
Vous prenez des choux-fleurs que vous faites blanchir ;
retirez-les à l'eau fraîche, faites-les égoutter sur un tamis ; vous prenez une petite poupetonnière, mettez dans
le fond une étamine , arrangez les choux-fleurs dessus, la
fleur en dessous ; pour les faire tenir , appliquez dessus
une farce de godiveau bien liée, mettez le ragoût de pigeons dedans ; achevez de couvrir avec de la farce et des
choux-fleurs enveloppés de l'étamine ; mettez ensuite un
peu de bouillon, assaisonnez de bon goût, faites cuire à
petit feu. Quand il est cuit , dressez-le dans le plat que
vous devez servir ; prenez garde de le rompre ; servez
pardessus une bonne sauce faite avec un peu de coulis
et du beurre ; faites-la lier sur le feu sans qu'elle bouille.

Pigeons au point du jour. — Prenez quatre pigeons plumés à sec, flambez-les et videz-les, farcissez-les avec du
lard râpé, truffes, champignons, persil, ciboules, le tout
haché très fin ; assaisonnez de sel, gros poivre, cousez-les
et troussez-les les pattes sur l'estomac, faites-les refaire
dans du beurre sur le feu, et cuire à la broche, enveloppés
de lard et de papier ; vous prenez une noix de veau qui soit
forte, parez-la et coupez-la en cinq morceaux ; faites piquer chaque morceau avec du petit lard, faites-les blanchir et cuire dans une bonne glace de veau, et glacez-les
comme des fricandeaux ; vous dressez dans le plat que
vous devez servir un petit fricandeau au milieu, les pigeons autour, et les autres fricandeaux entre, la sauce
dessous, que vous aurez finie comme celle des fricandeaux.

Pigeons à l'étouffade, à la provençale. — Prenez des petits
pigeons plumés à sec, flambez-les et épluchez-les ; vous
les fendez ensuite derrière le dos et les passez sur le feu

avec un peu d'huile fine et toutes sortes de fines herbes hachées, une moitié de citron coupé en tranches; foncez une
casserole de tranches de veau et de jambon, arrangez dessus les pigeons, l'estomac en dessous, mettez par-dessus
tout l'assaisonnement où vous les avez passés, couvrez de
bardes de lard, faites-les cuire sur de la cendre chaude; à
la moitié de la cuisson, mettez-y un demi-verre de vin de
champagne. Quand ils sont cuits et assaisonnés de bon
goût, retirez-les dans le plat que vous devez servir, passez
la sauce où ils ont cuit dans un tamis de soie pour qu'il ne
reste point de graisse; goûtez si la sauce est de bon goût;
servez avec une pincée de persil blanchi haché gros, que
vous jetez par-dessus.

Pigeons en concombres. — Prenez quatre concombres de
moyenne grosseur et courtes, pelez-les et videz-les avec
une grosse lardoire de bois. Quand ils sont bien vidés et lavés, faites-les blanchir et remettez-les dans de l'eau fraîche; prenez quatre jeunes pigeons échaudés, videz-les, et
troussez les pattes dans le corps, coupez les ailes et laissez
les têtes, faites-les blanchir; vous mettez ces pigeons dans
les concombres, laissez les têtes dehors pour marquer que
ce sont des pigeons; mettez dans le vide un petit salpicon
de lard, jambons, champignons; bouchez les trous des
concombres avec un peu de farce, qu'il n'y ait que la tête
du pigeon qui passe; faites-les cuire dans une bonne braise
bien nourrie et assaisonnée de bon goût. Quand ils sont
cuits, retirez-les légèrement, prenez garde de casser les
concombres, essuyez la graisse avec un linge blanc, dressez-les dans le plat que vous devez servir avec une bonne
sauce au coulis clair.

Pigeons en navets. — Prenez quatre gros navets bien
ronds, pelez-les et creusez-les beaucoup en dedans, faites-
les blanchir et retirer dans de l'eau fraîche; mettez-les é-
goutter sur un tamis; vous prenez quatre jeunes pigeons
échaudés, que vous troussez les pattes en dedans, coupez
les ailes et laissez les têtes, faites-les blanchir et épluchez-
les, mettez un pigeon dans chaque navet, faites sortir la
tête, mettez dans le navet tout autour du pigeon du lard
râpé, manié avec toutes sortes de fines herbes, champignons, truffes, le tout haché et assaisonné de bon goût;
mettez un morceau de navet par-dessus, pour qu'il n'y ait
que la tête du pigeon qui paraisse; faites cuire ces navets

dans une casserole avec tranches de veau, de jambon, bardes de lard, un bouquet, un oignon, une carotte ; mouillez d'un verre de vin de champagne, un peu de réduction , et assaisonnez de bon goût. Quand vos navets sont bien cuits, retirez-les, et prenez garde de les rompre ; essuyez-en légèrement la graisse, dressez-les dans le plat que vous devez servir, passez la braise des navets dans un tamis, dégraissez-la et faites-la réduire si elle ne l'est point assez ; ajoutez-y un jus de citron, un peu de coulis ; goûtez si la sauce est de bon goût, servez.

Compote à la hollandaise. — Prenez quatre petits pigeons échaudés , que vous videz ; troussez les pattes en dedans , coupez les ailes et les cous, faites les blanchir et éplucher, faites-les cuire dans une casserole avec du bouillon, un peu de réduction, un verre de vin de champagne, une tranche de jambon, un ris de veau blanchi coupé en quatre, un morceau de beurre, des champignons, une douzaine de petits oignons blancs blanchis, faites cuire le tout ensemble à petit feu. A la moitié de la cuisson, dégraissez le ragoût, mettez-y une cuillerée de coulis. Quand le ragoût est réduit à propos, assaisonnez de bon goût, dressez les pigeons dans le milieu, la garniture autour ; vous avez une pincée de persil blanchi haché, que vous jetez légèrement par-dessus et servez.

Pigeons à la Stanislas. — Prenez cinq petits pigeons échaudés, troussez les pattes en dedans, faites-les blanchir, et faites les cuire à moitié dans un blanc avec cinq belles crètes ; passez sur le feu un ragoût de ris de veau, champignons, truffes, un bouquet, une tranche de jambon ; mouillez avec du bouillon, un verre de champagne, deux cuillerées de coulis. Quand le ragoût est presque cuit, tirez les pigeons et les crètes du blanc, mettez-les dans le ragoût pour leur faire prendre du goût ; prenez cinq culs d'artichaux que vous faites blanchir et cuire dans le blanc où ont cuit les pigeons. Quand le tout est cuit à propos, tirez les culs d'artichaux de leur blanc, essuyez-les légèrement ; mettez-les dans le fond du plat que vous devez servir, et sur chacun un pigeon ; faites un petit trou sur l'estomac du pigeon pour y mettre une crète, le ragoût entre les culs d'artichaux.

Pigeons soufflés. — Prenez trois pigeons cauchois plumés à sec, flambez-les et désossez-les à forfait par la poche ;

vous prenez du lard, du jambon, des ris de veau, des champignons, des truffes, le tout coupé en dés et manié avec sel, gros poivre, toutes sortes de fines herbes hachées, trois blancs d'œufs fouettés; farcissez les pigeons avec ce salpicon; cousez-les pour que rien ne sorte, faites-les cuire à petit feu à la broche, enveloppez avec du lard et du papier. Quand ils sont cuits à propos, servez avec une bonne sauce.

Pigeons au sang. — Prenez cinq petits pigeons en vie, saignez-les et mettez le sang à part, pressez-y un jus de citron pendant qu'il est chaud pour l'empêcher de tourner; échaudez les pigeons et les troussez les pattes en dedans, faites-les blanchir et passez-les avec des champignons, ris de veau blanchi, truffes, un bouquet, une tranche de jambon; mouillez de bon bouillon. Quand ils sont cuits, le ragoût assaisonné de bon goût, mettez-y le sang, faites lier le ragoût sur le feu, en remuant toujours, prenez garde qu'ils ne bouillent, de crainte que votre sauce ne tourne; goûtez s'il est assaisonné de bon goût et servez.

Coquilles de pigeons au parmesan. — Prenez quatre petits pigeons échaudés, troussez les pattes en dedans, faites-les blanchir, et passez-les sur le feu avec du beurre, un bouquet, ris de veau blanchi, truffes, champignons, jambon, le tout coupé en dés; mouillez avec du bouillon, un peu de réduction, un demi-verre de vin de champagne, une cuillerée de coulis, très peu de sel; faites cuire votre ragoût à petit feu; dégraissez. Quand il est cuit à propos et presque sans sauce, mettez-le refroidir. Vous prenez ensuite quatre coquilles de mer, faites-y un bord de pâte; vous délayez de la farine avec un œuf, tenez-la ferme, frottez les bords des coquilles avec du jaune d'œuf, faites-y tenir la pâte, faites-le cuire au four; vous mettez ensuite du parmesan râpé dans le fond des coquilles; mettez par-dessus un pigeon, et autour du salpicon; couvrez le dessus avec du parmesan râpé; mettez vos coquilles au four pour les faire glacer de belle couleur; servez sur un plat.

DES POISSONS D'EAU DOUCE.

Les poissons d'eau douce dont on fait le plus d'usage dans la cuisine sont le brochet, l'anguille, la carpe, la truite commune et la saumonée, la perche, la tanche, la lotte, la tortue, la lamproie, l'écrevisse, le meunier, le barbillon, le goujon, la brême.

Court-bouillon pour les poissons d'eau douce. — Coupez en tranches quatre grosses carottes et huit oignons; mettez ces légumes dans une grande casserole, avec une demi-livre de beurre, une poignée de persil en branches, sept ou huit feuilles de laurier, thym, basilic, des queues de champignons, sel, gros poivre et clous de girofle; vous faites suer à petit feu pendant une bonne heure, et le mouillez ensuite avec sept ou huit bouteilles de vin blanc. Lorsque tous ces légumes sont cuits, vous passez ce court-bouillon au tamis, et vous en servez à propos.

Truite à la Genevoise. — Ecaillez, videz et lavez votre truite. On la fait cuire au court-bouillon, avec vin rouge ou blanc, oignons en tranches, persil, clous de girofle, laurier, un peu de thym et de sel; on la sert sur un lit de persil; mettez à côté un huilier ou une sauce faite avec une partie du court-bouillon, que vous liez avec un bon morceau de beurre manié de farine; faites réduire à grand feu.

On peut aussi la servir avec une sauce aux câpres, aux anchois, et la préparer de toutes les manières indiquées pour le saumon.

Brochet au bleu ou court-bouillon. — Faites-le cuire avec carottes en tranches, oignons coupés, bouquet garni, clous de girofle, thym, basilic, sel et gros poivre; mouillez avec du vin et moitié eau, mettez le brochet sur une feuille percée dans une poissonnière, ou si vous n'en avez pas, enveloppez-le d'un linge pour ne pas le rompre en le retirant. Il faut aussi ficeler la tête, pour qu'elle ne se déforme pas; faites cuire à petit feu. Si vous le servez pour rôt, laissez-le refroidir et mettez-le sur un lit de persil. Dans ce cas, on ne doit pas enlever les écailles.

Brochet aux câpres. — Cuit comme ci-dessus, enlevez les écailles et servez avec une sauce aux câpres ou aux anchois.

Brochetons à la maître-d'hôtel. — Mettez-les sur le gril, enveloppés d'une feuille de papier beurré, après les avoir saupoudrés de sel fin. Quand ils sont cuits, fendez-les par le dos, et remplissez-les avec un morceau de beurre manié de fines herbes, comme les maquereaux.

Gros brochet en gras et en maigre à la broche. — Écaillez et videz un gros brochet, laissez-le mortifier ; si c'est en maigre, vous le larderez avec des filets d'anchois et de cornichons ; en gras, avec des lardons de lard maniés avec du sel, fines épices, persil, ciboules hachées ; farcissez le dedans du brochet avec une farce grasse ou maigre, enveloppez avec du papier beurré et des fines herbes entières, comme persil, ciboules, thym, laurier, basilic, sel, fines épices ; embrochez-le dans un grand hatelet, et l'attachez à la broche ; mettez de l'autre côté un hatelet pour le soutenir ; vous l'arroserez en cuisant avec un demi-setier de vin blanc et une demi-livre de beurre ; la cuisson faite, vous le servirez avec une sauce liée et piquante.

Brochet au persil. — Mettez dans une casserole un brochet écaillé et coupé par tronçons, avec une racine de persil entière, du persil haché, sel, gros poivre, des champignons, un morceau de beurre manié de farine, un demi-setier de vin blanc, autant de bouillon maigre ; faites cuire et réduire au point d'une sauce ; ôtez la racine de persil et servez. Quand les brochets sont gros, il faut les tuer et les laisser mortifier un jour, pour qu'ils ne soient pas coriaces.

Les gros brochets peuvent se servir en dauphin ; vous les écaillez, videz et faites mariner avec de l'huile, fines herbes entières, sel, fines épices ; vous leur passez un hatelet de fer par les yeux et le milieu du corps, en les faisant tortiller comme un dauphin, la tête d'un côté et la queue de l'autre ; faites-le cuire au four en l'arrosant de sa marinade ; vous le servirez avec une sauce aux câpres et anchois, ou telle sauce que vous voudrez.

Paupiettes de brochets. — Prenez deux moyens brochets que vous écaillez et videz ; ôtez la tête et le bout de la queue, fendez-les en deux, ôtez-en les arêtes, ne laissez que la moitié de la chair sur les peaux, et l'autre moitié hachez-la et mettez-la dans un mortier avec de la mie de pain desséchée sur le feu avec du lait froid ; mettez-y avec du beurre, persil, ciboules, échalottes hachées, sel, gros poivre, un peu d'eau-de-vie, six jaunes d'œufs ; pilez le tout ensemble et l'étendez sur les morceaux de brochets, soudez avec de l'œuf battu, roulez en paupiettes et ficelez ; faites cuire dans un court-bouillon fait avec vin blanc, bouillon, racines, oignons, un bouquet, sel, gros poivre ;

la cuisson faite, ôtez les ficelles, essuyez avec un linge blanc, servez avec telle sauce que vous jugerez à propos.

Matelotte. — Les poissons que l'on emploie de préférence sont l'anguille, la carpe, le barbillon, le brochet, la tanche et la lotte : on les coupe par tronçons après les avoir vidés ; faites un roux, dans lequel vous mettez quelques petits oignons ; mouillez avec de l'eau et un demi-verre de bon vin rouge. Mettez votre poisson avec sel, ail, laurier, clous de girofle, champignons ; placez les petits oignons en dessus ; faites cuire deux heures à feu doux. Si la carpe a des laitances, on les fait cuire seulement cinq minutes avant de servir. Servez en pyramide avec croûtons et les oignons autour, et les laitances en dessus. En gras, on met des damiers ou carrés de lard. Au moment de servir, on ajoute à la sauce un petit morceau de sucre et un morceau de beurre.

Matelotte à la marinière. — Préparé comme ci-dessus, mettez le poisson par tronçons dans un chaudron à matelotte, avec ail, laurier, thym, sel, vin rouge, assez pour que les tronçons y baignent ; des petits oignons et du beurre. Dès que le vin commence à bouillir, versez dessus un demi-verre d'eau-de-vie que vous allumez et laissez cuire un quart d'heure. Retirez et servez.

Carpe à l'étuvée. — Elle se prépare et s'accommode comme ci-dessus. On peut y ajouter, en servant, du beurre manié de farine.

Carpes frites. — Fendez-les par le dos ; farinez et mettez dans la friture ; saupoudrez de sel et servez avec persil frit.

Carpe à la chambord. — Piquez-en la chair avec du petit lard ; mettez-la dans une poissonnière, avec une marinade grasse ou maigre ; faites bouillir jusqu'à ce que le lard ait pris couleur. Au moment de servir, dressez votre carpe sur le plat avec une garniture de grosses quenelles, de ris de veau piqué, de belles écrevisses, de croûtons glacés, de culs d'artichaux cuits avec la carpe ; versez dessus une sauce réduite faite avec le mouillement de votre carpe.

Carpe à la provençale. — Faites-la cuire par tronçons dans un demi-verre de vin, avec huile, épices, un peu de beurre, d'ail, maniés de farine, persil, échalottes, ciboules, champignons, le tout haché.

Carpe au bleu. — Après avoir vidé votre carpe et ficelé la tête, vous la mettrez dans une poissonnière; vous ferez bouillir un litre de vinaigre rouge, que vous verserez dans son ébullition sur votre carpe, en faisant en sorte qu'elle baigne entièrement dans le court-bouillon, où vous ferez mijoter votre carpe une heure, plus ou moins, selon sa grosseur; vous la laisserez ensuite refroidir; vous placerez votre carpe sur une serviette, proprement arrangée sur votre plat, et vous la couronnerez de persil.

Carpe grillée, sauce aux câpres. — Votre carpe vidée et bien écaillée, vous la mettez sur un plat, avec du sel, du poivre et de l'huile; vous la posez ensuite sur le gril à un feu peu ardent : quand elle est grillée à point, vous la dressez sur votre plat, et la masquez avec une sauce aux câpres.

Carpe à la Tartare. — Prenez une carpe que vous écaillez et videz par les ouies; mettez dans le corps un bon morceau de beurre manié de persil, ciboules, échalottes hachées, sel, gros poivre; cousez-la et mettez mariner avec de l'huile et une gousse d'ail entière; enveloppez-la dans deux feuilles de papier avec toute sa marinade; huilez le papier en dehors, faites cuire sur le gril; vous servirez la carpe à sec, après avoir ôté le papier et la ficelle; mettez une remoulade dans une saucière, que vous faites avec persil, ciboules hachées, sel, gros poivre, câpres et anchois hachés, délayez avec de la moutarde, huile et vinaigre.

Vous pouvez mettre de cette façon toutes sortes de poissons qui se servent grillés.

Anguille en matelotte. — (*Voyez* Matelotte.)

Anguille à la Tartare. — Dépouillez votre anguille; passez au beurre des carottes, des oignons coupés en tranches, et un bouquet garni; ajoutez un peu de farine; mouillez avec vin blanc; ajoutez sel, poivre et muscade râpée; faites bouillir une demi-heure; passez la sauce, et mettez-y l'anguille coupée en tronçons; lorsqu'ils seront cuits, laissez-les refroidir, roulez-les dans la mie de pain; trempez-les ensuite dans l'œuf.

Anguille à la poulette. — Votre anguille dépouillée, vous la coupez par tronçons, que vous mettez dans une casserole avec du sel, gros poivre, muscade et un bouquet garni;

vous la passez au beurre et la changez ; mouillez avec une bouteille de vin de champagne, ajoutez un maniveau de champignons bien blancs. Lorsque votre anguille est cuite, vous l'égouttez et la dressez sur un plat, avec des croûtons de pain frits entre chaque morceau : vous la mettez, si vous le jugez à propos, dans un vol-au-vent ou une croûte de pâté chaud. Vous faites réduire la sauce après l'avoir dégraissée, et, étant liée avec trois jaunes d'œufs, vous la passez à l'étamine et y vanez un bon morceau de beurre frais.

Anguille aux croûtons. — Prenez autant de mies de pain faites en rôties que de tronçons d'anguille et de la même grandeur, passez-les à moitié dans le beurre ; vous faites mariner des tronçons d'une grosse anguille avec beurre, persil, ciboules, échalottes, le tout haché, sel, gros poivre, mettez après les tronçons d'anguille sur chaque mie de pain, enveloppez de deux feuilles de papier avec toute la marinade, faites cuire à la broche ; la cuisson faite, mettez les tronçons sur les croûtons, servez dessus une bonne sauce liée et piquante.

Perches à l'étuvée. — Faites cuire des perches dans un court-bouillon, faites un petit roux dans une casserole avec un peu de beurre et farine, mouillez avec du bouillon sans sel, mettez-y des petits oignons blanchis, que vous faites cuire aux trois quarts, passez les deux tiers du court-bouillon dans le ragoût d'oignons, achevez de faire cuire, dressez les perches sur le plat après les avoir épluchées, le ragoût d'oignons autour, garnissez de croûtons frits.

Perches dans leur sauce. — Videz et lavez les perches, mettez-les dans une casserole avec un morceau de beurre manié de farine, de l'eau, tranches d'oignons et de racines, sel, gros poivre, persil, ciboules entières, thym, laurier, basilic ; faites cuire à petit feu ; la cusison faite, retirez-les pour éplucher leurs écailles, dressez sur le plat que vous devez servir, passez la sauce au tamis, faites réduire si elle est trop longue, servez sur les perches.

Perches de plusieurs façons. — Les perches cuites au court-bouillon, comme les précédentes, se servent avec leurs écailles sur une serviette pour un plat de rôt. Si vous voulez les servir avec un ragoût, vous les épluchez de leurs écailles, et servez avec un ragoût et coulis d'écrevisses, ou tel ragoût que vous jugez à propos. Pour les servir frites, vous les écaillez et videz, ciselez-les des deux côtés, farinez, faites frire de belle couleur, servez sur une serviette. Quand elles sont cuites au court-bouillon et froides, vous en tirez des filets que vous mettez à différentes sauces.

Tanche. — Pour l'écailler, il faut la tremper dans l'eau presque bouillante. On la sert grillée, avec une sauce aux câpres et aux anchois.

Tanches en matelotte au blanc. — Mettez dans une casserole un morceau de beurre, une douzaine de petits oignons blancs blanchis un quart-d'heure dans l'eau bouillante, des champignons, un bouquet de persil, ciboules, une gousse d'ail, trois clous de girofle, thym, laurier, basilic; passez sur le feu, mettez-y une pincée de farine, mouillez avec une chopine de vin blanc; sel, gros poivre; faites bouillir un quart-d'heure à petit feu; après mettez-y des tanches coupées par tronçons; la cuisson faite, mettez une liaison de trois jaunes d'œufs avec de la crême, un anchois haché, câpres fines entières; faites lier sur le feu; servez garnies de croûtons passés au beurre.

Lamproie. — Elle se prépare comme la tanche, la carpe et l'anguille.

Filets de lamproie aux oignons. — Coupez trois ou quatre oignons en filets, deux gousses d'ail en filets que vous mettez dans une casserole avec du persil haché, un peu de beurre, gros comme un dé de sucre, une chopine de vin rouge; faites bouillir un quart-d'heure à petit feu, mettez-y après une lamproie coupée en filets, avec le sang, sel, gros poivre; faites cuire et réduire au point d'une sauce; en servant, un jus de citron.

Lamproie aux champignons. — Mettez dans une casserole des champignons, un morceau de beurre, un bouquet de persil, ciboules, une gousse d'ail, trois clous de girofle, thym, laurier, basilic, une lamproie coupée par tronçons; passez le tout sur le feu; mettez-y une pincée de farine, mouillez avec une chopine de vin rouge, sel, gros poivre, faites cuire et réduire à courte sauce, mettez-y le sang de la lamproie, faites lier sur le feu; servez avec un jus de citron, et garnie de croûtons frits, si vous voulez.

Lotte ou barbotte. — Il lui faut peu de cuisson ; la lotte est excellente frite.

Lottes à la bourgeoise. — Mettez dans une casserole un morceau de bon beurre avec des champignons, persil, ciboules, échalottes, le tout haché, thym, laurier, basilic en poudre, sel, gros poivre ; mettez dedans des lottes limonées et vidées ; laissez les foies, faites-les mijoter avec les fines herbes. Quand elles sont cuites, dressez dans le plat, mettez dans la casserole de leur cuisson un peu de sauce d'étuvée de carpe, que vous passez au tamis ; faites bouillir un instant, servez sur les lottes. Si vous n'avez point de sauce d'étuvée, vous y mettrez trois jaunes d'œuf délayés avec un peu de bouillon, faites lier sur le feu ; en servant, un filet de verjus,

Lottes à l'étuvée. — Faites un petit roux avec du beurre et de la farine ; si vous n'avez point de coulis maigre , mouillez avec une chopine de vin blanc, un peu de bouillon ; mettez-y une douzaine de petits oignons blancs blanchis, un bouquet de fines herbes , faites cuire et réduire ; les oignons étant presque cuits, mettez-y six lottes avec des laitances de carpes blanchies, sel, gros poivre ; la cuisson faite, vous avez des filets de pain de largeur d'un doigt et de la longueur des lottes, que vous avez passés au beurre ; dressez-les dans le plat que vous devez servir, mettez une lotte sur chacun, les petits oignons et laitances autour, délayé dans la sauce un anchois haché, câpres fines entières ; servez sur les lottes et laitances.

Lottes en fricassée de poulet.—Passez sur le feu dans une casserole des champignons, un riz de veau blanchi coupé par morceaux, un bouquet avec un morceau de beurre , mettez-y une pincée de farine, mouillez avec un verre de vin blanc, du bon bouillon, sel, gros poivre. Quand le ragoût est presque cuit, mettez-y des lottes limonées et vidées, ôtez-en les têtes, laissez les foies, faites cuire un quart-d'heure, mettez-y une liaison de trois jaunes d'œufs avec un anchois haché , de la muscade , un peu de persil haché, délayez avec de la crème, faites lier sur le feu, servez avec un jus de citron.

Écrevisses. — *Entremets.* — Celles de Seine et du Rhin sont estimées les meilleures. Pour connaître les premiè-

res , regardez le dessous des grosses pattes, qui doit être
rouge.

La plus simple manière de les apprêter est, comme toujours, la plus avantageuse sous tous les rapports. Elle consiste à les mettre en vie dans un chaudron où se trouve du
vinaigre affaibli d'eau et fortement assaisonné de sel, de
poivre, de thym, de laurier, de muscade ; et quelques personnes les font cuire dans du vin blanc. On est obligé de
les mettre au feu en vie, parce que, si on les jetait dans la
liqueur déjà bouillante, dès qu'elles sentiraient l'impression
vive de la chaleur, elles casseraient leurs pattes, dont la
conservation est une des conditions qu'on exige lorsqu'on
les sert sur la table. Quand elles sont cuites , dressez-les
sur une serviette, avec du persil. Vous faites aussi d'excellents coulis des coquilles d'écrevisses. Les queues servent à garnir des entrées ou à border un plat à potage
d'écrevisses.

Beurre d'écrevisses. — Pour faire le beurre d'écrevisses,
vous les faites cuire et leur ôtez l'écaille ; les chairs vous
servent pour faire des bisques ou pour garnir des entrées,
principalement les queues. Vous pilez donc ces écailles,
jusqu'à ce qu'elles soient réduites en poudre ; vous y ajoutez du beurre, selon la quantité de vos écrevisses , et les
faites mijoter pendant une demi-heure , enterrées dans de
la cendre chaude ; vous les pressez ensuite dans une étamine avec deux cuillères de bois, et en faites tomber le suc
dans de l'eau froide ; il se poche aussitôt : vous le mettez
alors dans un vase, et vous en servez pour ce que vous jugez à propos.

Écrevisses aux fines herbes. — Otez les petites pattes à
des écrevisses en vie, mettez-les dans une casserole avec
persil, ciboules, échalottes hachées, sel, gros poivre, un
verre de vin de champagne, un demi-verre d'huile ; faites-
les cuire à petit feu. Quand elles seront cuites, mettez-y un
peu de coulis pour lier la sauce ; dégraissez ; servez avec
un jus de citron.

Écrevisses grillées. — Mettez dans une casserole de grosses écrevisses en vie, les petites pattes ôtees, avec un bon
morceau de beurre manié de farine, sel, gros poivre, persil, ciboules, échalottes hachées ; passez-les sur le feu un
demi-quart d'heure , mettez-y après trois jaunes d'œufs,

que vous faites lier ; panez avec de la mie de pain, en leur faisant prendre toute la sauce ; faites-les griller de belle couleur, arrosez-les en grillant avec un peu d'huile; servez avec un jus de citron par-dessus.

Écrevisses à la hollandaise. — Prenez de grosses écrevisses en vie, ôtez-en les petites pattes, mettez-les dans une casserole avec un bon morceau de beurre manié avec un peu de farine, un bouquet de persil, ciboules, une gousse d'ail, deux clous de girofle, une chopine de bière, sel, gros poivre ; faites cuire. Quand elles sont cuites, ôtez le bouquet ; mettez-y une pincée de persil blanchi haché ; servez à courte sauce.

Des grenouilles. — Des grenouilles, il n'y a que les cuisses de bonnes, en sorte qu'il faut couper absolument les pattes et le corps.

Grenouilles en fricassée de poulet. — *Entrée.* — Les cuisses dépouillées de leur peau, faites-les blanchir un instant à l'eau bouillante ; retirez-les à l'eau froide; faites-les égoutter et cuire comme une fricassée de poulet.

Grenouilles frites. — *Entremets.* — Après avoir blanchi les cuisses de grenouilles, faites-les mariner pendant une heure ; trempez-les dans une pâte à frire ; faites frire de belle couleur.

Escargots.— Mettez de l'eau dans un chaudron avec une poignée de cendre ; quand elle commence à bouillir, jetez-y les escargots ; au bout d'un quart-d'heure, vous pouvez les retirer de leurs coquilles ; lavez-les à plusieurs eaux : faites-les bouillir un instant dans une eau nouvelle; puis égouttez et passez-les dans le beurre ; saupoudrez de farine, mouillez de bouillon et de vin blanc ; ajoutez bouquet garni, épices et champignons, et accommodez comme les grenouilles en fricassée de poulet.

DES POISSONS DE MER.

Bleu ou court bouillon. — Videz, écaillez et lavez le poisson ; enveloppez-le d'un linge fixé aux deux bouts avec du fil ou de la ficelle ; mettez-le dans une poissonnière que vous remplirez de bon vin, avec épices, laurier, lard gras,

thym, ail, oignons coupés en tranches et des clous de girofle. La poissonnière ainsi garnie, faites cuire le poisson à
feu clair pour que, la flamme surpassant la poissonnière,
le feu prenne au dedans; laissez le feu s'éteindre de lui-
même; laissez aussi le court-bouillon se réduire aux deux
tiers; lorsqu'il est réduit, retirez le poisson; servez-le froid,
et chaud pour les relevés, avec sauce et garnitures. Par ce
moyen, le poisson au bleu ou au court-bouillon peut se conserver un mois et même six semaines aussi frais que le
premier jour, et sans altération.

Saumon. — Sa chair est nourrissante, mais d'une digestion assez pénible, surtout le ventre ou la hure, qui sont
les parties les plus grasses.

Saumon au bleu. — Cuit au court-bouillon comme ci-
dessus, servez-le avec une sauce à la vinaigrette pour rôt,
ou à la sauce blanche comme celle du brochet ponr relevé.

Saumon aux câpres. — Prenez tranches ou dalles de saumon; marinez avec huile, persil, ciboule, sel, poivre et
muscade râpée; faites griller à feu modéré en l'arrosant
avec sa marinade; servez avec une sauce aux câpres.

On le prépare à la maître-d'hôtel comme le maquereau.

Saumon farci d'un salpicon. — Ecaillez et videz par les
ouïes un saumon entier; lavez-le bien en dedans; faites
entrer par les ouïes un salpicon que vous ferez en mettant
dans une casserole beaucoup de lard râpé, un ou deux riz
de veau blanchis, des champignons, foies gras; le tout coupé en dés; sel, gros poivre, persil, ciboules, échalottes, ro-
cambolts hachées, quatre jaunes d'œufs crus; maniez le
tout ensemble et le mettez dans le corps du saumon; lardez-le partout avec des lardons de moyen lard; foncez une
casserole avec des tranches de veau, jambon, bardes de
lard, racines, oignons, un bouquet de persil, ciboules, ail,
échalottes, thym, laurier, basilic; faites suer sur le feu;
étant prêt à s'attacher, mouillez avec une pinte de vin
rouge et bon bouillon, sel, fines épices.

Saumon à la remoulade. — Votre dalle de saumon cuite
dans un court-bouillon, vous l'égouttez, l'écaillez et la
dressez sur un plat, avec une remoulade dessous; garnissez le dessus de votre dalle avec des anchois dessalés : on
la sert aussi au beurre de Montpellier.

Saumon en brésolles. — Coupez en filets de grandeur d'un pouce un morceau de saumon frais ; faites-les mariner avec de l'huile, un peu de beurre, persil, ciboules, échalottes, champignons ; le tout haché ; sel, gros poivre ; faites-les chauffer à la marinade un quart-d'heure ; un peu avant de servir, vous les arrangez l'un à côté de l'autre dans une casserole ronde avec la marinade ; faites cuire à grand feu ; étant cuits d'un côté, vous les retournez de l'autre ; après, dressez dans le plat que vous devez servir ; mettez dans la casserole un peu de coulis maigre, un demi-verre de vin blanc ; détachez tout ce qui reste ; faites bouillir un moment ; dégraissez, passez au tamis ; servez sur les brésolles.

Manière extraordinaire d'apprêter le Saumon. — Dans la Finlande, on coupe le saumon en petites tranches transversales, et on le met dans le sel ; quand il est bien recouvert, on le laisse, dans une écuelle de bois tremper dans un peu d'eau, et trois jours après, ce poisson cru devient un mets exquis. La première noblesse de Stockholm en fait ses délices, et il est d'obligation dans tous les grands dîners.

Saumons à différentes sauces et ragoûts. — Prenez une ou deux tranches de saumon frais, que vous faites mariner avec de l'huile, persil, ciboules, échalotes, champignons, le tout haché, sel, gros poivre ; enveloppez-les dans deux feuilles de papier avec toute leur marinade, faites cuire au four et sur le gril ; après ôtez le papier et dressez sur le plat, servez dessus telle sauce et ragoût que vous jugerez à propos. Vous pouvez encore servir les bardes ou tranches de saumon, que vous faites mariner avec un jus de citron, de l'huile, sel, gros poivre ; faites griller à moitié sur le gril ; après vous les mettez sur le plat que vous devez servir avec un morceau de bon beurre, un peu de bon bouillon, persil, ciboules hachées ; rachevez de cuire, en servant mettez-y un jus de citron et de la chapelure de pain fine, que vous poudrez légèrement dessus. Si vous voulez servir du saumon en hatelet, vous le coupez en carré de l'épaisseur d'un pouce, faites-le mariner avec un peu d'huile, deux jaunes d'œufs crus, sel, gros poivre, persil, ciboules, échalotes, le tout haché ; panez de mie de pain, faites griller, servez avec une remoulade dans une saucière.

Esturgeon. — Sa chair ressemble beaucoup à celle du

veau. La laitance est ce qu'il y a de plus recherché dans ce poisson. Assez indigeste quand il est frais, il l'est beaucoup plus quand on l'a salé. Il se fait cuire, se prépare et s'accommode comme le saumon.

Esturgeon à la Bourgeoise. — Faites mariner une tranche d'esturgeon avec jus de citron, sel, gros poivre, de l'huile; faites cuire aux trois quarts sur le gril ; après mettez la dans le plat que vous devez servir avec un gros morceau de beurre, du bouillon, persil, ciboules hachées, sel, gros poivre; faites bouillir un quart d'heure au fourneau, et réduire au point d'une sauce, mettez-y un jus de citron ou du vinaigre blanc, en servant un peu de chapelure fine ; servez chaudement.

Esturgeon de différentes façons. —Faites cuire à la braise un morceau d'esturgeon ; si c'est en gras, vous le larderez de lard et jambon, en maigre avec des filets d'anchois ; que la braise ne soit pas beaucoup salée, vous pouvez le servir avec telle sauce que vous voudrez, en gras et en maigre. Si vous voulez le mettre à la Sainte-Menehould, vous le ferez cuire dans une braise faite avec du beurre manié de farine, mouillez avec du lait, sel, poivre et toutes sortes de fines herbes ; la cuisson faite, trempez-les dans la Sainte-Menehould, panez de mie de pain, faites griller et arrosez avec un peu d'huile ; servez à sec, une remoulade dans une saucière.

Esturgeon mariné et pané. — Prenez de l'esturgeon que vous coupez par petites tranches, que vous faites mariner avec de l'huile, persil, ciboules, échalotes hachées, sel, gros poivre; trempez-les dans la marinade pour leur faire prendre la sauce, panez de mie de pain, faites griller en les arrosant légèrement du restant de la marinade, servez à sec ou avec une petite sauce légère et de bon goût.

Turbot. — Sa chair est ferme, nourrissante et d'une digestion facile.

Turbot et barbue. — Faites cuire à l'eau de sel ou au court-bouillon, avec oignons coupés en tranches, ciboules, thym, laurier, persil, ail, du girofle, du gros poivre, le tout en quantité proportionnée à la grandeur de votre turbot : salez fortement. Si vous voulez que ce turbot soit très blanc, il faut faire bouillir le court-bouillon à part pendant un quart d'heure ; passez-le au tamis ; frottez avec du jus de citron le côté blanc du turbot ; versez par dessus votre court-bouillon passé; faites-le cuire à petit feu et sans bouillir : vous reconnaîtrez qu'il est cuit quand il cède sous le doigt; retirez-le alors, mettez-le égoutter, et servez sur une serviette avec une sauce aux câpres dans la saucière.

Les débris se mangent à l'huile et au vinaigre.

Turbot, Barbue et Turbotin au consommé. — Entrée. — Faites bouillir de l'eau avec beaucoup de sel, tranches d'oignons, carottes, panais, persil, ciboules, une gousse d'ail, trois clous de girofle, thym, laurier, basilic; quand l'oignon est presque cuit, passez cette saumure au tamis, laissez-la reposer pour la mettre dans une casserole avec autant de lait, mettez votre poisson dedans pour le faire cuire sur de la cendre chaude sans qu'il ne fasse que frémir. Quand il est cuit, mettez-le égoutter sans le rompre, dressez dans le plat que vous devez servir, mettez du bon consommé dans une casserole que vous faites encore réduire au point d'une sauce, mettez-y des blancs de ciboules que vous faites bouillir un moment, une pointe d'ail, un morceau de beurre manié de farine, sel, gros poivre, faites lier la sauce sur le feu, servez sur le poisson.

Turbot, Barbue et Turbotin à la Sainte Menehould. — Entrée. — Mettez cuire votre poisson à moitié dans un court-bouillon comme le précédent ; après vous le dressez dans le plat que vous devez servir, mettez dessus une Sainte Menehould, que vous ferez en mettant dans une casserole un morceau de beurre, une bonne pincée de farine, persil, ciboules hachées, trois jaunes d'œufs crus ; mouillez avec un peu de court-bouillon, faites lier la sauce sur le feu, qu'elle soit bien épaisse, couvrez-en tout le turbot ou la barbue, panez de mie de pain, faites prendre couleur au four ou sous un couvercle de tourtière. (Quand il est cuit de belle couleur, vous servez dessous une sauce faite avec un morceau de beurre, une pincée de farine, câpres, anghois, un filet de vinaigre; mouillez avec du bouillon, sel, gros poivre, faites lier sur le feu. Vous pouvez aussi le servir de la même façon avec différentes sauces.

Turbot aux câpes. — Entrée. — Après avoir fait cuire votre turbot comme il a été ci-dessus indiqué, vous le mettez sur votre plat et le masquez avec une sauce au beurre, dans laquelle vous mettez quelques câpres.

Turbot en salade. — Rôt. —Vous le faites cuire comme ci-dessus, et lorsqu'il est froid, vous le coupez en morceaux, de la grosseur et de la forme que vous voulez ; vous le dressez sur le plat et le garnissez avec des cœurs de laitues, des œufs durs, des anchois, des cornichons, des câpres, de l'estragon en branches, des petits oignons blancs cuits dans du consommé, etc. Pour sauce, vous délayez dans une casserole un peu d'huile avec du vinaigre, du sel, du poivre et de la ravigotte hachée.

Turbot à la crême. — Entrée. — Après l'avoir fait cuire comme ci-dessus, vous lui ôtez toutes ses arêtes et l'égouttez sur un torchon. Faites attention que ce poisson est sujet à rendre beaucoup d'eau ; vous faites une bonne sauce à la crème, bien liée, dans laquelle vous mettez du persil blanchi, et vous liez votre turbot, mettez-le sur un plat, avec des croûtons autour ou dans un vol-au-vent. Vous pouvez le mettre encore dans une croûte de pâté, le paner avec de la mie de pain et un peu de parmesan mêlé avec, et y faire prendre une belle couleur avec la pelle rouge.

Thon. — Sa chair compacte est d'une digestion laborieuse. On le sert à l'huile pour hors-d'œuvre ; frais, on le prépare comme le saumon.

Raie. — La raie ne saurait être mangée lorsqu'elle vient d'être pêchée. Elle est assez nourrissante et d'une digestion facile.

Il y en a de plusieurs espèces, la boucléeest la meilleure ; faites-la cuire dans l'eau avec du vinaigre, sel, et quelques tranches d'oignons ; ne lui faites faire que deux bouillons ; lorsqu'elle est cuite, retirez-la pour l'égoutter et l'épelucher.

Vous pouvez la servir avec une sauce aux câpres, à la maître-d'hôtel ou au beurre noir.

Le foie ne doit rester que deux ou trois minutes dans l'eau bouillante.

Raie à la bourgeoise. — Entrée. — Faites cuire votre raie dans un chaudron, dans de l'eau, du vinaigre, quelques tranches d'oignons, un peu de sel ; après l'avoir bien lavée avec de l'eau fraîche, et l'amer du foie ôté, ne lui faites faire que deux bouillons, pour qu'elle ne cuise pas trop ; retirez-la ensuite sur un plat pour l'épelucher ; remettez-la sur un fourneau avec un peu de son court-bouillon ; prêt à la servir, égouttez-la et servez dessus telle sauce que vous jugerez à propos, comme sauce au beurre, avec des câpres et anchois, sauce à l'huile, etc.

*Raie à la sauce blanche.—Entrée.—*Faites cuire votre raie dans un court-bouillon ; quand elle est cuite, vous en ôtez le limon ou la peau de dessus des deux côtés ; vous la parez et la mettez sur le plat ; vous la masquez d'une sauce blanche et des câpres par-dessus, ou bien des cornichons coupés en dés.

Raie au beurre noir. — Faites cuire votre raie comme la précédente, nettoyez-la et parez-la de même ; vous ferez frire du persil en feuilles que vous mettrez à l'entour de votre raie : vous la masquerez de beurre noir.

Raie à la sauce à la raie. — *Entrée.* — Prenez une moitié de raie que vous lavez, ôtez-en la peau, et la coupez par morceaux larges de deux doigts, faites-les mariner avec du vinaigre, sel, fines épices, essuyez-les et farinez, faites frire de belle couleur, dressez sur le plat ; servez dessus une sauce à la raie, que vous ferez en mettant cuire le foie dans l'eau ; après vous l'écrasez et le mettez dans une casserole avec un morceau de beurre manié de farine, persil, ciboules, échalotes, rocamboles, câpres, anchois, le tout haché, sel, gros poivre, un filet de vinaigre, du bouillon maigre ; faites lier sur le feu et bouillir un instant, servez.

Raie à la chapelure de pain. — *Entrée.* — Faites cuire une belle moitié de raie avec de l'eau, du sel et du vinaigre ; après vous l'épluchez et la dressez sur le plat que vous devez servir ; mettez dans une casserole un morceau de beurre que vous faites roussir ; étant roux, vous y mettez persil, ciboules, échalotes hachées, sel, gros poivre, un verre de vin rouge, un filet de vinaigre ; faites bouillir un instant, mettez après cette sauce sur la raie et la faites un peu mijoter dedans ; en servant mettez par-dessus de la chapelure de pain.

Raie à la Minime. — *Entrée.* — Faites frire de la raie dans de l'huile et préparez comme la précédente. Pour la sauce, vous faites un petit roux de farine avec de l'huile ; mouillez avec un demi-setier de vin blanc, du bouillon de racines, un bouquet de persil, ciboules, une gousse d'ail, trois clous de girofle, sel, gros poivre, oignons, racines, faites cuire pendant une heure, passez au tamis, mettez-y un anchois haché, câpres fines entières, servez dessus la raie.

Morue. — La morue fraîche est d'un bien meilleur goût, et surtout plus facile à digérer que la morue salée ; aucune des nombreuses préparations auxquelles l'art culinaire peut la soumettre n'ôtent à cette dernière ses qualités indigestes.

Morue au blanc. — *Entrée.* — Faites-la dessaler pendant deux jours, écaillez-la ; mettez-la dans l'eau ; écumez et ôtez du feu dès qu'elle commence à bouillir ; faites égoutter ; mettez-la dans la casserole avec beurre, un peu de farine, muscade, poivre, et deux cuillerées de lait.

Morue à la maître-d'hôtel. — *Entrée.* — Cuite comme ci-dessus, laissez le morceau entier ; mettez-le dans une casserole avec beurre, persil et ciboules hachés, gros poivre et muscade râpée ; faites seulement fondre le beurre ; évitez qu'il ne tourne en huile ; quand il est bien mêlé avec la morue, servez en ajoutant un jus de citron.

Morue aux câpres. — *Entrée.* — Même cuisson. Servez une sauce aux câpres et anchois pilés.

Morue aux pommes de terre. — *Entrée.* — Dessalée, blanchie et écumée, relevez sur le bord du fourneau. Prenez des pommes de terre cuites, que vous pilez et coupez par quartiers, ayant soin de les conserver chaudes ; égouttez votre morue ; levez-en la peau, mettez-la sur un plat entouré de vos pommes de terre ; puis faites fondre dans une casserole un morceau de beurre frais, ajoutez-y sel, fines herbes et jus de citron ; masquez votre morue avec cette sauce et servez.

La morue se sert aussi sur une béchamelle, à l'huile et au vinaigre.

Cabillaud ou Morue fraîche. — *Entrée.* — Le cabillaud ou morue fraîche se fait cuire dans une eau de sel comme le turbot.

Videz votre cabillaud et lavez-le ; faites une eau bien salée, parce que ce poisson ne prend pas plus de sel qu'il ne faut ; quand elle sera claire, vous ficelerez la tête de votre cabillaud, le mettez dans la poissonnière et l'eau de sel par-dessus : faites-le cuire à très petit feu et sans bouillir.

Si vous le servez pour relevé, vous y ajoutez une sauce à la crême ou une sauce hollandaise.

Si c'est pour rôt, vous le servirez à sec sur un plat sur lequel il y aura une serviette et des feuilles de persil à l'entour.

On le sert dans le même goût que le turbot.

Morue à la Bourgeoise. — *Entrée.* — Faites cuire de la morue dans l'eau et mettez égoutter, dressez sur le plat que vous voulez servir avec du beurre, persil, ciboules, échalottes hachées, un peu de verjus, muscade et gros poivre ; mettez le plat sur un réchaud, et la mangez à mesure que vous la retournez.

Morue marinée. — *Entrée.* — Mettez cuire de la morue dans l'eau ; aussitôt qu'elle bout, retirez-la et mettez égoutter ; levez-en tous les filets que vous faites mariner avec du verjus, fines épices, thym, laurier, basilic, une gousse d'ail, persil, ciboules, échalottes, le tout entier ; après retirez les filets de la marinade ; essuyez avec un linge blanc, trempez ensuite dans du blanc d'œuf pour les fariner, faites frire, servez garni de persil frit.

Cabillaud. — Après l'avoir vidé et lavé, saupoudrez-le de sel, et laissez-le ainsi pendant deux heures ; faites-le cuire ensuite comme le turbot, et servez avec les mêmes sauces.

Alose. — Ce poisson, à de certaines époques, en avril, mai et juin, remonte les fleuves où on le pêche.

Sa chair est à la fois grasse et fibrineuse ; elle est assez facile à digérer, et offre un mets estimé de beaucoup de gens.

L'alose se sert ordinairement grillée, après avoir été marinée dans l'huile avec sel et poivre, persil, ciboule, muscade râpée ; quand elle est grillée, on la masque d'une sauce aux câpres, ou on la sert sur une purée d'oseille.

Elle peut également se cuire au bleu ; dans ce cas, servez-la avec une sauce verte dans la saucière.

Anguille de mer. — *Entrée.* — Otez-en la peau ; faites

cuire l'anguille à l'eau de sel, avec une poignée de persil ; lorsqu'elle est cuite, servez avec une sauce aux câpres et aux anchois.

Vous pouvez aussi la servir avec une sauce tomate.

Maquereaux à la maître-d'hôtel. — Entrée. — Mettez-les sur le gril, enveloppés d'un papier huilé ; retournez-les quand ils sont cuits d'un côté dressez-les sur un plat, après les avoir fendus par le dos, et y avoir mis un morceau de beurre manié avec persil, ciboules, une pointe d'ail, le tout haché très fin, sel et gros poivre, servez de suite, avant que le beurre soit fondu entièrement. Arrosez-les de jus de citron.

Maquereau à l'huile. — Rôt. — Cuit sur le gril ou dans une eau de sel, on le mange froid à l'huile et au vinaigre.

Maquereau au beurre noir. — Entrée. — Même cuisson que le précédent. Servez une sauce au beurre noir.

Maquereaux au persil. — Entrée. — Faites griller des maquereaux à l'ordinaire, mettez dans la casserole un morceau de beurre manié avec une pincée de farine, sel, gros poivre, une bonne pincée de persil haché, un peu de jus ; faites lier sur le feu, mettez-y un jus de citron, servez dessus les maquer aux.

Maquereaux à la poêle. — Entrée. — Lavez et videz trois maquereaux ; coupez la tête en vive, un peu du bout de la queue, mettez-les dans une casserole avec un peu d'huile, persil, ciboules, échalottes hachées, sel, gros poivre, faites-les revenir sur le feu. Vous faites suer des tranches de veau dans une casserole, vous les mouillez avec un verre de vin de champagne, un peu de bouillon ; faites cuire aux trois quarts, après mettez-y les maquereaux cuire avec le veau et les fines herbes ; la cuisson faite, dressez les maquereaux sur le plat, mettez dans la sauce un peu de blond de veau, faites bouillir pour dégraisser ; passez au tamis, mettez-y un jus de citron, servez sur les maquereaux.

Maquereaux frits. — Entrée. — Prenez des filets de maquereaux que vous coupez en carrés d'un pouce, faites-les mariner avec du sel, fines épices, jus de citron ; après vous les essuyez de leur marinade et trempez dans une pâte faite avec de la farine, vin blanc, huile, sel ; faites frire, servez garnis de persil frit.

Différentes façons d'accommoder les harengs frais, salés, pecs et saurs. — *Entrée.* — Communément les harengs se mangent grill's avec une sauce à la moutarde ou à l'huile dans une saucière. Vous mettez les harengs frais mariner avec du beurre, sel, poivre, persil, ciboules hachées, panez de mie de pain, faites griller. Vous accommodez de même les harengs. Quand ils sont bien dessalés, ne mettez point de sel en les trempant dans le beurre. Les harengs pecs, sont des harengs nouvellement salés, que vous accommodez de même.

Harengs à la maître d'hôtel. — *Entrée.* — Faites-les griller; fendez-les en deux par le dos; garnissez l'intérieur de beurre manié de persil, sel et poivre; faites légèrement chauffer le plat, et servez avec jus de citron ou filet de vinaigre.

Harengs à la moutarde. — *Entrée.* — Servez-les sur une sauce faite de beurre, cuillerée de bouillon, moutarde et pincée de farine, que vous ferez chauffer sans bouillir.

Harengs à la sauce blanche. — *Entrée.* — Grillés, servez-les sous une sauce blanche.

Harengs frits. — *Rôt.* — Farinez-les, mettez-les dans une friture bien chaude, et servez-les avec du persil frit.

Harengs saurs. — *Hors-d'œuvre.* — Faites-les dessaler; ouvrez-les en deux, faites-les griller pendant trois minutes, et servez à l'huile et au vinaigre.

Il faut leur couper la tête et la queue avant de les mettre sur le gril.

Harengs pecs. — Gros harengs salés qui viennent de la Hollande, et que l'on sert crus pour hors-d'œuvre.

Les harengs pecs étant dessalés et lavés dans un peu de vin blanc, se peuvent servir comme des anchois.

Si vous voulez servir des harengs frais à l'étuvée, vous les écaillez et videz; coupez la tête et le bout de la queue, faites les cuire avec un verre de vin blanc, un morceau de beurre, persil, ciboules hachées, sel et gros poivre. Quand ils sont cuits et qu'il n'y a plus de sauce, dressez-les dans le plat, servez dessus une sauce hachée maigre; en servant, mettez dans la sauce du cerfeuil blanchi haché très fin, garnissez de croûtons.

Anchois. — *Hors-d'œuvre.* — On les lave, on lève les

filets et on les sert en canapé, avec des œufs et du cerfeuil hachés. On les arrose d'huile.

Sardines. — *Hors-d'œuvre.* — Fraîches, on les écaille, on les lave et on les fait cuire sur le gril ; faites une sauce avec beurre, un peu de farine, filet de vinaigre, un peu de moutarde, sel, poivre, un peu d'eau ; faites lier la sauce sur le feu, et servez sur vos sardines. Salées, on les mange à l'huile cuites sur le gril.

Filets de sole au gratin. — *Entrée.* — On lève les filets d'une sole que l'on a dépouillée ; on prépare le gratin comme pour le merlan (Voyez *Merlan au gratin*), et on range les filets en buisson. Servez bouillant.

Filets de soles à la Horly. — *Rôt.* — Faites mariner vos filets dans du jus de citron, sel et gros poivre ; saupoudrez-les de farine, et faites frire. Faites cuire les carcasses avec bouillon et vin blanc ; faites réduire cette sauce et servez-la sur vos filets.

Limandes, soles, carrelets et plies frits. — *Rôts.* — Ils s'accommodent tous de la même manière : on les vide, on les lave, on les farine et on les fait frire à feu clair dans une friture bien chaude. Servez, saupoudrez de sel.

Soles, limandes, carrelets et plies au gratin. — *Entrées.* — Nettoyés, lavés et essuyés, on met du beurre manié de farine dans le plat, avec persil, ciboules, champignons, le tout haché avec du sel et poivre ; on place son poisson dessus : on fait le même assaisonnement par dessus le poisson ; ajoutez un verre de vin blanc, et masquez de mie de pain. Couvrez votre plat, et faites cuire sur un fourneau. Servez à courte sauce.

Soles au four. — *Entrée.* — Ecaillez, videz et lavez des soles ; fendez-les par le dos le long de l'arête, détachez la chair d'avec l'arête, et les farcissez avec un morceau de beurre manié de mie de pain, persil, ciboules, échalottes, sel, gros poivre, deux jaunes d'œufs ; mettez-les sur le plat que vous devez servir, mouillez le dessus avec du beurre, panez de mie de pain, faites cuire au four, ou sous un couvercle de tourtière, servez avec une sauce.

Soles au restaurant. — *Entrée.* — Prenez des soles que vous écaillez, videz et coupez un peu le bout de la queue et de la tête, fendez-les le long du dos ; détachez la chair d'avec l'arête : vous les mettez cuire à moitié avec un verre de vin blanc, vous les retirez après pour les mettre refroidir ; prenez un morceau de bon beurre que vous maniez avec persil, ciboules, champignons, échalottes hachées, sel, gros poivre ; farcissez les soles avec ce beurre, dressez-les sur le plat que vous devez servir, mettez avec un peu de restaurant, faites mijoter sur le feu, servez à courte sauce avec un jus de citron.

Eperlans. — *Rôt.* — Lavez-les, essuyez-les, et après les avoir enfilés dans une brochette par les yeux, farinez et faites frire sans les vider.

Eperlans au gratin. — *Entrée.* — Comme les soles au gratin.

Merlan au gratin. — *Entrée.* — La chair du merlan est friable, tendre et légère, et meilleure frite ou rôtie que bouillie. Il y a peu de poissons aussi sains.

Mettez dans un plat entre deux lits de beurre maniés de farine, avec persil, ciboule, champignons hachés et chapelure ; ajoutez demi-verre de vin blanc, et un peu de glace ou de jus ; faites cuire à l'étouffée

Merlans frits. — *Rôt.* — Ecaillez, videz et lavez vos merlans ; laissez-leur les foies dans le corps ; après les avoir bien essuyés, ciselez-les des deux côtés ; farinez et faites frire. Il faut que la friture soit très chaude.

Merlans de différentes façons. — *Entrée.* — Ecaillez et videz des merlans, laissez-leur les foies, ciselez-les des deux côtés, et faites frire à feu vif, servez sur une serviette. Vous les faites aussi cuire sur le gril : coupez les têtes en façon de vive, ciselez-les des deux côtés, et les marinez avec de l'huile, persil, ciboules, échalotes hachées, sel, gros poivre ; faites griller sur un feu vif, en les arrosant de temps en temps avec le restant de la marinade ; étant cuits, vous les servirez avec la sauce que vous jugerez à propos. Vous pouvez encore les servir dans un court-bouillon maigre, comme le turbot ; la cuisson faite, mettez-les égoutter légèrement, de crainte qu'ils ne se rompent, dressez sur le plat, mettez dessus une sauce à la crème, comme à la morue, ou telle sauce que vous jugerez à propos.

Grondin. — *Entremets.* — Le grondin se cuit au court-bouillon fait avec du vin blanc, oignons en tranches, persil, laurier, clous de girofle, sel et gros poivre ; servez avec une sauce aux câpres et aux anchois, ou toute autre à votre choix. Ne mettez votre poisson dans le court-bouillon que lorsqu'il bout.

Rouget. — Entremets. — Comme ci-dessus, servez avec les mêmes sauces.

Vives. — Entremets. — Comme les rougets, et servez-les avec les mêmes sauces.

Vous pouvez aussi faire une sauce avec une partie du court-bouillon, en y ajoutant un morceau de beurre manié de farine ; faites réduire et ajoutez en servant quelques câpres ou un jus de citron.

Cette dernière sauce peut aussi servir pour le grondin et le rouget.

Moules à la poulette. — Entrée. — Raclez les coquilles pour en détacher tout ce qui est adhérent ; lavez-les à plusieurs eaux ; mettez-les à sec dans une casserole, sur un feu ardent ; retournez-les ; à mesure qu'elles s'ouvrent, ôtez une coquille à chacune ; passez au tamis l'eau que les moules ont rendue ; mettez-les dans une casserole avec beurre, persil, ciboules hachées, gros poivre et muscade râpée ; passez-les sur le feu ; ajoutez un peu de farine ; mouillez avec du bouillon et un peu de l'eau de vos moules ; faites bouillir deux minutes ; tenez-les ensuite chaudement sans bouillir ; au moment de servir, liez la sauce avec des jaunes d'œufs, et ajoutez du jus de citron.

Moules aux fines herbes. — Entrée. — Préparez comme les précédentes, jetez-les dans la casserole avec beurre, fines herbes, poivre, sel ; sautez-les et laissez cuire dix minutes.

Moules à la Hollandaise. — Entrée. — Nettoyez bien des moules que vous faites ouvrir sur le feu, passez-en l'eau légèrement dans un tamis ; mettez-la dans une casserole avec du bouillon, un morceau de beurre, un peu d'huile, du gros poivre, du persil haché, faites réduire la sauce ; quand vous êtes prêt à servir, mettez les moules chauffer dedans et servez.

Moules aux fines herbes. — Entrée. — Prenez des moules bien lavées et ouvertes sur le feu, passez leur eau dans un tamis qne vous mettez dans une casserole avec un peu de coulis, un verre de vin blanc, persil, ciboules, échalotes, truffes, un peu d'ail, le tout haché très fin, du gros poivre, un peu d'huile, faites cuire et réduire la sauce ; quand vous êtes prêt à servir, mettez-y les moules pour les chauffer, servez à courte sauce et un jus de citron.

Huîtres. — Il existe peu d'aliments aussi faciles à digérer. Les huîtres conviennent aux estomacs les plus débiles ainsi qu'aux convalescents.

On reconnaît que l'huître est fraîche lorsque l'eau où elle baigne est claire et limpide, et que la chair en est lisse et brillante.

Huîtres aux fines herbes au four. — Entrée. — Prenez des huîtres ce que vous jugerez à propos ; mettez-les avec leurs eaux dans une casserole, gardez les coquilles si vous n'en n'avez point d'autres, mettez-les sur le feu jusqu'à ce qu'elles soient prêtes à bouillir, mettez égoutter pour en ôter le dur, passez la sauce au tamis, prenez-en le plus clair que vous mettez dans une casserole avec du beurre, du gros poivre, persil, ciboules, échalotes hachées, du basilic en poudre, un peu de blond de veau ; faites bouillir et réduire la sauce, mettez les huîtres dedans sans les faire chauffer ; remettez-les dans les coquilles, jetez dessus de la chapelure de pain, faites prendre couleur au four bien chaud ou sur le gril, la pelle rouge dessus, servez.

Huîtres marinées. — Entrée. — Maniez un morceau de beurre avec de la farine que vous mettez dans une casserole avec de l'eau, du vinaigre, un peu de sel, poivre, persil, ciboules, ail, clous de girofle, échalotes, thym, laurier, basilic ; faites tiédir cette marinade sur le feu, vous y mettez les huîtres pour les faire mariner deux heures, égouttez et essuyez avec un linge, trempez-les dans une pâte à frire ; faites frire de belle couleur, servez garnies de persil frit.

Huîtres dans leur sauce aux croutons. — Entrée. — Prenez deux ou trois douzaines d'huîtres que vous mettez avec leurs eaux sur un tamis, un plat dessous ; mettez l'eau dans une casserole avec un peu de blond de veau, un demi-verre de vin blanc, persil, ciboules, échalotes hachées, du gros poivre, un pain de beurre de Vanvres ; faites cuire et réduire la sauce; mettez-y après les huîtres pour les faire chauffer sans qu'elles bouillent. Vous avez des croûtons de pain passés au beurre et coupés bien proprement en petits ronds; mettez-les dans le ragoût pour les faire sauter, servez à courte sauce.

Homards, langoustes et crâbes. — Rôt. — Le homard est une écrevisse de mer qui nous arrive crue ou toute cuite. La langouste est encore une espèce d'écrevisse; mais elle ne vient que dans la Méditerranée. Faites cuire vivement pendant vingt-cinq minutes dans vinaigre, eau, persil, bouquet garni et épices.

Pour les apprêter, brisez leurs coquilles, fendez-les sur le dos, enlevez avec une cuillère tout ce qu'ils ont dans le corps et le mettez dans un vase. Mêlez-y une cuillerée à bouche de moutarde, persil, échalotes hachées menues, sel et gros poivre; ajoutez-y les œufs que l'on trouve souvent sous la queue; délayez le tout avec de l'huile et un peu de vinaigre; formez-en une remoulade que vous servirez dans une saucière.

La chair du homard est compacte, dure, coriace et indigeste.

PRESCRIPTIONS GÉNÉRALES.

Pour rendre le poisson mangeable quand il a commencé à se corrompre.—Pendant les chaleurs il arrive que le poisson se corrompt du matin au soir. Pour ôter le goût et l'odeur qu'alors il a contractés, il faut le faire bouillir dans une grande quantité d'eau, dans laquelle on met un quart de vinaigre, du sel, et un nouet de linge contenant du poussier de charbon de bois. Ce procédé est également applicable aux viandes.

Pour manger le poisson bon, quoique gelé. — Faire cuire sans précaution le poisson qui a été gelé, c'est s'exposer à le trouver sur le plat sans consistance, sans goût, sans qualité. Il faut, avant tout, travailler à lui rendre peu à peu la température qui lui est naturelle. Commencez par le plonger dans un vase plein d'eau froide : cette eau le dégelera peu à peu, mais bientôt elle formera autour de lui une couche de glace légère. Vous en retirerez alors le poisson, pour le replonger dans de l'eau nouvelle. Quand il ne se formera plus de glace, vous en conclurez qu'il a repris sa température naturelle, et il n'aura plus rien à craindre de la cuisson.

Manière de cuire le poisson. — Mettez une quantité de poissons, grands et petits, nettoyés et saupoudrés convenablement de sel, de poivre, de beurre, et d'autres épices, si vous les aimez, dans un pot à sec. Le pot rempli, vous le couvrirez d'un couvercle bien ajusté, que vous luterez encore avec de la colle de farine, et vous le mettrez, sur-le-champ, dans un four, au moment où l'on enfournera le pain. Lorsqu'on défournera ce pain, les poissons seront assez cuits, et ce qui sera plus particulier, on n'y trouvera plus d'arêtes. Apprêtés de la sorte, les brochets et autres bons poissons deviennent une véritable friandise. Le four n'est point absolument nécessaire à ce mets; il peut aussi se préparer au feu de la cuisine et sur des charbons.

LÉGUMES.

Petits pois. — *Entremets.* — Mettez-les dans la casserole avec beurre frais, bouquet, et si l'on veut, un cœur de laitue ou de romaine coupé en morceaux, petits oignons, sel et sucre ; remuez, faites bouillir à petit feu une demi-heure ; retirez le bouquet, ajoutez un morceau de beurre manié de farine et servez.

Petits pois à l'anglaise. — *Entremets.* — Faites cuire dans l'eau et servez sur beurre frais comme à la maître-d'hôtel.

Pois au lard. — *Entremets.* — Faites un roux léger ; passez-y du lard coupé en tranches minces ; mouillez avec du bouillon et mettez-y vos pois avec bouquet de persil et ciboules, sel et poivre ; faites cuire à petit feu.

Les pois secs ne servent qu'à faire de la purée.

Purée de pois verts. — *Entremets.* — Prenez deux litres de pois verts et un quarteron de beurre ; mettez-les dans l'eau bouillante et faites cuire avec persil, ciboules et sel; passez votre purée.

Purée de pois secs. — *Entremets.* — Laissez-les tremper dans l'eau tiède pendant douze heures ; mettez-les dans une marmite avec lard, carottes, oignons, clous de girofle, bouquet de persil, ciboules, thym et laurier; vos pois cuits, passez-les en les mouillant un peu avec le bouillon dans lequel ils auront cuit, mettez votre purée dans une casserole, en la mouillant du même bouillon, et faites-la cuire.

Fèves à la Bourgeoise. — *Entremets.* — Mettez-les dans une casserole avec beurre, bouquet de persil, ciboules, sarriette; passez sur le feu, mettez une pincée de farine, un peu de sucre, et mouillez avec du bouillon; quand la cuisson est faite, mettez une liaison de jaunes d'œufs délayés avec un peu de lait, et servez.

Fèves à la maître-d'hôtel. — *Entremets.* — Comme les haricots verts.

Haricots blancs. — Les haricots blancs nouveaux doivent être cuits à l'eau bouillante, c'est-à-dire que l'on doit les jeter dans l'eau au moment où elle donne ses premiers bouillons; on y ajoute du sel, on fait bouillir à grand feu, on les retire quand ils sont suffisamment cuits, et on les met égoutter dans une passoire pour les accommoder suivant qu'on le jugera convenable.

Les haricots blancs secs se cuisent de même, excepté qu'ils doivent être mis à l'eau froide.

Purée de haricots. — *Entremets.* — Comme celle des pois secs.

Haricots rouges à l'étuvée. — *Entremets.* — Mettez-les dans l'eau avec lard et petits oignons; quand ils seront cuits, vous ajouterez beurre, fines herbes et verre de vin; vous ferez bouillir un quart-d'heure, et servirez le tout ensemble.

Haricots blancs à la maître d'hôtel. — *Entremets.* — Mettez-les dans une casserole avec beurre frais, persil et ciboules hachés, assaisonnez-les d'un filet de verjus et servez chaudement.

Haricots blancs au gras. — *Entremets.* — Faites roussir dans de bonne graisse un oignon et du persil hachés; le persil doit être mis bien après l'oignon; joignez vos haricots avec sel, poivre, filet de vinaigre et bouillon des haricots; après une demi-heure de cuisson à grand feu, servez.

Haricots verts au maigre. — Entremets. — Faites les cuire à l'eau de sel ; mettez dans une casserole du beurre manié de farine, persil et ciboules hachés, ou un bouquet ; mettez des haricots quand le beurre est fondu ; tournez-les et mouillez avec du bouillon ; assaisonnez de sel et poivre ; au moment de servir, mettez une liaison de jaunes d'œufs délayés avec de la crème et du lait. Vous pouvez ajouter un peu de jus de citron.

Au gras, on remplace la liaison par du jus, ou par un fond de cuisson réduit.

Haricots verts à la maître d'hôtel. — Entremets. — Lorsque vos haricots sont cuits à l'eau de sel, et suffisamment égouttés, tenez les chaudement, faites tiédir un morceau de beurre manié de fines herbes, et arrosez-en vos haricots ; vous assaisonnez le beurre de sel et gros poivre.

Haricots blancs et verts à l'Anglaise. — Entremets. — Cuits à l'eau bouillante ; servez avec un morceau de beurre frais par dessus.

Petites fèves à la Macédoine. — Entrée. — Mettez dans une casserole du persil, ciboules, champignons, échalotes, le tout haché, un morceau de beurre ; passez sur le feu, mettez une pincée de farine, mouillez avec du bouillon, du vin blanc, un bouquet de persil, ciboules et sarriette ; faites bouillir à petit feu ; mettez après trois culs d'artichaux blanchis un quart d'heure dans l'eau bouillante, que vous coupez en petits dez, avec un litron de petites fèves de marais, la calotte ôtée et cuite un quart-d'heure dans l'eau ; faites cuire, assaisonnez de sel, gros poivre, ôtez le bouquet, servez à courte sauce. Dans celles à la crème, vous ne mettrez point de vin, ni d'artichaux ; en servant, une liaison de trois jaunes d'œufs avec de la crème.

Lentilles. — Entremets. — Mises à l'eau froide et cuites, elles se préparent comme les haricots blancs.

Purée de lentilles. — Entremets. — Comme celle aux pois secs, excepté qu'il faut y verser plus de mouillement, parce qu'elle doit bouillir plus longtemps pour qu'elle rougisse.

Lentilles à la maître d'hôtel. — Entremets. — Vos lentilles cuites, vous les égouttez et les mettez dans une casserole, avec un morceau de beurre, du persil haché, du sel et du poivre; vous sautez le tout ensemble : servez vos lentilles bien chaudes.

Lentilles à l'Espagnole. — *Entremets.* — Faites réduire quelques cuillerées d'espagnole bien corsée, et lorsqu'elle est bien réduite, vanez-y un morceau de beurre, du persil haché et blanchi, et un jus de citron; liez vos lentilles cuites dans l'eau bouillante avec cette sauce.

Pommes de terre à la maître d'hôtel. — *Entremets.* — Prenez des pommes de terre dites vitelottes, faites-les cuire, épluchez-les, coupez-les en tranches; faites tiédir du beurre assaisonné de fines herbes, sel et gros poivre, et d'un peu de jus de citron; versez sur les pommes de terre, ou sautez-les un instant dans la casserole avec l'assaisonnement.

Pommes de terre au blanc. — *Entremets.* — Coupez les pommes de terre cuites en tranches; faites fondre dans une casserole un bon morceau de beurre manié de farine : ajoutez de la crème ou du lait, du persil et de la ciboule hachés, sel, poivre et muscade râpée; faites bouillir la sauce, et mettez-y vos pommes de terre. Au moment de servir, ajoutez une liaison de jaunes d'œufs.

Pommes de terre frites au beurre. — *Entremets.* — Crues, coupez-les en tranches minces; mettez-les avec du beurre dans une casserole ou une poêle, sur un feu vif; retournez-les en les sautant jusqu'à ce qu'elles soient bien colorées; égouttez-les, et arrangez-les en buisson sur un plat, en les saupoudrant de sel fin.

Pommes de terre sautées au beurre. — *Entremets.* — Cuites à l'eau, coupez-les par quartiers, mettez dans une casserole un morceau de beurre frais dans lequel vous sautez de temps en temps les pommes de terre; faites cuire pendant une demi-heure sur un feu doux, et saupoudrez de sel en les servant.

Purée de pommes de terre. — *Entremets.* — Cuites comme ci-dessus, vous les pilez dans un vase en les délayant avec du bouillon (avec crême ou lait pour maigre); puis vous les mettez dans une casserole avec un morceau de beurre, et vous faites prendre à votre purée la consistance d'une bouillie épaisse, en la remuant continuellement pendant une demi-heure.

· *Topinambours.* — Cuits à l'eau comme les pommes de terre, coupez-les en tranches pour salade ; crus, trempez-les dans une pâte à frire. Faites-les frire de belle couleur. Saupoudrez-les de sel à mesure que vous les tirez de la friture.

Pommes de terre à la crême. — *Entremets.* — Vous mettez un bon morceau de beurre dans une casserole , plein une cuillère à bouche de farine, du sel , du gros poivre ; vous mêlerez le tout ensemble ; vous y mettrez un verre de crême ; vous placerez la sauce sur le feu , et vous la tournerez jusqu'à ce qu'elle bouille ; coupez les pommes de terre en tranches et mettez-les dans votre sauce : servez-les bien chaudes.

Carottes. — *Entremets.* — Ratissez et lavez vos carottes ; faites-les blanchir à l'eau bouillante , coupez-les en filets, passez-les au feu avec beurre, sel, poivre, persil haché, faites cuire et mouillez avec du lait ; liez de jaunes d'œufs et servez.

Au gras, mettez-les dans une casserole avec des tranches de lard, persil, ciboule, sel, poivre, mouillez avec du bouillon et du jus , faites cuire et réduire à courte sauce.

Navets au jus. — *Entremets.* — Faites-les roussir dans du beurre ; mouillez avec du bouillon et du jus ; assaisonnez ; faites-les cuire à petit feu, et servez à courte sauce.

Navets glacés. — *Entremets.* — Vous tournez une douzaine de navets en la forme que vous jugez à propos ; vous les faites blanchir, et les mettez dans une casserole avec une pinte de bon bouillon ou du consommé, gros comme un œuf de sucre, autant de beurre, et deux ou trois cuillerées de blond de veau ; faites-les bouillir jusqu'à ce qu'ils soient cuits ; quand ils le sont , vous les faites promptement réduire, et après les avoir dégraissés, vous les dressez proprement sur un plat , et y versez leur sirop dessus.

Gros oignons farcis au blond de veau. — *Entremets.* — Creusez avec un petit couteau huit gros oignons rouges, sans les défigurer ; après les avoir fait blanchir et éplucher , remplissez-les avec une farce de blanc de volaille cuite, graisse de bœuf blanchie, persil, ciboules, champignons hachés, sel, poivre, liez de jaunes d'œufs ; mettez-les dans une casserole avec des bardes de lard, un bouquet de persil, ciboules, trois clous de girofle, thym, laurier, basilic, un demi-verre de bouillon, faites cuire à très petit feu, dressez dans le plat, servez dessus une sauce de blond de veau, sel, gros poivre, jus de citron.

Oignons en matelote. — Entremets. — Faites un roux avec beurre, farine et sucre ; passez-y des oignons blancs jusqu'à ce qu'ils aient pris couleur ; mouillez avec vin blanc et bouillon, ou quelque fond de cuisson ; assaisonnez de poivre, muscade râpée et bouquet garni, peu de sel ; quand vos oignons seront cuits, retirez-les et tenez-les chaudement ; faites réduire la sauce, ajoutez-y, au moment de servir, un petit morceau de beurre ; versez la sauce sur vos oignons.

Cuits dans le bouillon, égouttés et refroidis, les oignons se mangent aussi en salade.

Purée d'oignons. — Entremets. — Mettez-les dans la casserole avec du beurre frais ; faites aller doucement pour que la purée se conserve blanche. Les oignons cuits, mettez du sel, une cuillerée de farine, et éclaircissez avec de bonne crème ; ajoutez du sucre gros comme une noix. Au moment de servir, passez et servez avec ce que vous voudrez.

Salsifis et scorsonères. — Entremets. — Ratissez-les à blanc ; jetez-les à mesure dans l'eau, où vous aurez mis un peu de vinaigre ; faites-les cuire à grande eau, avec sel et vinaigre ; cuits, vous les égouttez et les servez avec une sauce blanche au beurre.

Au gras, faites un roux léger ; mouillez avec du jus ou du bouillon ; faites réduire, et mettez-y vos salsifis.

Frits, il faut, après les avoir égouttés, les faire mariner avec un peu de vinaigre, sel et poivre ; trempez les dans une poêle à frire ; que votre friture soit bien chaude ; retirez-en les salsifis, aussitôt qu'ils ont une belle couleur.

Céleri au jus. — Entremets. — Parez des pieds de céleri, en ôtant les premières feuilles qui sont dures ; coupez-les d'égale longueur ; faites-les blanchir ; faites un roux léger, passez-y votre céleri ; mouillez avec du bouillon, assaisonnez de sel, poivre et muscade râpée : quand il est cuit, liez la sauce avec du jus.

Céleri frit. — Entremets. — Blanchi dans l'eau salée, égouttez, mettez-le sur un plat, saupoudrez de sucre ; faites une pâte à frire, trempez vos pieds de céleri dedans, et faites frire.

Cardes et Cardons d'Espagne. — Entremets. — Effilez, lavez et jetez dessus de l'eau bouillante pour en ôter le duvet ; mettez-les ensuite dans l'eau fraîche, citronnez-les ; faites-les cuire continuellement à l'eau bouillante dans une marmite de terre avec jus de citron, bouquet, moelle de bœuf, lard gras, oignons, thym et laurier ; lorsqu'elles sont cuites, égouttez-les, et servez avec sauce blanche ou sauce blonde avec jus.

Cardes au jus. — Entremets. — Cuites comme les précédentes, faites dans une casserole un roux de beurre et de farine ; mouillez de bouillon avec épices, et bouquet de persil. Faites bouillir et jetez vos cardes dans cette sauce que vous ferez réduire.

Cardons à moelle. — Entremets. — Parez, ficelez, et commencez de cuire dans le bouillon avec jus de citron et sel. Mettez-les ensuite dans un consommé, et laissez-les bouillir doucement jusqu'à ce qu'ils soient preque réduits en glace. Servez bouillant avec des croûtons imbibés de moelle de bœuf.

Asperges. — Entremets. — On les épluche en les râclant avec un couteau, et on les met dans l'eau bouillante ; quinze ou vingt minutes suffisent pour les cuire. Il faut bien saisir le moment pour les retirer ; si on les laisse trop longtemps, elles deviennent mollasses et filandreuses. Il faut les étaler ; si on les laissait en tas, elles se recuiraient par leur propre chaleur.

On les sert avec une sauce blanche dans une saucière à part.

Froides, on les mange à l'huile.

Pointes d'asperges en petits pois. — Entremets. — Coupez toute la partie de petites asperges en tronçons de quatre à cinq lignes ; faites blanchir à l'eau de sel ; mettez-les dans de l'eau froide pour en conserver la couleur ; égouttez-les et accommodez comme les petits pois.

Artichauts.—Entremets.—Epluchez-les en ôtant les dernières feuilles les plus petites, et en coupant au vif le dessous ; coupez aussi l'extrémité des feuilles ; mettez-les dans l'eau bouillante avec du sel ; cuits, égouttez-les ; enlevez les feuilles du milieu ; retirez le foin, et remettez les feuilles en place ; servez avec une sauce blanche ou à l'huile.

Artichauts frits. — Entremets. — Epluchés et blanchis, coupez-les en huit ou douze, selon leur grosseur ; ôtez-en le foin ; coupez les feuilles extérieures à leur jonction avec le cul ; ne laissez que les plus tendres ; trempez-les dans une pâte à frire : faites frire de belle couleur.

Artichauts à la barigoule. — Entremets. — Parez et faites-les cuire dans du bouillon jusqu'à ce qu'ils soient assez amollis pour en retirer le foin ; ôtez les feuilles du milieu et le foin, passez ensuite les artichauts, bien égouttés, dans une friture chaude, pour faire prendre couleur à l'extrémité des feuilles ; hachez et pilez des parures de lard avec champignons, persil, échalottes, sel et gros poivre, beurre, huile, le tout mêlé ensemble ; remplissez-en vos artichauts, que vous ficelerez pour qu'ils ne s'effeuillent pas, et achevez de cuire à petit feu sur une tourtière beurrée, avec un peu de bouillon et un verre de vin blanc ; vous servirez une sauce composée des mêmes ingrédients dont vous aurez farci vos artichauts.

Artichauts farcis. — Entremets- — **A** demi-cuits dans l'eau, vous les farcissez de viande, persil et ciboules hachés ; achevez de cuire, servez avec fines herbes, huile et jus de citron.

Culs d'artichauts en filets frits. —Entremets. — Mettez blanchir trois culs d'artichauts pour en ôter le foin, faites-les cuire avec du bouillon, un morceau de beurre manié de farine, du verjus en grains, du sel ; la cuisson faite et refroidie ; coupez-les en filets pour les tremper dans une pâte faite avec du vin, farine, un peu d'huile et du sel ; faites frire, servez garnis de persil frit.

Artichauts au four. — Entremets. — Appropriez trois ou quatre artichauts ; faites-les cuire un bon quart d'heure dans l'eau, ôtez-en le foin, mettez-les dans une casserole avec de l'huile, persil, ciboules, échalottes, rocamboles, champignons, le tout haché, du basilic en poudre, sel, gros poivre, un demi-verre de bouillon ; faites cuire à très petit feu jusqu'à ce qu'ils commencent à rissoler dans le fond, mettez-les après sur une tourtière avec l'huile de leur cuisson, faites-les rissoler dans le four ou sous un couvercle de tourtière ; quand les feuilles seront rissolées sans êtres noires, servez avec un jus de citron.

Artichauts à la poulette au verjus en grains. —Entre-mets. — Mettez dans une casserole un morceau de beurre, un bouquet de persil, ciboules, deux clous de girofle, une gousse d'ail, des filets de racines, quelques champignons ; passez sur le feu, mettez-y une pincée de farine, mouillez avec du bouillon, sel, poivre ; faites cuire à petit feu et rédnire à courte sauce, passez au tamis, mettez dedans une liaison de trois jaunes d'œufs délayés avec du verjus, faites lier sur le feu. Vous avez du verjus en grains, ôtez-en les pepins, faites blanchir à l'eau bouillante, mettez-le dans la sauce, servez sur six culs d'artichauts cuits comme ceux au cerfeuil.

Culs d'artichauts à la gelée. — Entremets. — Otez le foin de six culs d'artichauts après les avoir fait blanchir un quart d'heure dans l'eau, faites cuire avec du bouillon, bardes de lard, du verjus en grains, ou la moitié d'un ci-tron en tranches et du sel. Quand ils sont cuits et bien es-suyés, dressez sur le plat que vous devez servir ; mettez dessus une gelée de veau, que vous faites en mettant dans une petite marmite la moitié d'un jarret de veau, une tranche de jambon, carottes, panais, oignons, un bou-quet de persil, ciboules, deux rocamboles, des champi-gnons ; faites suer à petit feu jusqu'à ce qu'il commence à s'attacher, mouillez avec du bouillon, faites cuire et ré-duire à un bon verre, passez cette sauce sur les artichauts, mettez au frais pour faire prendre en gelée, servez.

Culs d'artichauts au persinet. — Entremets. —Faites blan-chir six culs d'artichauts, ôtez-en le foin, mettez-les dans une casserole avec un morceau de beurre, un bouquet de persil, ciboules, une gousse d'ail, deux clous de girofle, passez-les sur le feu, mettez-y une bonne pincée de farine, mouillez avec d'excellent bouillon, sel, gros poivre. Quand ils sont cuits et peu de sauce, mettez-y une bonne pincée de persil blanchi haché, un jus de citron et servez.

Artichauts à la barigoule. — Entremets. — Prenez quatre artichauts moyens et bien tendres, vous les parez et les faites blanchir légèrement, pour en ôter le foin. Mettez une livre d'huile dans une poêle, et faites frire vos artichauts du côté des feuilles, pour les fairë sécher et les rendre croquantes; ayez du persil, des champignons et des échalottes, le tout haché et assaisonné d'un bon goût. Vous les passez un instant dans un peu de beurre, pour leur faire perdre leur âcreté, et les mêlez ensuite avec un quarteron de beurre frais et autant de lard râpé; vous faites entrer cet appareil dans l'intérieur de vos artichauts et les ficelez; vous les mettez dans une casserole entre des bardes de lard, et les faites cuire doucement, feu dessus et dessous, avec quelques cuillerées de bonne huile. Servez-les avec une sauce italienne, dans laquelle vous aurez fait réduire un verre de vin blanc.

Artichauts en pâte. — *Entremets.* — Appropriez dessus et dessous des artichauts; faites-les cuire un quart d'heure dans l'eau, ôtez-en le foin, coupez chacun par moitié, achevez de cuire dans une bonne braise; mettez refroidir et tremper dans une pâte faite avec de la farine, du vin, un peu d'huile, du sel; faites frire de belle couleur, servez.

Artichauts aux oignons. — *Entremets.* — Tournez six culs d'artichauts, que vous faites blanchir un quart d'heure dans l'eau, ôtez-en le foin et les faites cuire avec du bouillon, bardes de lard, du verjus en grains, ou la moitié d'un citron en tranches et du sel; passez sur le feu des oignons coupés en dés avec un morceau de beurre jusqu'à ce qu'ils soient cuits à forfait: mettez dedans un anchois haché avec deux jaunes d'œufs délayés dans du bouillon; faites lier et mettez ce ragoût sur les culs d'artichauts; panez moitié mie de pain et parmesan, faites prendre couleur au four ou sous un couvercle de tourtière; servez sans sauce.

Artichauts à la poêle. — *Entremets.* — Appropriez dessus et dessous quatre moyens artichauts, faites-les cuire une demi-heure dans l'eau, ôtez-en le foin, mettez dans une poêle un morceau de bon beurre, persil, ciboules, échalottes, rocamboles, le tout haché, un peu de basilic en poudre; passez sur le feu, mettez-y une pincée de farine, mouillez avec un demi-verre de vin blanc, mettez les artichauts dedans pour les cuire entièrement, sel, gros poivre; la cuisson faite à très petit feu, mettez-y un peu de blond de veau avec un jus de citron.

Concombre. — Enlevez la peau et fendez-les en quatre pour en supprimer les graines; jetez-les dans l'eau bouillante avec du sel; laissez cuire, puis retirez et égouttez.

Concombre à la maître-d'hôtel. — *Entremets.* — Mettez dans une casserole du beurre manié de persil, ciboules hachées, sel et poivre; faites-y sauter vos concombres.

Concombres à la poulette. — *Entremets.* — Mettez dans une casserole du beurre manié de farine; mouillez de crême ou de bouillon; faites-y sauter vos concombres, et liez la sauce avec jaunes d'œufs et filet de vinaigre.

Concombres farcis. — *Entremets.* — Il faut les peler et les vider avec une cuillère à café; vous les remplissez d'une farce de viande ou de poisson; fermez l'ouverture avec un morceau de carotte taillé en bouchon, et faites cuire dans une casserole avec bardes de lard et bouquet garni, que vous mouillerez de bon bouillon. Vous servirez vos concombres sous une sauce tomate ou toute autre sauce, en ayant soin de retirer les bouchons de carotte.

Aubergines à la Languedocienne. — Fendez-les en deux dans le sens de leur longueur; ôtez les graines, et ciselez la chair avec la pointe d'un couteau en long et en large, de manière à former des carrés ou losanges; saupoudrez-les de sel fin, de gros poivre et muscade râpée; mettez-les sur le gril à feu doux, et arrosez-les d'huile.

On les sert aussi farcies.

Tomates. — Elles servent à faire la sauce qui porte leur nom.

Épinards. — *Entremets.* — Bien épluché, ce légume, cuit dans l'eau avec du sel et haché, s'assaisonne au gras avec du bouillon et du beurre; au maigre, avec lait, beurre et sucre. On le sert avec des croûtons frits.

Épinards à l'anglaise. — *Entremets.* — Faites blanchir de jeunes épinards; faites bouillir de l'eau dans un chaudron, dans lequel vous jetterez une poignée de sel; après avoir bien lavé vos épinards, vous les mettez dans la chaudière; quand ils se mêleront avec l'eau, vous tâterez avec les doigts s'ils fléchissent; alors vous les rafraîchirez; ensuite vous les hacherez et les mettrez dans une casserole avec du sel et du poivre: vous les remuerez sur le feu. Lorsque vos épinards sont bien chauds, vous y mettez un bon morceau de beurre; vous le mêlerez avec les épinards, sans les poser sur le feu, pour empêcher que le beurre ne tourne en huile: dressez-les sur votre plat, avec des croûtes autour.

Chicorée blanche. — Entremets. — Elle se mange en salade et sert à garnir des ragoûts : dans ce dernier cas, on la fait cuire dans l'eau bouillante ; quand elle est bien égouttée et hachée, on l'assaisonne avec beurre, bouillon ou jus, et on la sert sous toutes sortes de viandes de boucherie rôties.

Chicorée sauvage. — Entremets. — On ne la mange qu'en salade.

Laitue. — Entremets. — Liez-la et faites cuire à l'eau bouillante avec sel ; lorsqu'elle est cuite, pressez-la pour l'égoutter. Mettez dans une casserole beurre frais et farine ; délayez et ajoutez la laitue, de la muscade, sel, filet de vinaigre, laissez bouillir dix minutes.

Au jus, mettez dans la casserole graisse, jus et farine.

Herbes cuites. Moyen de les faire et de les conserver. — Cueillez, dans le mois de novembre, la quantité que vous voudrez d'oseille, de poirée, de laitue, de pourpier : épluchez-les ; faites d'abord bien bouillir l'oseille dans un peu d'eau, et remuez, de peur qu'elle ne brûle. Lorsqu'elle est presque cuite, jetez dans le même vaisseau vos autres herbes ; faites-les bien bouillir, et remuez-les : ensuite mettez-y du beurre et du sel en quantité raisonnable. Remettez-les bouillir de nouveau, puis ôtez-les du feu. Lorsqu'elles seront froides, enfermez-les dans des pots de grès. Jetez par-dessus un bon pouce de beurre fondu, et serrez vos pots dans un lieu sec et frais. Lorsque vous voudrez en manger, faites un trou rond à la couche du beurre, pour pouvoir en tirer la quantité que vous voudrez, et recouvrez le trou avec le même morceau de beurre : par ce moyen, les herbes conserveront toute leur bonté jusqu'au temps des nouvelles.

Betteraves. — Entremets. — Cuites dans l'eau ou au four, elles se mangent en salade et en fricassée. Pour les fricasser, mettez-les dans une casserole avec beurre, persil, ciboules, un peu d'ail, pincée de farine, vinaigre, sel, poivre ; faites-les bouillir un quart d'heure. On les sert encore à la sauce blanche.

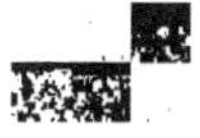

Coupées en tranches, on en décore les salades.

Potiron et citrouille. — Entremets. — Coupez par morceaux que vous jetez dans l'eau bouillante avec sel ; faites cuire en purée, mettez dans la casserole beurre, crême ; ajoutez la purée de potiron, poivre, sel, farine ; faites mijoter un quart d'heure ; liez de jaunes d'œufs et servez.

Farce d'oseille. — *Entremets.* — Epluchez oseille, poirée, laitue, belle-dame, cerfeuil ; faites cuire à l'eau bouillante ; retirez et mettez à l'eau froide ; hachez. Mettez un morceau de beurre dans une casserole, et ensuite votre farce, avec farine, sel et poivre ; mouillez avec du lait, et faites mijoter une demi-heure ; liez de jaunes d'œufs, et servez sur votre farce des œufs durs coupés en quatre.

Oseille au gras. — *Entremets.* — Cuite comme ci-dessus, ajoutez du beurre ; tournez jusqu'à ce que le beurre commence à frémir ; mouillez avec du jus, un fond de cuisson ou du bouillon ; faites réduire,

Chou farci. — *Entrée.* — Faites-le blanchir à l'eau bouillante, mettez-le dans l'eau froide, ensuite pressez-le avec les mains pour bien l'égoutter ; enlevez avec un couteau tout le trognon ; écartez les feuilles sans les casser, et remplissez le chou avec une farce composée de restes de viandes, de lard ou chair à saucisse mêlée avec marrons rôtis hachés ; couvrez l'ouverture ; ficelez pour qu'il ne se déforme pas ; posez votre chou, l'ouverture en haut, dans une casserole, sur des bardes de lard ; couvrez-le ainsi par-dessus ; ajoutez carottes, oignons, clous de girofle, bouquet garni, gros poivre et muscade râpée ; mouillez avec du bouillon. Faites cuire à petit feu et réduire la sauce, que vous passerez au tamis avant de servir.

Chou au lard. — *Entrée.* — Coupé par quartier, faites-le blanchir, mettez-le dans une casserole sur des bardes de lard, avec petit-salé ; mouillez avec bouillon ; assaisonnez avec gros poivre, muscade râpée, bouquet de persil et ciboules ; faites bouillir et ensuite cuire à petit feu ; dressez le chou sur un plat, le morceau de petit-salé par-dessus ; réduisez la cuisson ; liez-la avec beurre manié de farine, et versez sur le chou que vous avez tenu chaudement.

Choux à la crême. — *Entrée.* — Cuits à l'eau bouillante avec une poignée de sel, passez-les à la casserole avec beurre, sel, poivre, muscade, et mouillez avec de la crême.

Choux de Bruxelles. — *Entremets.* — Cuits dans l'eau

avec du sel, on les fait sauter à la casserole avec du beurre et un jus de citron.

Choux-fleurs. — *Entrée.* — Jetez-les dans l'eau bouillante, et faites égoutter après cuisson. Servez sur une sauce blanche, blonde au jus ou en salade.

Choux-fleurs au fromage. — *Entrée.* — Préparez une sauce blanche, dans laquelle vous râperez du fromage de Gruyère et de Parmesan ; versez cette sauce sur vos choux, saupoudrez des deux fromages, puis étendez dessus avec un pinceau une couche de beurre fondu ; répandez sur le tout de la mie de pain, et mettez prendre couleur sous un four de campagne.

Chou-croûte. Manière de la préparer. — La préparation de la chou-croûte est très commune dans les pays du Nord, ainsi que dans les départements du Haut et du Bas-Rhin ; elle est connue sous le nom de *Sauerkrolt.* On s'y prend de la manière suivante : on coupe les choux en tranches très minces, et on les met dans un tonneau propre, en répandant sur chaque couche du sel à la quantité d'une livre et demie pour vingt-cinq choux entiers. On presse bien le tout, et après avoir rempli le tonneau, on le couvre avec un linge et quelques planches, sur lesquelles on met des poids considérables, pour que la fermentation ne puisse les soulever. Ces choux laissent couler une grande quantité d'eau au-dessus, entre les bords du tonneau et les planches. On y ajoute un peu d'eau tiède, avec du sel et du poivre en grains, quand ils paraissent se sécher. Pour conserver la chou croûte plus aisément, on peut, surtout si l'on en fait peu d'usage, la tirer des tonneaux, et la mettre dans des pots de grès qu'on conserve avec soin et qu'on place à la cave ou dans un lieu frais.

La chou-croûte est une des substances les plus propres à prévenir le scorbut ; elle est en outre très nourrissante. Il est très utile d'en approvisionner les vaisseaux, pour préserver les marins du scorbut, et de leur en distribuer fréquemment, surtout dans les voyages de long cours.

Champignons. — Ceux qu'on mange le plus ordinairement sont le champignon de couche et la morille. La prudence veut qu'avant de préparer pour la table les champignons qui paraissent même de la meilleure qualité, on les fasse tremper quelques minutes dans un mélange d'eau et de vinaigre.

Champignons en caisse. — *Entremets.* — Faites une caisse de papier que vous beurrez; mettez dedans vos champignons coupés par morceaux avec beurre, persil, ciboule, échalottes hachées, sel, poivre; mettez-les sur le gril et faites cuire à feu doux; servez dans la caisse.

Champignons sur le gril. — *Hors-d'œuvre.* — Il faut les choisir gros : on en ôte la tige; on les place sur le gril, leur creux en dessus, que l'on remplit de beurre, sel, poivre et fines herbes, au moment de servir, comme on fait pour des rognons à la brochette.

Champignons en fricassée de poulet. — *Entremets.* — Faites-les blanchir; remettez-les à l'eau froide et les essuyez, mettez-les dans une casserole avec beurre; faites revenir, ajoutez farine, sel et poivre, bouquet de persil; mouillez avec du bouillon, faites une liaison de jaunes d'œufs avec une demi-cuillerée de vinaigre, au moment de servir.

Croûte aux champignons. — Epluchez des champignons; fendez en quatre les plus gros; mettez-les dans une casserole avec beurre, bouquet de persil et ciboules, passez le tout au feu; ajoutez un morceau de beurre manié de farine, et mouillez avec du bouillon; assaisonnez de poivre et muscade râpée; faites bouillir et ensuite cuire à petit feu; au moment de servir, retirez le bouquet, et mettez une liaison de jaunes d'œufs délayés avec de la crème; mettez dans le milieu de votre plat la croûte grillée et beurrée d'un pain chapelé, dont vous aurez ôté la mie, et versez votre ragoût de champignons sur cette croûte.

Champignons à la bourgeoise. — *Entremets.* — Foncez une casserole d'une douzaine de petites tranches de petit lard, faites-les suer un quart d'heure sur un très petit feu, vous y mettez après des champignons coupés en deux avec persil, ciboules, échalottes hachées, du gros poivre; mettez-y une pincée de farine, mouillez avec un peu de vin blanc et du bouillon, faites cuire à petit feu et réduire à courte sauce, servez avec des croûtons de pain passés au beurre, sautez un moment dans le ragoût, et un filet de vinaigre blanc.

Champignons aux croûtons en salade. — Entremets. —
Prenez des champignons bien blancs, mettez-les dans une
casserole avec persil, ciboules, échalottes hachées, un peu
d'huile, peu de sel, gros poivre, passez sur le feu, mouillez
avec un demi-verre de vin blanc, un peu de bouillon, faites
cuire à petit feu. Quand ils sont cuits et qu'il n'y a plus que
l'huile pour sauce, dressez dans le plat que vous devez servir, mettez autour des croûtons ronds passés à l'huile, et
sur les champignons des filets d'anchois dessalés, que vous
dressez proprement ; mettez-y du jus de citron ou du vinaigre blanc, servez froid.

Champignons au vin de Champagne. — Entremets. —
Mettez dans une casserole des champignons bien blancs
avec un morceau de beurre, persil, ciboules, échalotes hachées, passez sur le feu, mettez-y une pincée de farine,
mouillez avec un verre de vin de champagne, du bon
bouillon, sel, gros poivre, faites cuire à très petit feu, et
réduire à peu de sauce ; mettez-y des croûtons de pain
passés au beurre, que vous faites sauter un moment dans
la casserole ; servez tout de suite et chaudement.

Manière d'apprêter les Truffes. — On mange les truffes
cuites au vin de champagne, en potages et ragoûts gras
et maigres, en pâtés, en tourtes. On en farcit la volaille et
on en fait des crêmes ; mais le grand amateur de truffes
les préfère cuites sous la cendre et sans apprêt. Plus les
truffes sont mûres, plus elles ont de parfum, et plus elles
sont agréables au goût.

En Piémont, on les mange crues, en salade, et sur la po-
lante avec la bécassine ; car cet oiseau, sans la sauce aux
truffes, ne vaut presque rien chez nous. Elles se vendent
quelquefois huit à dix francs la livre.

L'huile, ou tout autre corps gras ou huileux, est si convenable à la truffe, dont la chair est naturellement sèche,
que, si elle en manque, elle n'a plus de saveur ; les huileux
la rendent non-seulement bonne à manger, mais plus aisée
à digérer. Après l'huile, le vin est l'ingrédient ou le véhi-
cule qui lui convient le mieux ; et lorsque ces deux substances sont mariées ensemble, alors l'assaisonnement est parfait. Ainsi, pour faire un bon ragoût de truffes, après les
avoir lavées et bien brossées, pour enlever toute la terre,
on les fait tremper dans l'eau, ou, ce qui est mieux, dans

l'huile ; on les coupe ensuite par tranches , et on les met sur le plat avec de l'huile ou du beurre, un peu de vin, du sel et du gros poivre. Il y en a qui ajoutent des anchois et de petits oignons. C'est l'affaire d'une demi-heure de cuisson. On fait une liaison avec des jaunes d'œufs.

Truffes à la minute. — Entremets. — Pelez des truffes que vous coupez par tranches, mettez-les dans le plat que vous devez servir avec persil, ciboules, échalotes hachées, sel, gros poivre, un peu d'huile ; couvrez le plat et le mettez sur le feu, faites cuire d'un côté, retournez de l'autre, servez avec un jus de citron. Il ne faut qu'un moment pour la cuisson. Si vous voulez les servir avec une sauce, vous égoutterez l'huile et mettrez en servant une sauce légère et bien finie.

Truffes au four. — Entremets. — Nettoyez six grosses truffes, prenez six gobelets à timbales, que vous foncez de pâte brisée, mettez une truffe dans chaque gobelet avec du sel, enveloppez de bardes de lard, couvrez le gobelet avec un autre morceau de pâte, en soudant le bords avec de l'eau, mettez-les cuire au four pendant une bonne heure. Vous les servirez dans leur pâte sans sauce.

Truffes à la Maréchale. — Entremets. — Prenez de belles truffes bien lavées et frottées avec une brosse ; mettez chacune, assaisonnée de sel, gros poivre, enveloppée de plusieurs morceaux de papier, dans une petite marmite, sans aucun mouillement, cuire dans la cendre chaude pendant une bonne heure, et les servez chaudes dans leur naturel.

Émincé de truffes. — Entremets. — Coupez les truffes en tranches minces, passez-les au beurre ; ajoutez des échalotes et du persil haché, sel et gros poivre ; mouillez avec un verre de bon vin blanc et deux cuillerées de jus : au moment de servir, mettez une cuillerée d'huile ou un petit morceau de beurre.

Truffes au vin. — Entremets. — Cuites dans de bon vin blanc avec bouquet garni et épices, servez dans une serviette.

Marrons. — On en fait de la purée.

On les sert rôtis, enveloppés dans une serviette.

On les fait entrer dans des farces, où on les emploie en garniture.

On mange les morilles fraîches, cuites sur le gril ou sur un plat, sous un four de campagne, assaisonnées avec des fines herbes, du sel et du poivre.

On les met dans une grande quantité de ragoûts auxquels elles communiquent leur saveur agréable. On les dessèche en les enfilant avec du gros fil, et en les suspendant dans une chambre où il ne se forme pas de poussière. Elles peuvent se conserver plusieurs années sans perdre sensiblement de leur bonté; mais il faut, lorsqu'on veut s'en servir, les laisser tremper quelques minutes dans l'eau tiède, si on ne veut les manger coriaces.

Manière d'apprêter les morilles. — On en distingue deux variétés principales : la morille blanche et la morille grise; la première, dont la couleur tire un peu sur le pâle, est la plus commune, et celle que l'on préfère pour l'usage.

Indépendamment de l'usage où l'on est de faire entrer les morilles dans plusieurs ragoûts, on en fait des plats qui sont très estimés. Pour les apprêter, on commence, après les avoir bien lavées, par leur ôter toute la terre qu'elles sont sujettes à contenir dans leurs cavités ou aréoles; ensuite on les égoutte bien en les essuyant, et on les met dans une casserole sur le feu, avec du beurre, du gros poivre, du sel, du persil, et, si l'on veut, un morceau de jambon. Il faut environ une heure de cuisson : comme elles ne rendent pas beaucoup d'eau, on est obligé de les humecter souvent, et, pour cela, on préfère le bouillon. Lorsqu'elles sont cuites, on ajoute des jaunes d'œufs pour faire la liaison, en les ôtant du feu. Il y en a qui mettent un peu de crème. On les sert seules ou sur une croûte de pain rissolée, ou imbibée de beurre.

Cette manière de les apprêter est la plus ordinaire et la meilleure. Il y en a d'autres, par exemple :

Morilles à l'italienne. — Après les avoir bien lavées et laissées égoutter, on les coupe en deux ou trois, si elles sont trop grosses ; on les met dans une casserole sur le feu, avec du persil, de la ciboule, du cerfeuil, de la pimprenelle, de l'estragon et de la civette ; un peu de sel et un demi-verre d'huile. On les passe quelque temps, jusqu'à ce qu'elles aient rendu leur eau. On donne encore un tour. On met quelques pincées de farine. on les mouille avec du bouillon; on ajoute un demi-verre de vin de champagne ; et, après les avoir laissées un peu mijoter, on les sert avec du jus de citron et des croûtes de pain.

Morilles farcies. — On préfère, pour farcir, les morilles fraîches et blondes; on les ouvre au bout de la tige, et, après les avoir bien lavées, battues et essuyées, on les farcit d'une farce fine, et on les fait cuire entre des bardes de lard. On les sert dans une sauce semblable à celle des morilles à l'italienne.

Les cuisiniers, à Vienne, en Autriche, ont la coutume de farcir les morilles avec de la chapelure de pain, de la viande de volailles, de sardines, d'écrevisses et d'autres assaisonnements.

Morilles grillées. —Mettez dans une casserole, sur un très petit feu, des morilles bien lavées et égouttées; faites-les suer jusqu'à ce qu'il n'y ait plus d'eau; après, mettez-y du persil, ciboules échalotes hachées, sel, gros poivre, un bon morceau de beurre; faites chauffer et embrochez dans des hatelets ou petites brochettes, panez de mie de pain, faites griller à petit feu, en les arrosant de temps en temps avec le restant de la marinade. Quand elles sont de belle couleur, servez à sec ou avec une petite sauce légère.

Du céleri. — Quand il est bien blanc et bien tendre, il se mange en salade avec une remoulade de sel, poivre, huile, vinaigre et moutarde; on en met aussi dans le pot un pied ou deux pour donner du goût au bouillon; il se sert aussi en ragoût avec de la viande : à cet effet on le fait cuire une demi-heure dans l'eau bouillante, on le retire dans l'eau fraîche, on le passe bien, et on achève sa cuisson avec du bouillon et du coulis; on l'assaisonne de bon goût, et on a soin de le dégraisser; après quoi, on le sert sous une viande à son choix.

Chou rouge mariné. —On coupe le chou par tranches et en travers; on le met sur un plat de terre, et on le saupoudre avec une poignée de sel; on le couvre d'un autre plat, et on le laisse vingt-quatre heures en cet état; ensuite on le fait égoutter sur une passoire, on le met dans un pot de grès, on verse assez de vinaigre blanc pour couvrir le chou. On met dans le vinaigre quelques clous de girofle, un peu de macis, des quatre épices, et cinq à six grains de cochenille bien pilés; on le fait bouillir, et on le verse chaud sur le chou. On le laisse refroidir, et on couvre le pot avec un parchemin.

Choux-fleurs marinés. — On choisit les choux-fleurs les plus gros et les plus touffus ; on les coupe en bouquets, on les met dans un plat de terre, on les saupoudre de sel, on les laisse vingt-quatre heures en cet état, afin d'en extraire toute l'humidité ; on les met ensuite dans un pot de grès, on verse par-dessus du sel et de l'eau bouillante, on couvre bien le pot. Le lendemain on les retire, et on les laisse égoutter sur un gros linge. On les met dans des bocaux avec une muscade coupée par tranches, et une pincée de macis. On verse dans chaque bocal une quantité de vinaigre suffisante pour les couvrir. On bouche bien les bocaux, afin que l'air n'y pénètre pas. Au bout d'un mois, les choux-fleurs sont bons à manger.

Macaroni. — Faites cuire une livre de macaroni avec du bouillon et du beurre manié de fécule de pomme de terre, sel, poivre et muscade râpée : il ne faut pas le faire trop cuire, il suffit qu'il cède facilement sous le doigt, retirez-le pour le faire égoutter : mettez-le ensuite dans une casserole avec un quarteron de beurre, demi-livre de fromage râpé, poivre et muscade, faites sauter le tout ensemble, ajoutez un peu de crême, servez lorsque le fromage est bien fondu et commence à filer.

Si vous le voulez au gratin, après l'avoir préparé comme ci-dessus, et dressé dans un plat, panez-le de mie de pain mêlée avec autant de fromage : arrosez de beurre tiède, et faites prendre couleur sous le four de campagne ou avec une pelle rouge.

DES OEUFS.

Comme les aliments communiquent leur saveur aux œufs des oiseaux, il faut prendre de grandes précautions pour éviter que des animaux ne prennent une nourriture qui puisse en altérer la bonté. On a observé, par exemple, que, dans la saison des hannetons, les œufs étaient très désagréables à manger ; que leur jaune avait une couleur terne ; que les bourgeons de sapin leur communiquaient une odeur de térébenthine, et que l'orge les rendaient extrêmement délicats.

Pour reconnaître si les œufs sont frais, il faut les présenter à la lumière d'une chandelle ; si les humeurs qu'ils contiennent sont claires, fluides et transparentes, ils sont frais ; si le contraire a lieu, ils sont anciens.

Un autre moyen consiste à approcher du feu l'œuf qu'on veut éprouver ; s'il se recouvre d'une légère humidité, il est frais.

Un œuf ancien est, en général, rougeâtre, et fait entendre un certain bruit lorsqu'on le secoue. On vend souvent des œufs conservés dans l'eau pour des œufs frais, et, dans ce cas, ils sont aussi pleins que les autres, mais leur saveur est altérée pour les palais délicats.

Les œufs sont, en général, un aliment sain ; mais leurs qualités médicinales dépendent beaucoup de leur préparation. Rien de plus salutaire qu'un œuf frais ; rien de plus indigeste qu'un œuf dur. On doit dire cependant des œufs, que, excepté durcis, ils conviennent en général à tous les tempéraments, et que la plupart des estomacs s'en accommodent assez bien.

Les œufs joignent à toutes leurs autres propriétés celle d'être accommodés en très peu de temps, et d'offrir une ressource instantanée, dont les avantages sont inappréciables.

OEufs à la coque. — Hors-d'œuvre. — Mettez-les dans l'eau bouillante ; retirez le vase et couvrez-le ; quatre à cinq minutes suffisent.

OEufs brouillés. — Entremets. — Faites tiédir du beurre dans la casserole ; mettez-y vos œufs battus avec sel et poivre ; remuez continuellement ; ajoutez cuillerée de bouillon, de crème ou de jus.

OEufs brouillés aux pointes d'asperges, aux tomates, aux truffes, etc. — Entremets. — Vous les faites comme les précédents, et ajoutez, auparavant de les faire bouillir, les pointes d'asperges cuites, etc. ; il faut que tout ce qui est mélangé avec les œufs soit préparé, comme si on allait le manger : n'importe cependant que cela soit froid ou chaud.

OEufs au miroir. — Entremets. — Vous prenez un plat qui aille au feu ; vous mettez dans le fond un peu de beurre étendu partout ; cassez vos œufs et mettez-les dessus ; assaisonnez-les de sel, poivre et deux cuillerées de lait ; faites-les cuire à petit feu sur un fourneau ; passez la pelle rouge dessus et servez.

OEufs pochés au jus. — *Entremets.* — Vous mettrez de l'eau aux trois quarts d'une casserole avec du sel et un peu de vinaigre ; vous la placerez sur le bord du fourneau ; en cassant l'œuf, prenez garde d'endommager le jaune ; versez doucement l'œuf dans l'eau ; mettez-en cinq ; laissez-les prendre ; tenez toujours l'eau bouillante ; retirez-les de l'eau avec une cuillère percée : s'ils ont un peu de consistance, vous les mettrez à l'eau froide. On se sert toujours d'œufs frais pour pocher.

Pour un entremets, pochez-en douze ou quinze ; vous les changerez d'eau ; un instant avant de servir, vous les ferez chauffer ; égouttez-les sur un linge blanc, et dressez-les sur un plat, vous mettrez un peu de mignonnette, de poivre, sur chaque œuf, et du jus dessous.

OEufs pochés à la chapelure. — Faites dessécher sur le feu une poignée de mie de pain avec un demi-setier de lait ; après qu'elle est froide, mettez-la dans un mortier avec persil, ciboules, échalottes hachées très fines, sel, gros poivre, un morceau de beurre ; pilez le tout ensemble, liez avec quatre jaunes d'œufs ; mettez cette farce dans le fond du plat que vous devez servir et sur la farce sept œufs entiers avec leurs coquilles, seulement pour donner la forme ; mettez le plat sur un petit fourneau pour faire cuire la farce, ôtez après les œufs qui vous serviront pour faire durcir autre chose, mettez à la place sept œufs frais pochés avec une petite sauce légère dessus, un jus de citron ; en servant poudrez de chapelure de pain.

OEufs à la tripe. — *Entremets.* — Faites roussir beurre et farine, ajoutez oignons coupés en petits carrés ; faites-les cuire dans ce roux, et mouillez avec du bouillon. Quand l'oignon est cuit, vous y mettez des œufs durs coupés en tranches ; faites-leur faire un bouillon ; mettez un filet de vinaigre, sel et poivre, servez à courte sauce.

OEufs frits. — *Entremets.* — Faites trois omelettes fort minces, de trois œufs chacune ; assaisonnez-les de persil, ciboule, sel, gros poivre ; à mesure que vous les faites, vous les étendez sur un couvercle à casserole, et les roulez bien serrées ; coupez chaque omelette en deux, pour en faire six morceaux des trois ; ensuite vous les trempez dans un œuf battu et les panez de mie de pain ; faites-les frire de belle couleur. Servez garni de persil.

OEufs en salade. — Entremets. — Effeuillez de la laitue, que vous mettez dans le fond d'un plat ; arrangez dessus, en symétrie, des œufs durs coupés en deux, et autour, de la fourniture de salade ; assaisonnez d'huile, vinaigre, sel, poivre.

OEufs à l'étuvée. — Entremets. — Faites cuire un quart d'heure dans de l'eau des petits oignons blancs, vous faites un petit roux de beurre et de farine, passez les oignons dedans, mouillez avec un demi-setier de vin, du bouillon, mettez-y des œufs de carpes, faites cuire ; la cuisson faite, mettez-y des câpres fines entières, un anchois haché, sel, gros poivre ; dressez sur le plat que vous devez servir huit œufs pochés frits à la friture maigre, un à un, mettez la sauce par-dessus, le ragoût autour, garnissez de croûtons de pain frits.

OEufs à la bourgeoise. — Entremets. — Etendez du beurre de l'épaisseur d'une lame de couteau, dans le fond du plat que vous devez servir ; mettez-y partout des tranches de mie de pain coupées très minces, et aussi de petites tranches de fromage de Gruyère, ensuite huit ou dix œufs ; assaisonnez de peu de sel, muscade, gros poivre ; faites cuire à petit feu sur un fourneau.

OEufs en gratin, au parmesan. — Entremets. — Mettez dans le fond du plat que vous devez servir, gros comme la moitié d'un œuf de mie de pain, avec un peu de fromage de Parmesan râpé, un morceau de beurre, deux jaunes d'œufs crus, un peu de muscade et de gros poivre ; mêlez le tout ensemble et l'étendez dans le fond du plat ; faites-le attacher sur un petit feu, et ensuite vous y casserez dix œufs ; poudrez tout le dessus des œufs avec du parmesan râpé ; faites cuire et passez la pelle rouge dessus. Servez ; que les jaunes soient à demi-mollets.

OEufs en timbales. — Entremets. — Faites fondre un peu de beurre pour beurrer en dedans six gobelets ou timbales de cuivre ; vous prenez six œufs, blancs et jaunes, que vous délayez avec trois ou quatre cuillerées de coulis ; assaisonnez de sel, poivre ; passez-les dans une étamine, et mettez dans les gobelets (il ne faut pas les remplir) ; mettez-les cuire au bain-marie, que l'eau bouille doucement; quand ils sont fermes, il faut passer légèrement autour un couteau, pour les détacher du gobelet et les renverser dans le plat. Servez avec un jus clair.

OEufs aux fines herbes. — Entremets. — Mettez dans une casserole persil, ciboules, rocamboles, échalottes, le tout haché, sel, gros poivre, muscade, un demi-verre de vin blanc, un morceau de beurre manié de farine; faites bouillir sur le feu un demi-quart d'heure; la sauce étant liée comme il faut, dressez sur le plat huit œufs frais pochés, mettez la sauce dessus, poudrez après avec de la chapelure de pain bien fine; servez chaudement.

OEufs à la moutarde. — Entremets. — Coupez en filets trois ou quatre oignons que vous mettez dans une casserole avec un morceau de beurre, passez-les sur le feu, mettez-y une pincée de farine, mouillez avec un demi-setier de vin rouge, du bouillon, sel, gros poivre; faites cuire et réduire la sauce un peu courte; prenez huit œufs durs, coupez les blancs en filets, laissez les jaunes entiers, mettez les œufs dans la sauce pour leur faire prendre du goût; en servant, mettez y un filet de vinaigre et de la moutarde.

OEufs au fromage. — Entremets. — Mettez dans le plat que vous devez servir trois ou quatre cuillerées de crême réduite, et cassez-y dix œufs: prenez garde que le jaune crève; saupoudrez-les de fromage de Parmesan râpé et d'une pincée de mignonnette; vous les faites cuire au four et les rendez mollets.

OEufs en filets. — Entremets — Passez sur le feu, avec un morceau de beurre, de l'oignon, des champignons coupés en filets, avec une petite pointe d'ail; quand l'oignon commence à se colorer, mettez-y une bonne pincée de farine; mouillez avec du consommé et un verre de vin blanc, sel, gros poivre; faites bouillir une demi-heure, et réduire au point d'une sauce; ensuite vous y mettez des œufs durs, les blancs coupés en filets et les jaunes entiers: faites bouillir un moment et servez.

OEufs à la crême. — Entremets. — Mettez dans le plat que vous devez servir un demi-setier de crême; faites bouillir et réduire à moitié; mettez-y huit œufs, sel, gros poivre; faites-les cuire, passez la pelle rouge par-dessus: servez à demi-mollets.

OEufs à la neige. — Entremets. — Faites bouillir dans

une casserole une chopine de lait, deux cuillerées de fleur
d'orange, un demi-quarteron de sucre en poudre ; jetez-y
les blancs d'œufs bien fouettés, en les retournant avec une
écumoire, pour qu'ils cuisent de tous côtés ; dressez-les sur
le plat hors du feu ; vous ferez lier le lait sur le feu avec les
jaunes d'œufs délayés, et vous verserez sur les œufs la
neige ; on sert froid.

OEufs à la royale. — Entremets. — Mettez dans une casserole gros comme la moitié d'un œuf, de la moelle de bœuf
que vous faites fondre, passez-la au tamis, et la mettez
dans un mortier avec six œufs durs entiers, quatre macarons, de la fleur d'orange pralinée, un peu de sucre, du
citron vert râpé, pilez le tout ensemble, et liez avec deux
jaunes d'œufs crus, retirez sur un plat-fond pour en former
de petites boulettes, que vous trempez dans une pâte à la
royale un peu claire ; vous trouverez plus loin la façon de
la faire, à la suite de la pâte à la reine ; faites-les frire à
petit feu, servez glacés avec du sucre et la pelle rouge.

OEufs à la reine. — Entremets. — Mettez dans une casserole une chopine de crême, un verre de lait avec du
sucre, du citron râpé, faites bouillir sur le feu et réduire à
un tiers, pilez dans un mortier un peu de volaille cuite à la
broche avec six amandes douces et deux amères, délayez
après avec six ou sept jaunes d'œufs et la crême, passez le
tout ensemble dans une étamine, faites-les cuire au bain-
marie dans le plat que vous devez servir. Quand ils sont
cuits, bien blancs et un peu tremblants, servez-les chauds
ou froids, comme vous le jugerez à propos.

OEufs à la prussienne. — Entremets — Mettez dans le
fond du plat que vous voulez servir une farce cuite, soit de
volailles ou de foies, celle que vous aurez en gras ou en
maigre ; mettez-en de l'épaisseur d'un écu, cassez dessus
dix œufs que vous couvrez avec du parmesan râpé, faites-
les cuire sur un fourneau à petit feu, en passant par-dessus
la pelle rouge pour les glacer. Quand ils sont cuits, les
jaunes mollets, renversez doucement la graisse, servez chaudement.

OEufs au petit lard, sauce au verjus. — Entremets. —
Prenez des bardes de petit lard bien entrelardé, que vous
faites griller à très petit feu sur le gril, coupez-les après
en petits dés, faites frire huit œufs dans du saindoux l'un

après l'autre, que le jaune en soit mollet! mettez aussi frire des mies de pain autant que d'œufs coupés de la grandeur d'un petit écu, faites chauffer dans une casserole un peu de blond de veau avec du verjus, peu de sel, gros poivre; le petit lard coupé en dés, dressez les œufs sur les croûtons, le petit lard par-dessus, arrosez avec la sauce.

DES OMELETTES.

Omelette. — *Entremets.* — On la fait au beurre ou au lard, qu'on fond auparavant dans la poêle.

Omelette à la bourgeoise. — Cassez dans une casserole la quantité d'œufs que vous voulez employer pour votre omelette; saupoudrez-les de sel fin et battez bien vos œufs. Faites fondre du beurre dans une poêle : mettez-y vos œufs et faites-les cuire; ayez soin que votre omelette soit d'une belle couleur, et la renversez dans le plat que vous devez servir.

Ceux qui aiment le persil et la ciboule en peuvent mettre dans l'omelette; mais il faut qu'ils soient bien hachés.

Les omelettes aux rognons de veau et aux pointes d'asperges se font en mêlant avec les œufs le rognon cuit émincé, et les pointes d'asperges cuites aussi et coupées en petits tronçons.

Pour les omelettes aux truffes, aux champignons, aux mousserons, etc., on prépare ces substances comme si on voulait les servir en ragoût; on les hache, et on les mêle avec leur sauce à l'omelette.

Omelette soufflée. — Séparez les blancs et les jaunes de six œufs; mêlez avec les jaunes quatre cuillerées de sucre en poudre; fouettez les blancs d'œufs jusqu'à ce qu'ils soient en neige : mêlez-les avec leurs jaunes; faites fondre un quarteron de beurre sur un feu doux; mettez-y les œufs et remuez en ramenant par dessus ce qui est au fond; quand l'omelette a bu le beurre, glissez-la en la repliant sur un plat beurré, que vous mettrez sur des cendres rouges; couvrez avec un four de campagne et bon feu dessus; il suffit d'un instant pour que l'omelette soit levée. Saupoudrez de sucre et servez sur le champ.

Omelette au fromage. — Mêlez avec vos œufs du gruyère

râpé, assaisonnez de poivre et d'un peu de sel proportionné au degré de salaison du fromage; versez le tout dans la poêle où vous avez fait fondre du beurre; faites cuire et servez chaud.

Omelette au lard ou au jambon. — Faites cuire, coupé en dés, le lard ou le jambon à la poêle avec un peu de beurre. Versez ensuite les œufs battus, épices, sans sel.

Omelette au sucre. — Battez séparément les blanc; mêlez aux jaunes quelque peu de zeste de citron ;ajoutez les jaunes aux blancs et battez bien le tout ensemble, en y joignant de la crême et un peu de sel; mettez alors votre omelette dans la poêle; faites cuire, sucrez-la dans la poêle, renversez-la sens dessus-dessous sur des assiettes, et mettez-la dans un plat; saupoudrez de sucre en poudre, et passez la pelle rouge dessus ; servez chaud.

Omelette au rhum. — Vous dressez sur un plat l'omelette sucrée ci-dessus, l'arrosez abondamment de rhum auquel vous mettez le feu au moment de servir sur une table.

Omelette à l'oseille. — Prenez de l'oseille, laitue, cerfeuil, que vous épluchez, lavez et hachez; mettez cuire avec du beurre, sel, poivre; en finissant, une liaison de trois jaunes d'œufs, avec de la crême et un peu de muscade ; faites une omelette de dix ou douze œufs, comme à l'ordinaire, et cuite de belle couleur; mettez la farce dessus avec quelques croûtons de pain passés au beurre; prenez le plat que vous devez servir, que vous mettez sur la poêle, renversez l'omelette proprement, servez.

Omelettes en paupiettes. — Mettez dans une casserole dix œufs, un peu de basilic, persil, ciboules, le tout haché, sel, gros poivre; faites-en trois petites omelettes. Quand elles sont cuites; roulez-les en paupiettes; faites-en deux de chaque omelette, trempez dans des œufs battus, panez de mie de pain, faites frire de belle couleur, servez garnies de persil frit.

Omelette glacée au riz, — Délayez dans une casserole plein une cuillère à bouche de farine de riz avec quatre jaunes d'œufs (mettez les blancs à part), un demi-setier de crême, un demi-setier de lait, de l'eau de fleurs d'orange, deux macarons écrasés, du citron vert râpé, un demi-quarteron de sucre, autant de beurre; faites cuire sur le feu et réduire aux deux tiers ; ôtez de dessus le feu, mettez huit jaunes d'œufs, fouettez-en les blancs avec les quatre qui vous sont restés; mêlez le tout ensemble, beurrez une poupetonnière ou une casserole, foncez-la partout avec du papier beurré, mettez l'omelette dedans, faites cuire au four ou sur de la cendre chaude, feu dessus et dessous; étant cuite, ôtez le papier; glacez avec du sucre et lapelle rouge, servez chaudement.

Omelette en panade. — Faites tremper un quart-d'heure dans un poisson de crême une poignée de mie de pain parsée à la passoire, avec du persil haché, muscade, sel, gros poivre; quand la mie de pain a bu toute la crême, vous y cassez une douzaine d'œufs, finissez l'omelette comme les autres.

ENTREMETS SUCRÉS.

Charlotte de pommes. — Pelez vos pommes, coupez-les par morceaux et retranchez les cœurs; faites-les réduire en marmelade dans une casserole avec du sucre et un zeste de citron; formez une pâte épaisse d'un petit doigt, dont vous garnissez tout l'intérieur d'une casserole, qu'auparavant vous aurez bien beurrée; placez dans cette pâte un lit de votre marmelade, un lit de marmelade d'abricots et ainsi alternativement, recouvrez le tout d'une galette de la même pâte, et faites cuire au four ou sous le four de campagne. Lorsque la charlotte aura pris couleur, renversez-la sur le plat que vous devez servir.

Charlotte de poires. — Pelez des poires dont vous ôterez les cœurs; coupez-les en morceaux, mettez-les dans une casserole avec un verre d'eau; faites cuire jusqu'à ce que les poires cèdent sous le doigt; pulpez-les sur un tamis de crin un peu clair en les écrasant avec une cuillère; ajoutez sucre, canelle en poudre, jus de citron; préparez et faites cuire comme ci-dessus.

Charlotte de pêches. — Pelez des pêches, et ôtez-en les noyaux; faites les fondre dans une bassine avec du sucre; quand elles sont bien fondues, retirez de la bassine une cuillerée de jus de pêche; faites-le refroidir à moitié; et délayez-y deux cuillerées de fécule de pommesde terre; faites jeter quelques bouillons, et quand la marmelade vous paraîtra bien liée et assez consistante ; versez-la dans un vase de faïence pour la faire refroidir ; faites la charlotte comme celle de pommes.

Beignets de pommes. — Pelez des pommes de reinette, coupez-les en tranches en supprimant le cœur : faites mijoter dans un peu d'eau-de-vie mêlée de sucre et d'un jus de citron ; jetez vos tranches de pommes dans une pâte à frire, puis dans la friture bouillante ; servez chaud saupoudré de sucre fin.

Les beignets de *pêches*, d'*abricots*, d'*oranges*, de *prunes*, se font de même, mais coupés par quartiers et débarrassés de leurs noyaux et pepins.

Gâteaux de riz. — Faites cuire et mouillez peu à peu avec une chopine de crême, zeste de citron, sel et sucre. Quand il sera crevé et bien épais, retirez l'écorce de citron, laissez refroidir ; ajoutez un morceau de beurre frais, fleur d'orange, œufs battus dont vous supprimerez moitié des blancs ; mêlez le tout. Enduisez un moule de beurre et de mie de pain. Versez dans votre appareil ; faites cuire sous le four de campagne.

Gâteaux d'amandes. — Prenez farine, beurre, sucre, de chacun la pesanteur de trois œufs, que vous mêlerez blanc et jaune avec trois onces d'amandes douces et un zeste de citron ; pilez le tout dans un mortier pour en faire une pâte que vous mettrez dans une tourtière enduite de beurre frais ; faites cuire à petit feu ; servez chaud ou froid, saupoudrez de sucre.

Gâteaux de pommes au riz. — Préparez du riz comme si vous vouliez faire un gâteau de riz ; employez des œufs entiers légèrement battus ; mettez deux doigts de ce riz au fond d'une casserole beurrée, et une épaisseur égale tout autour des parois, remplissez l'intérieur de marmelade de pommes, et faites cuire comme un gâteau de riz.

Croquettes de pommes de terre. — Cuites à l'eau, pilez-les dans un mortier et passez au tamis ; ajoutez-y moitié de beurre, avec sel, épices, persil haché, jaunes d'œufs ; pilez le tout ensemble ; roulez votre pâte en boulettes, panez-les et faites frire.

Croquettes de riz. — Préparez la pâte comme ci-dessus ;

pétrissez en boulettes longues, que vous farinez et faites frire.

Pets-de-nonne. — Mettez dans la casserole du beurre, un verre d'eau, de l'écorce de citron, un peu de sucre et de sel. Faites jeter un bouillon et ajoutez autant de farine que l'eau en pourra boire en remuant continuellement; lorsque la pâte est très épaisse, vous la mouillez de trois ou quatre œufs mis l'un après l'autre, et vous remuez sans cesse. Cette pâte faite, jetez-la par petites boules dans la friture à peine tiède; elles enfleront, et l'intérieur restera vide; vous acheverez de frire de belle couleur en mettant votre poêle sur un grand feu; servez saupoudré de sucre.

Crêpes. — Prenez trois cuillerées de fécule de pommes de terre ou de farine, cinq ou six jaunes d'œufs et trois œufs entiers, du sucre en quantité suffisante, une once d'eau de fleurs d'orange; mêlez bien le tout ensemble, et délayez ensuite avec du lait jusqu'à consistance de bouillie claire; mettez un peu de beurre dans une poêle, seulement ce qu'il en faut pour la beurrer partout; lorsque le beurre est fondu, et que vous l'avez fait passer sur toute la superficie de la poêle, mettez-y une cuillerée de votre pâte, étendez-la bien sur tout le fond de la poêle, en l'inclinant dans tous les sens; retournez-la pour lui faire prendre couleur; saupoudrez de sucre et servez brûlant.

Soufflé de riz. — Prenez farine de riz, faites-en une bouillie épaisse; assaisonnez de sucre, de macarons pilés; parfumez avec de la vanille ou de la fleur d'orange; ajoutez quatre ou cinq jaunes d'œufs, et les blancs fouettés en neige; mettez dans une tourtière sous le four de campagne; saupoudrez de sucre: on substitue de la fécule à la farine de riz, si l'on veut un soufflé aux pommes de terre.

CRÈMES.

Crème à la fleur d'orange. — *Entremets.* — Mettez un quarteron et demi de sucre dans une pinte de lait bouillant, retirez du feu; ajoutez huit jaunes d'œufs et deux blancs bien battus ensemble, avec trois cuillerées de fleur d'orange; faites prendre au bain-marie.

Crème à la vanille. — *Entremets.* — Faites bouillir une pinte de crème; jetez-y deux gros de vanille avec une demi-livre de sucre; laissez infuser, retirez la vanille, et finissez avec des œufs comme pour la crème au café.

Crême au café. — Entremets. — Faites bouillir votre crème, mettez dedans deux onces de café brûlé en grains, et passez à l'étamine pour en retirer le café; mettez ensuite deux blancs d'œufs et six jaunes bien battus ensemble; tenez le plat sur une casserole d'eau bouillante, jusqu'à ce que la crème soit prise; glacez alors avec du sucre et la pelle rouge. Servez froid.

Crême au chocolat. — Entremets. — Mêlez sur le feu, et remuez bien, une pinte de lait, six jaunes d'œufs et un quarteron de sucre; faites bouillir jusqu'à réduction d'un quart; ajoutez un quarteron de chocolat râpé fin; faites-lui jeter quelques bouillons. Servez froid.

Crême au thé. — Entremets. — Préparée comme ci-dessus, substituez au chocolat une tasse de forte infusion de thé.

Crême de fraises. — Entremets. — Prenez un demi-litre de crème bien fraîche; ajoutez-y six onces de sucre en poudre, une cuillerée à café de gomme arabique en poudre, et un verre de pulpe de fraise passée au tamis; fouettez bien le tout, et dressez votre crème en rocher.

On peut faire de même des crêmes de *framboises*, *d'abricots* et de *pêches*.

Crême fouettée. — Mettez dans une terrine de la crème avec quantité proportionnelle de sucre en poudre, et un peu de fleur d'orange. Fouettez le tout avec un paquet de brins d'osier sans écorce. Quand ce mélange est bien renflé, vous le laissez un moment; vous l'enlevez ensuite avec une écumoire, et le dressez en pyramide sur votre plat. Ayez soin de garnir le tour de petits filets d'écorce de citron ou d'orange verte confits, et servez.

GROSSE PATISSERIE.

PATE A DRESSER.

Prenez quatre livres de farine; faites un creux au milieu, et mettez-y une once et demie de sel, une livre et demie de beurre, douze jaunes d'œufs et le quart d'un litre d'eau peu chaude ; mêlez bien ensemble le beurre, les jaunes d'œufs, l'eau et le sel ; mêlez ensuite la farine petit à petit, et formez du tout une pâte que vous pétrirez ; si elle est trop ferme, vous pourrez y mettre un peu d'eau. Donnez deux tours de pétrissage à la pâte qui devra rester bien ferme. On doit la tenir un peu plus molle si on la destine à faire des tourtes.

Pâte brisée. — Même fabrication, mais avec moitié plus de beurre et un œuf de plus sur deux litres ; on la fait aussi un peu moins ferme : cette pâte sert pour gâteaux, timbales, etc.

Pâte feuilletée. — Mettez sur une table deux livres de farine ; faites un bassin dans le milieu, et mettez-y une once de sel, un demi-quarteron de beurre, deux blancs d'œufs et deux verres d'eau. Formez votre pâte et rassemblez-la. Après l'avoir laissée reposer une demi-heure, étendez et couvrez avec une livre de beurre, que vous manierez auparavant, s'il était trop ferme. Vous replierez les deux bords de la pâte sur le beurre. Donnez ensuite deux tours à la pâte. Pour cela, étendez-la en long avec le rouleau, jusqu'à ce qu'elle n'ait plus que l'épaisseur du doigt ; alors vous la repliez en trois, et vous lui faites faire un quart de tour pour que ce qui était à l'un de vos côtés se trouve devant vous. C'est là ce qu'on appelle un tour ; répétez cette opération et laissez reposer la pâte. Lorsque le four commence à chauffer, vous donnez encore trois tours à la pâte, et ensuite vous la découpez, selon l'usage que vous en voulez faire.

Pâté froid. — *Rôt.* — Quelle que soit la viande avec laquelle vous faites votre pâté (de la boucherie, volaille ou gibier), il faut la faire revenir dans du beurre ; il faut aussi faire une farce avec du veau, ou toute autre viande, et du lard ; mettez autant de lard que de viande pour la farce : la meilleure proportion est de trois livres de lard pour deux livres de viande. On désosse les viandes de boucherie, les dindons, les chapons, les lièvres. Le jambon doit être cuit avant d'être mis en pâté ; on laisse entiers les perdrix, les pigeons, les canards et les mauviettes.

Toutes les viandes mises en pâté, désossées ou non, doivent être piquées de part en part avec de gros lardons assaisonnés.

Lorsque vous avez préparé vos viandes, haché la farce et fait provision de bardes de lard, prenez de la pâte à dresser, faites-en une boule, et aplatissez-la sur deux feuilles de papier en rond ou en ovale, de l'épaisseur d'un doigt; tracez la forme de votre pâté, en observant que la pâte déborde de trois à quatre pouces; étendez sur la forme de votre pâté un lit de farce; arrangez vos viandes par-dessus, en les entremêlant, si elles sont de différentes espèces; remplissez les intervalles avec de la farce; mettez-en aussi entre chaque couche de viande; serrez le tout en masse compacte; continuez ainsi jusqu'à la fin, en montant carrément; unissez avec de la farce, couvrez les côtés et le dessus du pâté avec des bardes de lard. Faites une abaisse de pâte mince sur les bords et assez grande pour envelopper le pâté; mettez-la dessus et faites-lui en prendre la forme, en la comprimant avec les mains; soudez-la avec le fond que vous aurez mouillé à l'endroit de la jonction; relevez les bords de votre fond le long des parois du pâté; soudez encore ces bords avec l'enveloppe dont vous avez couvert le pâté, en mouillant l'endroit de la jonction et en pinçant la pâte; mettez, si vous voulez, un second couvercle, que vous décorerez comme vous l'entendrez; faites dans la partie supérieure une ouverture d'un demi-pouce de diamètre, où vous mettrez une carte roulée; faites cuire dans un four chaud. Il faut trois ou quatre heures de cuisson. S'il menaçait de prendre trop de couleur, couvrez-le avec une feuille de papier mouillé. Le pâté cuit, vous enlèverez la carte et boucherez l'ouverture avec un morceau de pâte.

Si vous trouvez trop de difficulté à dresser ainsi un pâté, ayez un moule de fer-blanc; vous y mettez une abaisse de grandeur suffisante, que vous repliez contre les parois du moule, en forçant la pâte à entrer dans les moulures et dessins dont il est décoré.

Tourte. — Entrée. — Etendez de la pâte brisée avec un rouleau; mettez cette abaisse sur une tourtière, posez par-dessus ce que vous destinez à la remplir: il faut que ce que vous mettez dans la tourte soit cuit aux trois quarts comme si vous vouliez en faire un ragoût; lorsque tout est bien disposé, couvrez avec une autre abaisse que vous souderez avec celle de dessous en mouillant et pinçant les bords, que vous façonnerez de votre mieux; dorez à l'eau ou à l'œuf; faites cuire au four de campagne; lorsqu'elle est cuite, ouvrez-la pour y verser une sauce ou un ragoût analogue à ce qui la remplit.

On peut faire ainsi des tourtes de godiveau, de pigeons en compotes, de perdreaux, mauviettes, cailles et bécassines, de lapin en gibelotte, etc., etc.

Petits pâtés au naturel. — Hors-d'œuvre. — Prenez du feuilletage à cinq tours ; abaissez-le d'une ligne et demie ; faites autant de morceaux que vous voulez de pâtés : prenez un pareil nombre de morceaux, mais plus minces, des débris de votre pâte ; entre deux de ces morceaux de différentes grandeurs mettez gros comme une noix de hachis de chair de veau et de graisse de bœuf ; le morceau le plus mince de la pâte sert de couvercle ; dorez-le avec du jaune d'œuf et mettez au four.

On peut varier à volonté la garniture des petits pâtés, en substituant à celle indiquée ci-dessus du godiveau, des quenelles de volaille, de poisson, des farces de toute espèce, etc.

Vol-au-vent. — Entrée. — Prenez de la pâte de feuilletage ; on la remplit de godiveau, hachis, boulettes, farce avec garniture de cervelles, champignons, truffes, ris de veau, etc. Toutes ces préparations se mettent avec épices ; on y ajoute le beurre dans lequel on les a fait revenir.

Gâteaux feuilletés. — Entremets. — Employez du feuilletage à six tours : étendez-le de l'épaisseur d'une ligne ; donnez à votre pâté découpé telle forme que vous jugerez convenable, et faites cuire au four de campagne.

Gâteaux d'amandes. — Entremets. — Pilez au mortier avec demi-livre de sucre, zeste de citron, pincée de sel, demi-quarteron de fécule de pommes de terre, quatre œufs entiers et deux jaunes, une demi-livre d'amandes douces émondées ; fouettez deux blancs d'œufs que vous mêlez avec. Quand le tout est bien pilé ensemble, beurrez un moule à gâteaux de riz, garnissez le fond d'un rond de papier et le tour; versez votre appareil dedans, et faites cuire à feu doux. Renversez au moment de servir.

—●)%(●—

PATISSERIE FINE.

Biscuit de Savoie. — Dessert. — Prenez douze œufs, poids égal de sucre, farine ou fécule de pommes de terre, moitié du poids des œufs; cassez vos œufs; mettez à part les blancs et les jaunes; battez ceux-ci avec le sucre en poudre, auquel vous ajouterez un peu de fleur d'orange pralinée, de l'écorce de citron râpée; fouettez les blancs jusqu'à ce qu'ils soient en neige, et mêlez-les avec les jaunes; ajoutez la farine que vous incorporerez avec la masse, en la battant avec la poignée d'osier; mettez votre pâte dans un moule beurré au pinceau; faites cuire au four médiocrement chaud.

Deux heures suffisent pour la cuisson.

Biscuits à la cuillère. — Dessert. — Faites la pâte comme ci-dessus, mais plus légère; mettez-y moins de farine et plus de blancs d'œufs; prenez une cuillerée de pâte, et versez-la en long sur une feuille de papier saupoudrée de sucre: faites cuire dans un four très doux, et enlevez-les de dessus le papier à mesure que vous les sortez du four.

Biscuits aux amandes. — Dessert. — Prenez quatre onces d'amandes douces, une demi-once d'amandes amères, neuf blancs d'œuf, six jaunes, une once de farine passée au tamis, et trois quarterons de sucre; mondez vos amandes en les plongeant un instant dans l'eau bouillante et ensuite dans l'eau froide; la peau s'enlèvera avec facilité; pilez-les en ajoutant de temps en temps un peu de blanc d'œuf, pour empêcher qu'elles ne tournent en huile; battez à part les jaunes avec le sucre; fouettez les blancs jusqu'à ce qu'ils soient en neige; mêlez ensemble les blancs et les jaunes, saupoudrez par-dessus avec la farine, en remuant toujours, pour la bien incorporer; mettez votre pâte dans des caisses de papier; glacez-la avec un mélange par moitié de sucre et de farine; faites cuire dans un four peu chaud.

Ces biscuits, comme tous les autres, peuvent se faire sous un four de campagne.

Biscuits aux pistaches. — Dessert. — Ils se font de même que les biscuits aux amandes, et dans les mêmes proportions; mais comme les pistaches ont un peu moins de parfum, il faut ajouter un peu de fleur d'oranger pralinée ou de l'écorce de citron râpée.

Meringues. — *Dessert.* — Les meringues ne sont qu'un tissus très léger de pâte sucrée faite avec la plus fine farine, du beurre très frais, du sucre râpé, dans lequel on fait entrer une sorte de crème fouettée faite avec du sucre et de la crème que l'on bat bien ensemble. On leur donne la forme des œufs, et en effet le tissus ou l'enveloppe de la crème n'est guère plus épaisse que la coque d'un œuf. On les saupoudre encore de sucre très fin avant de les mettre au four.

La cuisson doit être très soignée. C'est un manger on ne peut plus délicat, que l'on n'emploie qu'au dessert.

On peut en diversifier les goûts en mêlant au sucre, soit de la vanille, de la fleur d'oranger, des pistaches bien divisées, des zestes de bigarade ou de citron râpés, de l'essence de rose, soit même du rhum, du marasquin, du cédrat, de l'ananas, etc., etc.

Talmouses. — *Dessert.* — On prend de la farine très fine, que l'on délaie dans du lait ou de la crème; on y met du beurre frais, du fromage de Brie ou de Neufchâtel, des œufs et du sucre râpé fin. Vous pétrissez le tout, et le divisez dans de petits godets triangulaires: ensuite vous dorez légèrement avec un jaune d'œuf chaque petit gâteau, et l'enfournez à un four d'une chaleur modérée. Lorsqu'ils sont cuits, vous les saupoudrez de sucre fin. Les talmouses se mangent ordinairement chaudes.

Petits choux. — *Dessert.* — Les petits choux sont d'une pâte plus légère que celle des talmouses, quoique à peu près pareille, et qu'il n'y ait de différence qu'en ce qu'on y ajoute du sel. Néanmoins, on les fait aussi de la manière suivante : dans de l'eau et du lait, auxquels vous ajoutez du beurre très frais, et quand le tout est bien amalgamé, vous mettez la quantité de farine nécessaire, que vous pétrissez jusqu'à ce que la pâte soit très molle. Vous y joignez des œufs, du sucre en poudre, très peu de sel, de la crème fouettée et une cuillerée de fleur d'oranger. Ensuite vous divisez cette pâte par portions. Vous les dorez avec des jaunes d'œufs, puis vous les mettez à un four doux. Si on voulait les faire aux amandes ou aux avelines, on ferait torréfier les amandes ou avelines, on les pulveriserait le plus fin possible, et on les mêlerait avec la pâte avant de cuire les petits choux.

Macarons. — Prenez amandes et sucre, poids égal de chacun ; mondez vos amandes, pilez-les, en ajoutant un peu de sucre en poudre pour les empêcher de tourner en huile ; faites-les sécher et pilez-les encore, en ajoutant de temps en temps un peu de blanc d'œuf ; ajoutez le sucre, de l'écorce de citron râpée et autant de blancs d'œufs qu'il en faut pour faire du tout une pâte qui ne soit pas trop liquide ; les blancs d'œufs doivent être fouettés. Mettez votre pâte sur des feuilles de papier, par petits tas gros comme une noix, faites cuire à une chaleur douce au four de campagne.

Vous pouvez ajouter quelques amandes amères, ou substituer des pistaches aux amandes.

Gâteau d'amandes. — Mondez et pilez une demi-livre d'amandes douces, et quelques-unes amères avec un blanc d'œuf que vous ajoutez successivement ; quand elles sont bien en pâte, incorporez-y une once de farine ou de fécule de pommes de terre, six onces de sucre, un peu de fleur d'oranger pralinée et quatre œufs entiers ; étendez votre pâte sur une feuille de papier beurré, et faites cuire à feu doux.

Gaufres. — Délayez de la farine et poids égal de sucre, avec de la crème que vous versez peu à peu jusqu'à consistance d'une bouillie très claire ; ajoutez un peu de fleur d'oranger, et, si vous voulez, quelques œufs ; graissez le gaufrier que vous avez fait chauffer avec un pinceau trempé dans du beurre tiède ; mettez une bonne cuillerée de pâte dans le gaufrier, que vous posez sur un feu de charbon bien allumé.

Nougat. — Mondez une livre d'amandes douces que vous couperez en plusieurs filets dans le sens de leur longueur ; faites les sécher jusqu'à ce qu'elles se colorent un peu : faites fondre à sec, en remuant toujours, douze onces de sucre dans une casserole non étamée et légèrement beurrée ; quand le sucre est fondu et commence à se colorer, jetez-y vos amandes chauffées ; mêlez-les avec le sucre, et étalez-les sur les bords de la casserole, et en laissant au fond une couche de la même épaisseur que celle des bords ; laissez refroidir un peu la casserole, et renversez-la sur une assiette.

Échaudés. — Mettez sur le tour un demi-litre de farine ;

faites la fontaine, et mettez dedans quatre œufs, deux onces de beurre et un peu plus d'un gros de sel. Détrempez
légèrement; rassemblez la pâte, et travaillez-la pendant
dix minutes. Au bout de ce temps, la pâte doit être lisse et
d'une grande élasticité. Posez la pâte sur une planche,
saupoudrez-la de farine, et déposez-la dans un endroit
frais, où vous la laisserez pendant quatre heures au moins.
On pourrait la laisser reposer pendant douze heures sans
inconvénient; aussi les patissiers de boutique sont-ils dans
l'usage de faire la détrempe le soir pour s'en servir le lendemain matin. La pâte étant convenablement reposée,
vous la diviserez en trois parties, vous ferez de chaque
partie un rouleau que vous diviserez en six morceaux, ce
qui vous donnera dix-huit échaudés. A mesure que vous
divisez la pâte, vous en placez les morceaux sur un plafond
saupoudré de farine. D'autre part, vous aurez mis sur le
feu un grand vase rempli d'eau ; lorsque cette eau sera en
ébullition, vous mettrez dedans leséchaudés tous à la fois,
en ayant soin néanmoins qu'ils se tiennent séparés les uns
des autres, ce que vous éviterez facilement en les remuant
avec précaution. Lorsque les échaudés montent sur l'eau,
et sont un peu fermes, on les ôte avec une écumoire, et on
les jette dans un grand vase rempli d'eau fraîche, où ils
doivent passer quatre ou cinq heures. Au bout de ce
temps, on les ôte de l'eau, on les fait égoutter, puis on les
pose sur une plaque, en ayant soin qu'ils ne se touchent
pas, et on les met au four gai. Le temps nécessaire pour la
cuisson des échaudés est d'environ une demi-heure, un peu
plus ou un peu moins, selon que le four a été bien atteint.
Défournez-les lorsqu'ils seront de belle couleur.

Gaufres à la flamande. — Délayez deux onces de levure
dans une chopine de lait; passez ce lait dans un linge
blanc, puis vous vous en servirez pour détremper une livre de farine que vous aurez bien tamisée, de manière à
ce que cette pâte soit coulante. Mettez-la dans une terrine, que vous deposerez dans un endroit chaud pour qu'elle
fermente. Lorsqu'elle levera, vous y ajouterez un peu de
sel, une once de sucre parfumé à l'orange ou au citron,
quatre œufs entiers et huit jaunes d'œufs ; mêlez bien ces
nouveaux ingrédients dans la pâte, puis vous y ajouterez
une livre de beurre fin que vous aurez fait tiédir. Fouettez
huit blancs d'œufs en neige et mêlez-les dans la pâte en

même temps que quatre cuillerées de crême fouettée. Déposez de nouveau cette préparation dans un endroit chaud, et lorsqu'elle sera bien levée, c'est-à-dire lorsqu'elle aura atteint le double de son volume primitif, vous mettrez le gaufrier sur un feu très vif, et vous le retournerez, afin qu'il chauffe également des deux côtés. Lorsque le gaufrier sera assez chaud, ce que vous reconnaîtrez à la fumée légère qui s'en élèvera, vous l'ôterez du feu et vous mettrez dedans gros comme une noisette de beurre ou de sain-doux, qui devra s'étendre sur toute la surface intérieure. Emplissez alors le gaufrier avec une partie de la préparation dont nous venons de donner la recette; remettez l'instrument au feu, et retournez-le au bout de quelques instants, afin que la gaufre prenne également couleur des deux côtés. Lorsque la gaufre sera cuite, vous la placerez sur une assiette; vous la saupoudrerez de sucre parfumé à l'orange ou au citron, et vous recommencerez l'opération jusqu'à ce que vous ayez employé toute la pâte.

EMPLOI DES VIANDES POUR LA PATISSERIE.

Choix des viandes de boucherie. — Les morceaux du bœuf qui s'emploient pour garnir les pâtés, sont le palais, la noix et le filet. Les parties du veau que l'on peut employer, sont la longe, la noix et la rouelle. Quant au mouton, on fait plus de cas des cervelles, des langues et du carré, et pour le porc, on prend la hure, le filet et le jambon.

Préparation des viandes de boucherie. — Quel que soit le morceau de viande de boucherie que l'on veuille mettre dans un pâté, il faut d'abord le parer, puis le larder avec des lardons de moyenne grosseur, en ayant soin de mettre un lardon de jambon entre deux lardons de lard, de manière que les lardons ne dépassent pas la surface de la pièce. Il est bon aussi, au préalable, d'assaisonner ces lardons d'épices et fines herbes.

Garnissez alors le fond et les parois d'une casserole avec des bardes de lard et des tranches de jambon; ajoutez un bouquet garni, deux ou trois oignons, dont un piqué de quelques clous de girofle, autant de carottes, sel, poivre, laurier, des parures de viande si vous en avez, et mouillez le tout avec du consommé non dégraissé, autant de vin de madère sec, et un peau d'eau-de-vie, de manière à ce que le mouillement couvre la pièce, sans cependant être trop abondant. Couvrez le tout avec un rond de papier beurré ; mettez le couvercle sur la casserole, et faites bouillir. Lorsque cela aura bouilli ainsi pendant une demi-heure, plus ou moins, selon la force de la pièce. vous diminuerez le feu, et vous laisserez mijoter le tout jusqu'à cuisson complète. Otez la pièce de viande ; quand elle sera cuite, faites-la égoutter, laissez-la refroidir, déficelez-la, et la mettez dans le pâté, sur le fond duquel vous aurez, au préalable, étendu une couche de farce de veau ou de jambon, mettez ensuite une large barde de lard sur votre piece de viande, couvrez le pâté, et enfournez-le.

Préparation de la volaille et du gibier. — La volaille et le gibier peuvent également se braiser.

Plumez, videz et flambez trois pigeons ou trois perdrix ; fendez-les en deux en séparant les os du dos, enlevez le bréchet, et essuyez bien avec un linge blanc l'intérieur de ces trois pièces. Mettez alors sur un plafond ou plat à sauter, gros comme un œuf de beurre, autant de lard râpé, et faites tiédir ces deux substances. Ajoutez alors trois ou quatre grosses truffes, deux ou trois beaux champignons, deux échalotes, un peu de persil. le tout haché séparément et bien menu, sel, poivre, muscade. Posez sur cette préparation vos moitiés de perdrix ou pigeons, et faites-les revenir sur un feu très ardent, en ayant soin de les retourner lorsqu'elles seront assez raidies d'un côté. Au bout de quelques minutes, vous diminuez le feu, et vous laissez mijoter doucement votre préparation, jusqu'à ce que la viande soit assez cuite. Dressez alors votre pâte de la manière que nous avons indiquée.

Ainsi, comme nous l'avons dit, le gibier et la volaille, en général, se preparent de la même manière pour garnir les pâtés. Il en est de même pour les filets de mouton, les cervelles et ris de veau, et des foies gras, à moins que l'on ne fasse de ces diverses choses un ragoût à la financière, ce qui est bien préférable, surtout pour les pâtés chauds. Quant aux pièces de grose venaison, telles que sanglier, cerf, chevreuil, il faut les braiser comme la viande de boucherie, en augmentant un peu la dose de vin de madère.

Pâté d'anguille. — Les anguilles destinées à faire des garnitures de pâté se préparent de deux manières. La première consiste à désosser l'anguille après l'avoir dépouillée, puis on la remet dans la peau, que l'on coud aux deux extrémités, et on la dresse en couronne sur une farce maigre, dont nous parlerons plus loin, et qui s'emploie dans tous les pâtés de poisson. La seconde manière consiste à faire sauter l'anguille au beurre, avec des fines herbes, poivre, sel, muscade, après l'avoir dépouillée; puis on la dresse également en couronne sur une couche de farce maigre. Si le pâté était d'une dimension telle qu'il fallût plusieurs anguilles pour le garnir, on poserait la première sur une couche de farce, puis on ferait dessus une autre couche de la même farce, sur laquelle on dresserait la deuxième anguille, et ainsi de suite.

PRESCRIPTIONS DIVERSES.

Chauffage du four. — Le choix du combustible est fort important pour chauffer un four. Le sarment, les ronces et les bruyères mélangés forment le meilleur combustible que l'on puisse employer; mais comme on ne peut se procurer facilement ces sortes de choses que dans certaines localités, il faut, à leur défaut, employer du bois blanc très menu.

La chaleur du four se divise en six degrés, que l'on appelle *four chaud, four gai, four modéré, four doux, four tiède, four perdu.*

Lorsque l'on veut s'assurer si le four est assez chaud pour que les grosses pièces y puissent cuire, on frotte la voûte du four avec un morceau de bois, et, si le frottement fait jaillir des étincelles, le four est chaud au premier degré, qui est le plus élevé : il faut alors en retirer entièrement la braise, nettoyer l'âtre avec un écouvillon mouillé, puis on ferme le four pendant dix, quinze ou vingt minutes, selon qu'il est plus ou moins grand; on l'ouvre ensuite et l'on enfourne les pâtés, babas, échaudés et autres gâteaux du même genre.

Au bout d'une heure, environ, la chaleur du four est arrivée au second degré, four gai; c'est le moment d'enfourner les entremets fourrés, vole-au-vent, croustades, pouplins, etc.

Une seconde heure s'étant écoulée, la chaleur est au troisième degré, *four modéré.* On enfourne alors les brioches, darioles, tartelettes, biscuits, etc.

Environ trois quarts d'heure après, la chaleur du four est au quatrième degré, *four doux ;* c'est le moment d'enfourner les pâtes génoises et à choux ; les gâteaux de Savoie, de Compiègne, etc.

Trois autres quarts d'heure s'étant écoulés, la chaleur est arrivée à ce que l'on nomme *four tiède,* ou cinquième degré ; on enfourne alors les meringues, pains d'Espagne, soufflés, etc.

De ce cinquième degré au sixième, ou *four perdu*, la différence est peu grande ; il suffit de laisser passer une demi-heure, puis on peut enfourner les nougats, les macarons, et tous les objets en pâte de sucre.

Le trop ou le trop peu de chaleur du four a des inconvénients également graves. Dans un four trop chaud, la pâtisserie devient brune et dure ; si, au contraire, la chaleur n'est pas assez considérable, la pâtisserie se ternit et devient molle.

Manière de glacer au four. — Mettez à la bouche du four des morceaux de bois blanc très menus, des copeaux de menuisier, par exemple ; allumez-les, et lorsque la flamme sera belle et sans fumée, vous présenterez sur l'autel (devant du four) les pièces que vous voudrez glacer. Cette manière de glacer la pâtisserie est à la fois la plus prompte et la plus facile.

Tour à pâte. — Le tour à pâte est une table fort épaisse, en bois de hêtre, entourées de trois côtés par une galerie du même bois. Cette galerie est destinée à retenir la pâte. Tout prêt du tour à pâte doivent se trouver de petites tablettes destinées à recevoir les coupe-pâte, petits moules et autres objets qu'il est nécessaire d'avoir sous la main.

Dans les maisons particulières, il n'y a très souvent aucune espèce de tour, ce qui n'empêche pas qu'il puisse s'y faire de bonne et belle pâtisserie, le tour pouvant être remplacé par une table d'une largeur convenable, que l'on pose sur une table de cuisine.

Rouleaux. — On peut faire des rouleaux avec plusieurs

sortes de bois ; mais le buis doit être préféré ; il serait bon d'avoir des rouleaux plus forts pour les pâtes d'une forte consistance, et de plus petits pour les pâtes légères.

Des moules. — Il nous serait impossible de donner ici la description de tous les moules dont on fait usage dans la pâtisserie ; nous parlerons donc des plus importants.

Viennent d'abord les *moules à pâtés.* Il y en a de deux espèces, avec et sans couvercle. Le moule sans couvercle s'emploie lorsqu'on ne veut mouler que le tour du pâté ; il forme, en conséquence une espèce de couronne cannelée. Lorsque l'on veut mouler également la partie supérieure du pâté, on se sert de l'autre espèce de moule dont le couvercle est plus ou moins élevé. Ces moules, ainsi que nous venons de le dire, sont ordinairement ronds et cannelés ; cependant leur forme peut se varier à l'infini : ainsi, il y en a qui se terminent en dôme, d'autres en cône tronqué ; il y en a d'ovales, de carrés, etc. Ces moules sont presque toujours en cuivre, et c'est un grand tort, à cause des accidents que peut causer le vert-de-gris ; il serait bon de n'employer à la confection de ces moules que le fer-blanc ou le fer battu.

Les *moules à sultanes, nougats,* etc., doivent être en fer-blanc.

Les *moules à flans* doivent être aussi en fer-blanc. Le plus convenable de ces moules se compose de trois parties, savoir : de deux parties demi-circulaires, qui se réunissent au moyen de charnières, et qui forment les parois, et d'un fond mobile qui s'emboîte dans une rainure circulaire.

Les *moules à pâte d'amandes* et *pâte d'office* sont tout simplement des feuilles de fer-blanc, sur lesquelles sont des dessins en relief.

Les moules à charlottes et à chartreuses sont semblables aux moules à flans dont nous avons parlé plus haut.

Les *moules à poudings* sont en fer-blanc, de forme à demi-sphérique, et percés de trous comme une écumoire ; on les ferme avec une rondelle de même métal, percée de la même manière.

Les *moules à gelées* doivent être également en fer-blanc ; ils sont évidés au milieu, de forme circulaire et cannelés.

Coupe-pâte. — Les coupe-pâte ne sont autre chose que

des emporte-pièce en fer-blanc, à l'aide desquels on taille la pâte étendue avec le rouleau ; les coupe-pâte représentent des fleurs, des feuilles, des arabesques, ou bien ils sont seulement circulaires, carrés, octogones.

On appelle aussi coupe-pâte une espèce de roulette dentée qui, en tournant sur son axe, comme le rouleau, imprime les dentelures sur la pâte.

Seringue à dresser. — La *seringue à dresser* s'emploie pour coucher toutes les imitations de fleurs et de fruits en pâte de sucre, ainsi que les petits soufflés, meringues, etc.

Pince-pâte. — On appelle pince-pâte une petite pince en fer-blanc que l'on emploie pour faire des dentelures et une foule d'autres petites décorations sur les pâtés et autres pièces de pâtisserie.

Cornet à perler. — Le *cornet à perler* n'est autre chose qu'un simple cornet de papier, ou, ce qui vaut mieux, de carton peu épais, dont la pointe reste ouverte. On emplit le cornet de non-pareille, que l'on sème ensuite fort aisément sur les pièces que l'on veut perler, en observant de donner à la pointe du cornet une ouverture plus ou moins grande, selon l'importance des pièces. Ainsi, pour toutes les pâtisseries de petit four que l'on veut perler, l'ouverture doit être très petite ; mais lorsque le cornet est destiné à dresser des biscottes à la parisienne, des biscuits à la cuillère et autres objets de même genre, l'ouverture doit être plus grande, et dans ce cas, il est indispensable que le cornet soit en carton peu épais.

De la farine. — Le choix de la farine est une chose fort importante. Nous allons donc indiquer le moyen de reconnaître la farine de première qualité ; puis nous dirons comment cette farine supérieure peut et doit encore être améliorée

La farine très blanche n'est pas la meilleure, ainsi que le croient des personnes peu exercées dans cette partie. La meilleure farine est celle qui paraît à l'œil d'un jaune clair, en même temps qu'elle est sèche et pesante et qu'elle peut se peloter dans la main.

DE L'OFFICE.

Je commencerai l'office par la description des fruits connus pour les meilleurs, et suivrai l'ordre dans lequel la nature les produit.

Ce sont d'abord les fruits rouges, qui sont les fraises de jardin et celles des bois, les cerises précoces, les cerises hâtives, les cerises de Montmorency, que l'on appelle à courtes queues, les cerises tardives (*sous le nom de cerises)* les bigarreaux, les guignes et les griottes y sont comprises.

Nous avons la groseille rouge et la blanche; la petite groseille rousse de Noisy est la meilleure pour gelée.

Ensuite viennent les abricots; il y en a de trois sortes, savoir : les abricots hâtifs, l'abricot musqué et l'abricot ordinaire.

NOMS DES DIFFÉRENTES SORTES DE PRUNES.

La mirabelle: de deux sortes, la grosse et la petite; le damas, de plusieurs espèces : le damas violet, le damas blanc, le damas noir, le damas rouge, le damas gris, le gros damas de Tours, le gros damas d'Espagne.

LES AUTRES PRUNES SONT :

La prune de reine-Claude, la prune roche-courbon, la prune impératrice, la prune de perdrignon violet, le perdrignon hâtif, le perdrignon blanc, la prune impériale, la prune virginale violette, la prune Sainte-Catherine, la prune royale, la prune Dauphine, la prune mignonne, la prune maugeron, la prune de Monsieur.

NOMS DES DIFFÉRENTES SORTES DE PÊCHES.

La pêche est supérieure en bonté aux autres fruits; les plus renommées sont :

L'avant-pêche blanche, quoique petite, est la plus recherchée, parce que c'est celle qui paraît la première.

La pêche Magdeleine, rouge et blanche, la pêche de Troyes et la double de Troyes, l'alberge jaune, la violette hâtive et tardive, la mignonne, la chancelière, la pourprée, la pêche d'Italie, la pêche royale, la belle-garde, la pêche admirable, la pêche d'Andilly, la nivette, la pêche pavi admirable, le pavi Rumbillet, la pêche du pot, le pavi rouge, le pavi magdeleine, la rouge de Pomponne, la pêche de brignon violet.

POIRES BONNES A MANGER DANS L'ÉTÉ.

La poire de blanquette, la reine ou rousselet prim, la poire d'orange, parce qu'elle a la figure d'une orange, le rousselet de Reims, la royale d'été, le petit muscat, la poire sans peau, la mirée musquée, la cuisse madame, le bon chrétien d'été, la bergamotte d'été, la fondante de Brest, l'Angleterre.

POIRES BONNES A MANGER DANS L'AUTOMNE.

Le beurré gris et le beurré rouge, la bergamotte suisse, le Messire-Jean de deux sortes, la dorée et la grise, le martin sec, la bergamotte de deux sortes, la commune et cressanne, la dauphine ou franchipane, le sucré vert, le doyenné, la bélissime d'automne, la verte-longue, la verte-longue suisse ou verte-longue panachée, le bély la motte, le petit oingt.

POIRES BONNES A MANGER DANS L'HIVER.

La Louise bonne, la marquise, le Saint-Germain, la jalousie, l'échasserie, le Colmar, le satin, le bezy de chamantie, l'ambretie, le bon chrétien d'hiver, la bergamotte d'hiver, la bergamotte de Soulaires, la merveille d'hiver, l'angélique de Bordeaux, la vigoureuse, le franc-réal, le rousselet d'Anjou.

NOMS DES DIFFÉRENTES SORTES DE POMMES.

La reinette, la reinette franche, la reinette d'Angleterre, la reinette de Bretagne; la reinette blanche est la moins estimée de toutes les reinettes. La pomme d'api, le rambour franc, la calville de deux sortes, la rouge et la blanche, le fénouillet, la pomme d'or ou le drap d'or, la passe-pomme, le courpendu, le châtaignier.

DU TEMPS DE CUEILLIR LES FRUITS ET DE LEUR CONSERVATION.

Les fruits d'été, tant à noyaux qu'à pepins, ne doivent être cueillis que quand ils sont dans leur entière maturité; cependant, si vous attendez trop, ils deviennent cotonneux et mollissent promptement. Ceux d'automne se cueillent ordinairement dans le mois de septembre, avant qu'ils soient tout-à-fait mûrs. Pour connaître la maturité des fruits d'été, il faut les tâter doucement vers la queue, et pour peu que vous sentiez que le fruit obéisse sous les doigts, vous le détachez légèrement pour ne point le flétrir; toutes ces sortes de fruits doivent être cueillis avec leurs queues; il est très essentiel de choisir un beau jour pour cueillir les fruits que l'on veut garder.

Après que les fruits sont cueillis, il faut les mettre hors des atteintes du froid, principalement ceux d'hiver qui n'acquièrent leur maturité que dans le fruitier; arrangez tout votre fruit sur des planches, les poires et les pommes la queue en haut.

Il ne faut point mettre de paille sur le fruit, cela ne sert souvent qu'à lui donner un mauvais goût et ne l'empêche point de se pourrir.

Lorsque tous les fruits sont rangés sur les planches, il faut avoir soin de les visiter souvent pour ôter à mesure ceux qui commenceraient à se pourrir et qui gâteraient les autres; par ce moyen vous les conserverez longtemps.

CLARIFICATION DU SUCRE POUR FAIRE TOUTES SORTES DE CONFITURES.

Battez un ou plusieurs blancs d'œufs avec de l'eau, versez-les dans la quantité de sucre ou sirop que vous voulez clarifier, faites bouillir le mélange en y jetant de temps en temps de l'eau froide, écumez tant qu'il montera de l'écume, puis ôtez votre sucre du feu et le passez dans une serviette blanche ou dans un tamis; vous en ferez après tel usage qu'il vous plaira.

Compote de pommes à la portugaise. — Prenez des pommes

de reinette ce qu'il en faut pour garnir le compotier; ôtez-en le milieu avec une videlle de fer-blanc ou un couteau; arrangez-les ensuite dans une tourtière ou sur un plat d'argent, mettez dans chaque pomme un petit morceau de sucre, ou bien du sucre en poudre, et un peu dans le fond de la tourtière, et faites cuire au four ou sous un four de campagne, feu dessus et feu dessous, servez chaud avec un peu de sucre en poudre par-dessus.

Compote blanche de pommes. — Coupez par moitié six grosses pommes de reinette: ôtez-en la peau et les pepins et les jetez à mesure dans l'eau fraîche; faites-les cuire avec un grand verre d'eau, le jus de la moitié d'un citron, un morceau de sucre; lorsque les pommes sont cuites, dressez-les dans le compotier, faites réduire le sirop jusqu'à ce qu'il se colle dans vos doigts, dressez-le sur les pommes.

Autre. — Coupez des pommes par moitié, ôtez-en le milieu et arrangez-les dans une poêle, la pelure dessus, mettez-y environ un quarteron de sucre et de l'eau suffisamment pour qu'elles puissent cuire. Quand elles seront cuites d'un côté, vous les retournerez. Les pommes étant à bon point de cuisson et le sirop assez réduit, arrangez-les dans un compotier, le sirop par-dessus; servez chaud ou froid, comme vous le jugerez à propos.

Compote de pommes. — Toutes les pommes qui ne sont point de reinette n'ont pas autant de consistance pour la cuisson; ce qui fait qu'il ne faut pas les peler; vous les coupez par moitié; ôtez-en les pepins, piquez le dessus de la peau en plusieurs endroits; faites-les cuire avec un verre d'eau, un peu plus d'un demi-quarteron de sucre; quand elles commencent à se mettre en marmelade, dressez-les dans un compotier; faites réduire le sirop et le versez dessus.

Conpotes de poires entières de Martin-sec ou de Messire-Jean. — Prenez des poires que vous pelez si vous voulez; elles se servent le plus souvent sans être pelées; ôtez les yeux et rognez le bout des queues; mettez-les dans un petit pot de terre, avec un petit morceau d'étain pour les rendre rouges; ajoutez de l'eau, du sucre et de la canelle en suffisante quantité; faites-les cuire devant le feu; quand elles sont cuites et que le sirop est convenablement épaissi, servez chaud.

Compotes de poires de bon-chrétien, de Doyenné, de Vi-gourcuse, de Saint-Germain et autres. — Faites blanchir vos poires tout entières avec leur peau, dans l'eau bouillante; quand elles seront au deux tiers cuites, vous les retirerez dans l'eau fraîche, vous les pelerez après, entières ou par moitié, en ayant soin de les replonger dans l'eau froide; faites bouillir votre sucre dans une poêle avec un demi-setier d'eau; alors vous mettrez vos poires dedans avec une tranche de citron pour qu'elles se conservent blanches.

Quand elles seront cuites et d'un bon sirop, servez-les chaudes on froides suivant le goût.

Compote de poires de Rousselet ou de blanquette. — Elles se font de la même façon que les précédentes, à la réserve qu'il faut les servir entières.

Compote grillée de poires. — Prenez des poires à cuire, de celles qui ne sont pas bien mûres; mettez-les dans un fourneau bien allumé; ayez soin de les retourner également jusqu'à ce que la peau soit entièrement brûlée, et qu'elle puisse s'enlever en les frottant dans l'eau; lorsque vous aurez ôté la peau de cette façon, vous les couperez par moitié et en ôterez les pepins; relavez-les encore dans plusieurs eaux, et les mettez ensuite dans un pot avec une chopine d'eau, un petit morceau de canelle, un quarteron de sucre; couvrez le pot et faites cuire jusqu'à ce que les poires fléchissent beaucoup sous les doigts; faites réduire le sirop et servez chaud si vous voulez.

Compotes de poires à la bonne femme. — Prenez des poires à cuire que vous mettez entières dans un pot avec un verre d'eau, un petit morceau de canelle, deux clous de girofle, un demi-quarteron de sucre; faites-les cuire bien couvertes sur un peu de cendres chaudes; à moitié de la cuisson, vous y mettrez un verre de vin rouge; quand elles seront bien cuites, faites réduire le sirop; parce qu'il en faut très peu; servez chaud sur les poires.

Compote de verjus. — Otez les pepins de votre verjus et les mettez dans une poêle avec un quarteron de sucre et un verre d'eau; faites bouillir à petit feu; quand le verjus sera bien vert et le sirop réduit, dressez-le dans le compotier et servez froid.

Compote de cerises. — Coupez le bout des queues de vos

cerises, et les mettez dans une poêle avec un demi-verre d'eau et un quarteron de sucre; mettez-les sur le feu et leur faites faire deux ou trois bouillons couverts; arrangez-les ensuite dans un compotier, mettez votre sirop par dessus et servez froid.

Compote de fraises. — Faites fondre sur le feu un quarteron de sucre dans un verre d'eau, jusqu'à ce que le sirop soit bien fort; il faut avoir soin de le bien écumer; ayez ensuite de belles fraises, point trop mûres, épluchées, lavées et bien égouttées; mettez-les dans le sirop et ôtez-les de dessus le feu pour les laisser reposer un moment; faites faire un bouillon et les retirez promptement pour qu'elles restent entières.

Compote de groseilles. — Faites un sirop bien fort comme le précédent; ayez ensuite une livre de belles groseilles, lavées et égouttées; vous y laisserez la grappe si vous voulez; mettez-les dans le sirop pour leur faire faire trois grands bouillons couverts; descendez-les du feu et écumez-les avant de les dresser dans le compotier.

Compote de framboises. — Vous faites cette compote de la même façon que celle de fraises, avec cette différence pourtant que vous ne lavez point les framboises.

Compote d'abricots à la portugaise. — Prenez une quantité d'abricots presque mûrs; fendez-les par la moitié et ôtez les noyaux, mettez du sucre dans le fond d'un plat avec un demi-verre d'eau; rangez-y les abricots et passez le plat sur un moyen feu pour les faire bouillir jusqu'à ce qu'ils soient presque cuits en dessous, et qu'il ne reste point de sirop; vous les ôtez alors du feu, et jetez du sucre fin par dessus; couvrez-les avec un couvercle de tourtière avec du feu dessus jusqu'à ce qu'ils soient cuits et d'une belle couleur glacée, dressez-les dans le compotier pendant qu'ils sont chauds.

Compote d'abricots verts et d'amandes vertes. — Il faut faire bouillir de l'eau dans une poêle avec deux poignées de soude; quand elle aura jeté deux bouillons, vous y plongerez vos abricots ou amandes; et dès qu'ils auront fait un bouillon, vous les frotterez bien dans vos mains pour en ôter le duvet, les jetant à mesure dans l'eau fraîche, et après quoi vous aurez de l'eau bouillante dans une autre poêle pour faire cuire vos abricots.

Vous verrez quand ils seront assez cuits en les piquant avec une paille : si elle entre facilement, c'est une marque qu'ils le sont assez ; vous les retirez alors dans l'eau fraîche vous ferez ensuite dans votre poêle un sirop de sucre, et vous y mettrez vos abricots ou vos amandes ; faites-les bouillir doucement, à petit feu jusqu'à ce qu'ils soient bien verts, et servez.

Il y en a qui ne font point de lessive à leurs abricots ni amandes ; ils se contentent de les frotter avec du sel pour faire en aller le duvet, et ensuite ils les font blanchir et cuire, comme je viens de dire.

Compote d'abricots mûrs, entiers ou par moitié. — Faites blanchir vos abricots dans l'eau bouillante ; quand ils seront bien mollets, retirez-les avec une écumoire, et les mettez dans de l'eau fraîche ; faites bouillir un quarteron de sucre avec un verre d'eau dans la poêle, mettez-y vos abricots, faites deux ou trois bouillons, écumez bien, après quoi vous retirerez les abricots pour les arranger dans un compotier, mettez votre sirop par dessus pour les servir froids ou chauds, comme vous voudrez.

Compotes de pêches. — Les compotes de pêches entières ou par moitié se font de la même façon que celle d'abricots.

Compote de pêches. — Prenez sept ou huit pêches presque mûres ; fendez-les par la moitié ; après avoir ôté le noyau, vous les mettrez un moment à l'eau bouillante, et les ôterez aussitôt que vous pourrez enlever la peau ; faites bouillir un quarteron de sucre avec un verre d'eau, ayez soin de l'écumer, et ensuite vous y mettrez les pêches pour les faire cuire ; si le sirop est trop liquide faites-le réduire avant de le verser sur les pêches.

Compote de pêches grillées. — Prenez huit ou dix pêches presque mûres que vous laissez entières, mettez-les sur un bon fourneau bien allumé ; faites-en brûler toute la peau également en les retournant à mesure ; jetez-les dans de l'eau fraîche ; quand vous aurez ôté toute la peau, et que vous les aurez lavées dans plusieurs eaux, mettez-les cuire avec un quarteron de sucre et un verre d'eau, jusqu'à ce qu'elles fléchissent sous les doigts ; vous les dressez alors dans le compotier, le sirop par dessus.

Compote de pêches à la portugaise. — Mettez sept ou huit.

pêches sur un plat avec du sucre fin dessus et dessous, couvrez-les avec un couvercle de tourtière et les faites cuire à petit feu dessus ou dessous ; quand elles sont cuites et bien glacées, servez chaud.

Compote de tranches de pêches. — Prenez cinq ou six belles pêches bien mûres, pelez-les proprement, ôtez-en les noyaux et coupez-les en tranches, pour les arranger dans le compotier, que vous devez servir en mettant du sucre fin dessous et par-dessus les pêches.

Compote de prunes de reine-Claude, de mirabelle, de per-dignon et autres. — Faites bouillir de l'eau et y jetez vos prunes pour les faire blanchir ; quand elles seront bien mollettes sous les doigts, vous les retirerez avec une écumoire et les mettrez dans l'eau fraîche ; mettez-les ensuite dans une poêle avec un peu de sucre clarifié ou non ; si vous n'en avez point, mettez-les sur un petit feu, de sorte qu'elles puissent frissonner et devenir bien vertes ; servez froide.

Compote de prunes à la bonne femme. — Faites bouillir pendant un quart d'heure un quarteron de sucre avec un verre d'eau ; ayez soin de l'écumer ; quand il sera en sirop, mettez-y une livre de prunes presque mûres ; faites faire quelques bouillons jusqu'à ce que les prunes soient cuites ; ôtez l'écume et dressez-les dans le compotier ; si le sirop est trop long, faites-le réduire avant de le verser sur les prunes.

Compote de toutes sortes de fruits grillés. — Il faut laisser réduire votre sirop jusqu'à ce que votre fruit commence à s'attacher à la poêle ; alors il ne faut pas la quitter, il faut promener dedans votre compote jusqu'à ce que vous voyez qu'elle ait belle couleur ; ensuite vous mettez sur votre compote une assiette que vous tenez dans votre main gauche, et la renversez en dessus en la glissant promptement dans votre compotier ; vous les servez chaudes ou froides, elles sont meilleures chaudes.

Compote de citrons, oranges, bergamottes, limes chinoises. — Il faut les couper par petits morceaux, et les faire bien cuire dans l'eau, jusqu'à ce qu'ils soient bien mollets sous les doigts, vous les retirerez avec une écumoire et les met-trez dans l'eau fraîche ; vous faites ensuite un petit sirop avec un verre d'eau et un quarteron de sucre ; vous mettrez vos écorces dedans et ferez mijoter tout doucement sur un petit feu pendant une demi-heure et servez froid.

Compote de coings. — Prenez trois gros coings ; s'ils sont petits, vous en prendrez davantage ; mettez-les dans l'eau bouillante pour les faire cuire jusqu'à ce qu'ils soient tendres sous les doigts ; vous les jeterez après dans l'eau froide ; coupez-les en quatre, ôtez les cœurs et pelez les coings proprement, mettez un quarteron de sucre dans la poêle avec un demi-verre d'eau, faites bouillir et écumez ; mettez dans le sirop les coings pour achever de les faire cuire. Servez chaudement et à court sirop.

Compote de raisins. — Mettez dans une poêle un quarteron de sucre avec un demi-verre d'eau ; faites bouillir, écumer et réduire en sirop fort ; mettez dans ce sirop une livre de raisin muscat égrainé, et dont vous aurez fait sortir les pepins ; faites faire deux ou trois bouillons et le dressez dans le compotier. S'il y a de l'écume, enlevez-la avec du papier blanc.

Compote d'oranges crues. — Coupez le dessus à six oranges du Portugal, de façon que vous puissiez les remettre comme si elles étaient entières ; enfoncez un petit couteau en plusieurs endroits de la chair ; faites y entrer du sucre fin ; remettez le couvercle et les servez. Vous pouvez encore les servir après les avoir pelées : vous les coupez par tranches et les arrangez dans un compotier, avec du sucre fin dessus et dessous.

Compote de marrons. — Faites cuire des marrons dans la cendre, de la même façon que si vous vouliez les servir dans une serviette. Quand ils seront pelés, mettez-les dans une poêle avec un quarteron de sucre et un demi-verre d'eau ; faites-les frémir sur un petit feu environ un demi-quart d'heure. Avant de les servir, vous y presserez un jus de citron, et, en servant, vous saupoudrez légèrement avec du sucre fin.

Compote de groseilles vertes. — Prenez une livre de groseilles vertes, fendez-les par les côtés avec un cure-dents pour en faire sortir les pepins, mettez-les dans de l'eau chaude sur le feu, et les y laissez jusqu'à ce qu'elles montent à la surface ; ensuite vous les descendez du feu et y mettez un verre d'eau froide, un filet de vinaigre et un peu de sel. Laissez-les refroidir dans cette eau pour qu'elles aient le temps de redevenir vertes; retirez-les après pour les mettre dans de l'eau fraîche. Pendant qu'elles rafraîchissent, vous mettez une demi-livre de sucre dans une poêle avec un verre d'eau; faites-le bouillir et écumer jusqu'à ce qu'il soit clair; mettez-y les groseilles bien égouttées, et faites-les bouillir doucement de façon qu'elles ne fassent que frémir; ensuite vous les retirez avec une écumoire pour les mettre dans le compotier, achevez de faire cuire le sucre, jusqu'à ce qu'il ait la consistance de sirop, et jetez-le sur les groseilles.

Marmelade d'amandes vertes et d'abricots verts. — Prenez des amandes ou des abricots verts; elle se fait de la même façon. Il faut ôter le duvet comme il est expliqué ci-devant. Faites-les cuire dans de l'eau fraîche et les mettez égoutter; ensuite vous les écrasez pour les mettre dans un tamis. Mettez cette marmelade sur le feu pour la faire dessécher, en la tournant toujours jusqu'à ce qu'elle soit prête à s'attacher à la poêle; vous pesez ensuite cette marmelade pour mettre autant pesant du sucre sur le feu avec un demi-setier d'eau; écumez et faites bouillir jusqu'à ce que, trempant deux doigts dans de l'eau fraîche, les mettant dans le sucre et les retrempant dans l'eau, le sucre qui reste aux doigts se casse net. Mettez-y tout de suite la marmelade pour la délayer avec le sucre, sans qu'elle bouille, sur un feu doux, et la mettez après dans les pots.

Marmelade de fraises. — Epluchez et lavez une demi-livre de fraises; faites-les égoutter et les passez dans un tamis pour les mettre en marmelade. Mettez sur le feu une livre de sucre avec un verre d'eau; faites-le bouillir et bien écumer, continuez de le faire bouillir jusqu'à ce que, trempant l'écumoire dedans en la remuant, il en sorte de longues étincelles; mettez-y votre marmelade de fraises pour la délayer avec le sucre, en la tournant toujours sur un moyen feu sans qu'elle bouille, et mettez-la dans les pots. Vous vous réglerez sur cette dose pour la quantité que vous voulez faire.

Marmelade de framboises. — Faites cuire une livre de sucre de la même façon que pour les fraises. Quand il est à son point de cuisson, vous y mettez les framboises préparées comme il suit : épluchez deux livres de framboises et les passez dans un tamis pour les mettre en marmelade;

mettez cette marmelade sur le feu pour la faire dessécher, jusqu'à ce qu'elle soit prête de s'attacher à la poêle; ensuite vous la mettez dans le sucre et lui faites faire quelques bouillons en la remuant toujours, et remplissez vos pots.

Marmelade de cerises. — Faites cuire deux livres de sucre de la même façon que pour la marmelade de fraises; ensuite vous y mettez quatre livres de cerises après leur avoir ôté les noyaux et les queues, remuez-les avec le sucre et faites-les bouillir ensemble jusqu'à ce que le sirop se colle dans les doigts; ôtez du feu le tout et mettez dans les pots.

Marmelade de fleurs d'orange. — Mettez cinq quarterons de sucre dans une poêle avec un demi-setier d'eau; faites-le bouillir et bien écumer, continuez l'ébullition jusqu'à ce que, trempant l'écumoire dedans et la secouant sur le sucre, si vous soufflez au travers des trous, il sorte de petites étincelles de sucre. Vous y jetez ensuite votre fleur d'orange préparée de cette façon : prenez une demi-livre de fleurs d'orange épluchée; faites-la bouillir un quart d'heure dans l'eau; descendez cette eau du feu et jetez-y une petite pincée d'alun. Mettez de l'autre eau sur le feu, et quand elle bouillira, pressez-y le jus d'un citron, mettez-y votre fleur d'orange, que vous retirez avec l'écumoire en la laissant égoutter; faites-la bouillir dans de l'eau de citron jusqu'à ce qu'elle soit bien tendre sous les doigts; après vous la mettez une demi-heure dans l'eau fraîche avec un peu de jus de citron ; ensuite vous presserez la fleur d'orange dans un linge pour en faire sortir l'eau, et la pilerez dans un mortier pour la réduire en marmelade. Mettez cette marmelade dans le sucre pour les délayer ensemble, en versant le sucre plusieurs fois sur un très petit feu, sans qu'elle bouille ni même qu'elle frémisse; dressez dans les pots, jetez par-dessus un peu de sucre fin quand elle sera froide.

Marmelade d'abricots sans façon. — Coupez le plus mince que vous pourrez six livres d'abricots point trop mûrs, et mettez-les à mesure dans un chaudron bien propre; cassez les noyaux, ôtez-en la peau et coupez-les très fins pour les mettre aussi avec les abricots, auxquels vous ajouterez quatre livres et demie de sucre en poudre; mettez votre chaudron sur un feu clair, et remuez toujours avec une écumoire, de crainte que la marmelade ne s'attache au fond; lorsque les abricots sont avancés de cuire, vous descendez de temps en temps le chaudron pour écraser les morceaux ; faites cuire votre marmelade jusqu'à ce qu'elle se colle dans vos doigts sans trop de résistance en les appuyant l'un contre l'autre ; vous la mettrez alors dans les pots. Cette façon, quoique simple, est très bonne.

Marmelade de prunes. — Otez les noyaux des prunes que vous voulez employer ; prenez-en la quantité que vous jugerez à propos ; faites-les bouillir sur le feu avec un peu d'eau, jusqu'à ce qu'elles se mettent en marmelade, passez-les dans un tamis, remettez sur le feu ce que vous aurez passé, et les faites bouillir jusqu'à ce que la marmelade menace de s'attacher au fond de la poêle ; ensuite vous la passerez et y mettrez poids égal de sucre sur le feu avec un bon demi-setier d'eau ; faites-le bouillir et bien écumer. Vous connaîtrez quand il sera cuit, en trempant deux doigts dans l'eau fraîche, ensuite dans le sucre, puis dans la même eau, si le sucre qui reste à vos doigts casse net ; alors vous y mettrez votre marmelade pour la délayer avec le sucre en les remuant ensemble sur le feu, seulement jusqu'à ce qu'elle frémisse ; dressez-la dans les pots quand elle est froide ; jetez un peu de sucre fin dessus.

Marmelade de poires. — Faites cuire dans l'eau jusqu'à ce qu'elles soient tendres sous les doigts, la quantité de poires de rousselet que vous jugerez à propos ; ôtez-en la peau et n'en prenez que la chair, que vous passez dans un tamis ; mettez-la sur le feu et remuez-la toujours jusqu'à ce qu'elle menace de s'attacher à la poêle ; ensuite vous la passez et mettez bouillir et écumer poids égal de sucre dans une poêle avec un demi-setier d'eau ; continuez l'ébullition jusqu'à ce que, trempant l'écumoire dedans et la secouant, il s'enlève de longues étincelles qui se tiennent ensemble ; mettez-y la marmelade pour la délayer avec le sucre sur le feu ; quand elle commencera à frémir, vous la dressez dans les pots, et quand elle sera froide, vous mettrez par-dessus un peu de sucre fin.

Marmelade de pêches. — Pelez des pêches, qui ne soient pas trop mûres ; après avoir ôté les noyaux, vous les coupez en petits morceaux ; ensuite vous ferez cette marmelade de la même façon que les abricots sans façon que vous trouverez ci-devant.

Marmelade d'épine-vinette. — Faites cuire une livre et

demie de sucre comme pour la marmelade de poires ; ensuite vous y mettrez de l'épine-vinette ainsi préparée : Ayez
une livre d'épine-vinette tout égrainée, que vous mettrez
dans une casserole avec un verre d'eau ; faites-la bouillir
et passez le jus ; remettez-le sur le feu, faites-le bouillir de
nouveau, en tournant, jusqu'à ce que la marmelade soit
prête de s'attacher à la poêle : ensuite vous la mêlez avec
le sucre pour les remuer ensemble ; au moment où l'ébullition va commencer, mettez-la dans les pots.

Marmelade de verjus à la bourgeoise. — Prenez la quantité
de verjus que vous jugerez à propos ; ôtez la grappe et
mettez les grains dans de l'eau prête à bouillir ; lorsque le
verjus commence à pâlir et qu'il a monté sur l'eau, jetez-y
un peu d'eau fraîche et le descendez du feu ; couvrez jusqu'à ce qu'il soit redevenu vert, et au cas qu'il ne redevienne point assez vert, laissez-le dans la même eau, que
vous faites chauffer jusqu'à ce qu'il le redevienne ; après
vous l'égouttez et le passez au travers d'un tamis en le
pressant à force avec une cuillère de bois ; mettez cette
marmelade avec poids égal de sucre fin dans une poêle ;
faites bouillir le tout jusqu'à ce que, trempant un doigt dans
la marmelade, et l'appuyant contre un autre, les deux
doigts se collent ensemble sans résistance. Vous la mettrez
dans les pots après qu'elle sera un peu refroidie.

Marmelade de coings. — Prenez la quantité de coings
que vous jugerez à propos ; faites-les cuire dans l'eau jusqu'à ce qu'ils soient tendres ; mettez-les à l'eau froide jusqu'à ce qu'ils soient tout-à-fait froids ; puis coupez-les en
quatre, en ôtant les cœurs et les peaux ; écrasez-les et les
passez dans un tamis ; mettez ce que vous avez passé sur le
feu, et tournez toujours jusqu'à ce que la marmelade soit
épaisse, pesez-la et faites-la cuire avec poids égal de sucre,
comme il a été prescrit pour la marmelade de poires, et
retirez-la quand elle commencera à frémir pour la mettre
dans les pots.

CONFITURES.

Confiture de marmelade d'abricots. — Pelez les abricots,
et si vous le jugez à propos, ôtez les noyaux. Pour une livre
de fruits, mettez trois quartérons de sucre, que vous clarifierez comme il est expliqué ci-devant ; ensuite faites-les

cuire au gros boulet, ce que vous connaîtrez en mettant votre écumoire dans le sucre et en la retirant : soufflez alors dessus ; si le sucre vole, il est à son point de cuisson. Alors vous y mettrez vos abricots, et vous les ferez bouillir en remuant toujours avec une spatule de bois, jusqu'à ce que la marmelade soit collante dans vos doigts : c'est une marque que vous pouvez la dresser de suite dans les pots.

Confiture de cerises. — Prenez de cerises la quantité que vous en voulez faire, ôtez les queues et les noyaux, et procédez comme pour les abricots, tant pour la cuisson que pour la dose du sucre.

Confiture de gelée de groseilles. — Vous clarifiez votre sucre comme il est expliqué ci-devant, et mettez livre de sucre pour livre de fruit. Votre sucre étant cuit ou cassé, vous y mettrez votre groseille. Faites jeter deux bouillons couverts ; retirez ensuite votre confiture de dessus le feu, passez-la dans un tamis, et la mettez tout de suite dans les pots.

Quand elle sera froide, vous couvrirez vos pots, vous tremperez votre premier papier dans de l'eau-de-vie pour que la confiture se conserve mieux : c'est ce que vous observerez à toutes sortes de confitures, attendant toujours pour les couvrir qu'elles soient froides.

Confiture de gelée de pommes. — Elle se fait de même que celle de groseilles, à cette différence près qu'il faut tirer le jus de la pomme en la faisant bouillir dans un peu d'eau, et la passer après dans un linge blanc. Pressez-la un peu ; mettez le jus dans votre sucre. Vous connaîtrez qu'elle est cuite lorsque, ayant trempé l'écumoire et la relevant en inclinaison, la gelée tombera en perles. Vous la mettrez alors tout de suite dans les pots.

Confiture de verjus. — Vous ôterez tous les pepins de votre verjus, et mettrez pour livre de verjus livre de sucre en poudre, faisant dans la bassine un lit de verjus et un lit de sucre successivement jusqu'à la fin ; alors vous mettrez votre verjus sur un petit feu pour le faire bouillir doucement jusqu'à ce qu'il devienne vert : c'est à quoi vous connaîtrez qu'il est dans sa parfaite cuisson, et vous le dresserez aussitôt dans les pots.

Confiture de verjus entiers. — Pour livre de fruits, une livre de sucre en poudre ; mettez le tout dans une poêle, et faites-le cuire sur un bon feu. Faites-lui faire trois ou quatre bouillons couverts. Si votre verjus n'est pas bien vert, il faut le laisser cuire à petits bouillons jusqu'à ce qu'il le soit, et le mettre de suite dans les pots.

Confitures de gelée de muscat et de verjus. — La gelée de muscat et de verjus se fait de la même façon que celle de groseilles, que vous trouverez ci-dessus.

Confitures d'abricots verts et d'amandes vertes. — Après avoir ôté le duvet des abricots ou des amandes, comme il est marqué ci-devant pour les compotes d'abricots verts, faites-les cuire dans de l'eau de la même façon, jusqu'à ce que, en les piquant avec une épingle, elle entre facilement, et que l'abricot tombe de lui-même.

Vous faites ensuite clarifier du sucre en comptant livre de sucre pour livre de fruit. Vous le faites bouillir et le jetez sur le fruit; le lendemain vous retirez le fruit pendant qu'il s'égoutte sur un tamis, vous faites bouillir le sucre; et ayant replacé le fruit dans une terrine, votre sucre étant un peu plus que tiède, vous le versez sur le fruit.

Quand vos abricots et vos amandes seront bien verts, votre confiture sera faite.

Confitures de prunes. — Prenez telles prunes que vous jugerez à propos, comme de perdrigon, de reine-Claude, de mirabelle ou d'autre sortes; faites-les blanchir. Quand elles seront bien mollettes sous les doigts, vous les retirerez avec une écumoire, et les mettrez dans de l'eau fraîche.

Vous clarifierez cinq livres de sucre pour un cent de prunes; vous les mettrez dans un vase bien propre, une à une, pour qu'elles ne s'écrasent pas, et vous verserez dessus votre sucre un peu plus que tiède, tous les jours, soir et matin, pendant quatre ou cinq jours, après avoir chaque fois fait égoutter vos prunes sur un tamis.

Il faut que votre reine-Claude soit verte, et les autres prunes de leur couleur.

Si, à la dernière cuisson, vous voyez que votre sucre ne soit pas assez en sirop, vous le ferez cuire davantage en y mettant deux verres d'eau pour le dégraisser: alors vous le jeterez sur vos prunes tout bouillant.

Confitures d'abricots entiers ou par moitié. — Les confitures d'abricots entiers ou par moitié se font de la même façon que les confitures de prunes.

Confitures de poires de rousselet. — Les confitures de poires de rousselet se font de la même façon que les confitures de prunes.

RATAFIAS ET FRUITS CONFITS DANS UNE LIQUEUR SPIRITUEUSE.

Ratafia de raisin muscat. — Prenez du raisin muscat très mûr, écrasez-le dans une terrine pour en tirer le plus de jus que vous pourrez, passez-le au tamis, mélangez avec autant d'eau-de-vie, et mettez-y un quarteron de sucre par pinte, ajoutez pour la même quantité un peu de macis, de la canelle et un clou de girofle : mettez le tout dans une cruche bien bouchée, faites infuser cinq ou six jours, en remuant tous les jours ; ensuite passez à la chausse. Lorsqu'elle sera claire, vous la mettrez dans des bouteilles bien bouchées.

Abricots à l'eau-de-vie. — Vous commencerez par confire vos abricots, comme il est expliqué pour les confitures de prunes ; vous les mettrez ensuite sur le feu avec le sirop ; quand ils bouilliront, vous y jeterez une pinte d'eau-de-vie, et après un bouillon, vous les retirerez et les mettrez dans des pots.

Il faut observer qu'il ne faut qu'une pinte d'eau-de-vie par cent d'abricots ; quand vous y mettrez l'eau-de-vie, il faut tirer votre poêle de dessus le feu, parce que le feu y prendrait : si cet accident arrivait, il faudrait avoir un torchon blanc, le mouiller et en couvrir votre poêle pour éteindre le feu.

Ratafia d'abricots. — Coupez par petits morceaux un quarteron d'abricots ; cassez les noyaux pour en tirer les amandes que vous pelez et concassez ; mettez-les dans une cruche avec les abricots, plus deux pintes d'eau-de-vie, une demi-livre de sucre ; un peu de canelle, huit clous de girofle, très peu de macis, bouchez bien la cruche, laissez infuser quinze jours ou trois semaines, ayez soin de remuer souvent la cruche, vous passerez ensuite le liquide à la chausse pour le mettre dans des bouteilles que vous porterez à la cave.

Poires de rousselet à l'eau-de-vie. — Elles se font de la même façon que les abricots à l'eau-de-vie.

Prunes à l'eau-de-vie. — Les prunes à l'eau-de-vie, de telles espèces qu'elles soient, se font de la même façon que les abricots, en observant la même cuisson.

Eaux de cerises, de groseilles, de fraises, de framboises, de mûres, pour boire en été. — Pour une livre de fruit, vous mettrez une pinte d'eau, dans laquelle vous le délaierez après l'avoir écrasé, pressez le tout dans un linge blanc mettez ensuite un peu de sucre dans le liquide et filtrez à la chausse; pour que votre eau soit bien claire, vous la tiendrez au frais, jusqu'au moment de la servir.

Si vous voulez en faire des glaces, vous y ajouterez encore un peu de sucre, et ayant mis votre eau dans des moules de fer-blanc, vous la ferez congeler au moyen de la glace et du sel ou du salpêtre.

Quand elle commencera à prendre, vous aurez soin de remuer de temps en temps avec une cuillère; sans cette précaution, les bords seraient trop glacés et le milieu ne le serait pas; la congélation étant opérée, vous dressez vos glaces dans de petits gobelets, et servez promptement.

Ratafia de cerises. — Prenez de bonnes cerises bien mûres, ôtez-en les queues et les noyaux, mettez avec un peu de framboises; écrasez le tout ensemble, et placez-le dans une cruche bien propre, où vous les laisserez quatre ou cinq jours. Vous aurez soin de remuer le marc tous les jours deux ou trois fois, et vous le presserez bien pour en tirer tout le jus; pour trois pintes de jus, il faut deux pintes d'eau-de-vie; pour les cinq pintes de ratafia, il faut concasser trois poignées de noyaux des mêmes cerises et ajouter cinq quarterons de sucre.

Remettez le liquide dans la même cruche, avec une poignée de coriandre, un peu de canelle; remuez-le tous les jours pendant sept ou huit jours, après quoi vous le passerez à la chausse bien claire; et vous le mettrez dans des bouteilles bien bouchées, et ensuite à la cave.

Ratafia de fruits rouges. — Prenez deux livres de cerises dont vous ôterez les queues et les noyaux, une livre de groseilles, une livre de guignes noires, une livre de framboises, une livre de mûres, que vous ajouterez dans la

saison ; écrasez tous ces fruits ensemble, et passez le jus
dans un tamis pour le mettre dans une cruche avec autant
d'eau-de-vie que vous avez de jus de fruit ; il faut en outre
un quarteron de sucre par pinte de ratafia et nu bâton de
canelle; laissez infuser pendant deux mois, ensuite vous
tirerez le ratafia au clair pour le mettre dans des bouteilles.

Vin de cerises. — Pour faire cinq pintes de vin de cerises,
ayez quinze livres de cerises, avec deux livres de groseilles
que vous écrasez bien ensemble, pilez les deux tiers de
noyaux que vous ajoutez au mélange ; mettez le tout dans
un baril avec nu quarteron de sucre par pinte de jus ; il
faut que le baril soit plein; placez sur la bonde ouverte
une feuille de vigne et du sable autour, jusqu'à ce qu'il
ne bouille plus, c'est-à-dire pendant près de trois semaines; il faut avoir soin de tenir toujours le baril plein, en
y mettant à mesure du jus de cerises ; ensuite quand il ne
bouillira plus, vous le boucherez avec un bondon, et deux
mois après, vous le tirerez à clair pour le mettre dans des
bouteilles.

Recette pour faire le vespétro. — Prenez une bouteille de
gros verre ou de grès qui tienne un peu plus de deux pintes
de Paris, mettez-y deux pintes de bonne eau-de-vie, introduisez-y les graines qui suivent, après que vous les aurez concassées grossièrement dans un mortier savoir : deux
gros de graines d'angélique, une once de graines de coriandre, une bonne pincée de fenouil, autant d'anis, ajoutez-y le jus de deux citrons avec les zestes des écorces,
une livre de sucre, laissez infuser le tout dans la bouteille
pendant quatre ou cinq jours, ayez soin de remuer de
temps en temps pour faire fondre le sucre, ensuite vous
passez la liqueur par le coton ou par le papier gris, et la
mettez dans des bouteilles que vous aurez soin de bien
boucher.

Propriété du vespétro. — Il est bon pour les douleurs
d'estomac, indigestion et vomissement, colique, obstruc-
tion, point de côté et de mamelle, maux de reins, difficulté d'uriner, gravelle, oppresssion de rate et dégoût,
tournoiement de cerveau, rhumatisme, courte haleine:
il fait mourir les vers des petits enfants en leur en faisant
prendre une cuillerée pendant quatre ou cinq matinées,

préserve du mauvais air si l'on en boit une cuillerée avant de sortir, et si l'on s'en frotte le nez et les tempes.

Un homme de probité et d'honneur assure qu'étant incommodé d'un flux hépatique qui lui causait une affliction continuelle, l'usage de cette liqueur le guérit parfaitement.

Ratafia de noyaux et de graines. — Pour faire le ratafia de noyaux, il faut prendre une livre d'amandes d'abricots ou tous autres noyaux. Vous les mettrez infuser pendant huit jours dans deux pintes d'eau-de-vie et une pinte d'eau avec une livre de sucre, une poignée de coriandre, un peu de canelle, vous passerez ensuite l'infusion à la chausse et la mettrez en bouteille; tous les ratafias de graines ou noyaux se font de la même façon.

Ratafia de fleurs d'oranger. — Prenez une livre de fleurs d'oranger épluchées, avec deux pintes d'eau-de-vie, une pinte d'eau, une livre de sucre, mettez-les infuser vingt-quatre heures, ensuite passez-les à la chausse.

Autre ratafia de fleurs d'oranges. — Mettez dans une cruche bien bouchée, trois quarterons de fleurs d'oranges, trois chopines d'eau, deux pintes d'eau-de-vie, une livre et demie de sucre; placez cette cruche dans un chaudron plein d'eau que vous ferez bouillir sur le feu pendant dix heures: ôtez-le du feu et laissez refroidir la liqueur dans la cruche avant de la passer.

Ratafia de coings. — Prenez de bons coings que vous pilerez après en avoir ôté les pepins et la pelure; pressez-les bien dans un torchon neuf; mesurez le jus que vous en tirerez; mettez deux pintes d'eau-de-vie sur trois pintes de jus, et un quarteron de sucre par pinte de la totalité, de la canelle, de la coriandre, gingembre et macis, le tout modérément; laissez infuser pendant dix ou douze jours; bouchez bien la cruche où vous avez mis votre ratafia pour qu'il ne prenne point l'évent; il faut ensuite le passer à la chausse, bien clair, et le mettre dans des bouteilles bien propres.

Quand il sera bien bouché, vous le mettrez à la cave: plus il sera vieux, meilleur il sera.

Ratafia de fleurs d'oranges. — Mettez une livre de sucre dans une poêle avec un verre d'eau; faites bouillir et écumer; continuez l'ébullition jusqu'à ce que, trempant l'écumoireded ans et soufflant au travers des trous, il en sorte de grosses étincelles de sucre; ôtez-le du feu, mettez-y une demi-livre de feuilles de fleurs d'oranger; faites-les jeter deux ou trois bouillons avec le sucre, ôtez-les du feu et couvrez-les bien; laissez-les dans le sucre cinq ou six heures; ensuite vous les remettrez sur un petit feu avec une pinte d'eau-de-vie; seulement le temps qu'il faut pour que le sucre soit bien mêlé avec l'eau-de-vie; après, vous passez votre ratafia dans une serviette, et le mettez en bouteilles; vous vous réglerez sur cette dose pour la quantité que vous voudrez faire.

Pour garder les fleurs d'orangers qui vous ont servi à faire votre ratafia, après qu'elles sont bien pressées, prenez une demi-livre de sucre, et mettez-le dans une poêle avec un peu d'eau; faites bouillir et écumer; continuez de faire bouillir jusqu'à ce que, trempant deux doigts dans de l'eau, les plongeant dans le sucre et les retrempant dans l'eau, le sucre qui tient à vos doigts se casse net; alors vous y mettrez vos fleurs d'oranger et leur ferez faire un petit bouillon; ôtez-les du feu et remuez-les toujours jusqu'à ce que le sucre devienne en poudre, alors posez-les sur un tamis, en ayant soin de mettre quelque chose dessous pour ne pas perdre le sucre qui passe au travers. Ces fleurs d'oranger, conservées dans un endroit sec, vous serviront pour aromatiser des crêmes.

Ratafia d'anis. — Pour faire deux pintes de ratafia d'anis, mettez une livre de sucre dans une poêle avec un demi-setier d'eau; faites bouillir jusqu'à ce que le sucre soit bien écumé et clair; ensuite faites chauffer dans un demi-setier d'eau avec trois onces d'anis; laissez infuser un quart d'heure et jetez l'infusion dans le sucre avec trois chopines d'eau-de-vie; remuez le tout ensemble, avant de le mettre dans une cruche; bouchez bien la cruche et exposez-la au soleil; laissez infuser le ratafia pendant trois semaines. Avant de le mettre dans les bouteilles, vous le passerez à la chausse.

Ratafia de genièvre. — Pour faire trois pintes de ratafia de genièvre, mettez dans une cruche deux pintes d'eau-de-vie avec une bonne poignée de genièvre et une livre et demie de sucre, que vous aurez fait bouillir auparavant avec une chopine d'eau pour le clarifier; bouchez bien la cruche et tenez-la dans un endroit chaud environ cinq semaines avant de passer la liqueur à la chausse; passez et mettez en bouteilles. Ce ratafia est stomacal et bon quand il est gardé longtemps.

Ratafia de bigarades ou de citrons. — Vous ferez celui que vous voudrez: il se fait de la même façon : prenez huit bigarades ou huit citrons; pelez-les légèrement sans anticiper sur le blanc; coupez la pelure en petits zestes, mettez-les dans une cruche avec trois chopines d'eau-de-vie et faites infuser pendant trois semaines; ensuite vous mettez une livre de sucre dans une poêle avec un demi-setier d'eau ; vous le faites bouillir pour le clarifier ; vous l'ajoutez à l'eau-de-vie et le laissez encore infuser douze ou quinze jours ; après vous passez la liqueur et la mettez en bouteilles.

Ratafia de noix. — Lorsque les noix sont formées, vous en prenez une douzaine entière ; fendez-les par la moitié, et mettez-les dans une cruche avec trois chopines d'eau-de-vie ; bouchez bien la cruche et tenez-la dans un endroit frais pendant six semaines ; il faut avoir l'attention de remuer de temps en temps la cruche; ensuite vous mettez une livre de sucre dans une poêle avec un demi-setier d'eau, faites bouillir et écumer; après que vous aurez passé l'eau-de-vie dans une serviette, vous y mettrez le sucre avec un petit morceau de canelle et une pincée de coriandre; laissez encore infuser environ un mois, et vous tirerez à clair pour mettre en bouteilles.

SIROPS DE DIFFÉRENTS FRUITS POUR L'HIVER.

Prenez deux livres de sucre pour une livre fruits ; vous ferez d'abord cuire votre sucre au cassé, comme il est expliqué pour la gelée de groseilles, puis vos y mettrez une livre de fruits; et après un bouillon court, vous retirerez la poêle du feu et mettrez égoutter les fruits sur un tamis; quand le jus sera froid, mettez-le dans des bouteilles que vous boucherez seulement avec du papier.

Sirop de violettes. — Sur un quarteron de violettes épluchées, que vous mettrez dans une terrine, versez un demi-setier d'eau bouillante; posez quelque chose de propre sur les violettes pour les tenir enfoncées dans l'eau, couvrez-les et mettez-les sur de la cendre chaude pendant deux heures ; ensuite vous versez les violettes dans un linge que vous pressez fort pour faire sortir l'eau. Cette quantité de violettes doit vous rendre près d'une pinte. Vous mettrez alors deux livres et demie de sucre dans une poêle avec un demi-setier d'eau, et vous ferez bouillir jusqu'à ce que, trempant les doigts dans l'eau, les mettant dans le sucre, et les retirant pour les retremper dans l'eau, le sucre qui tient à vos doigts se casse net : alors vous y versez votre eau de violette ; ayez grand soin que votre sirop ne bouille pas. Quand ils seront bien incorporés ensemble, mettez le sirop dans une terrine, couvrez la terrine et posez-la sur une cendre chaude que vous entretiendrez pendant trois jours au même degré de chaleur. Vous connaîtrez que le sirop est fait si, ayant plongé deux doigts dedans, et les retirant l'un de l'autre, il se forme un fil qui ne se rompe pas ; alors vous mettrez en bouteilles.

Sirop de cerises. — Prenez deux livres de belles cerises bien mûres et bien saines, ôtez les queues et les noyaux, et mettez-les sur le feu avec un grand verre d'eau. Faites-les bouillir huit ou dix bouillons et passez-les au tamis ; mettez deux livres de sucre sur le feu avec un verre d'eau ; faites-le bouillir et écumer, continuez de le faire bouillir jusqu'à ce que, trempant l'écumoire dedans, la secouant et soufflant au travers des trous, il en sorte des étincelles de sucre. Vous y mettez tout de suite le jus de cerises, que vous ferez bouillir jusqu'à consistance de sirop fort.

Sirop d'abricots. — Suivant le temps que vous voulez garder les sirops, il faut mettre plus ou moins de sucre. Pour un sirop d'abricots que vous voulez conserver d'une saison à l'autre, il faut deux livres de sucre par livre de fruits. Prenez une livre d'abricots bien mûrs, ôtez-en les noyaux ; après avoir pelé l'amande, vous la coupez par morceaux ; coupez aussi les abricots par petits morceaux. Mettez deux livres de sucre dans une poêle avec un verre d'eau, et faites-le cuire comme pour le sirop de cerises ; mettez-y les abricots et les noyaux, faites-les cuire à moyen feu, jusqu'à ce que, prenant du sirop avec un doigt que vous touchez contre un autre, il se forme un fil qui, en les écartant, se soutienne un peu sans se rompre : alors vous les passez dans un tamis. Vous pouvez faire encore votre sirop de cette façon : après avoir coupé le fruit et les noyaux comme il a été dit, mettez-les sur le feu avec un verre d'eau ; faites-les bouillir jusqu'à ce qu'ils soient en marmelade, passez le jus dans un tamis en l'exprimant fort ; laissez-le reposer et passez de nouveau dans un linge.

Vous mettrez ensuite ce jus dans le sucre pour le faire bouillir jusqu'à consistance d'un sirop fort.

Sirop de mûres. — Prenez deux cents belles mûres bien noires, mettez-les sur le feu avec un grand verre d'eau, faites-leur faire cinq ou six bouillons jusqu'à ce qu'elles aient rendu tout leur jus, et passez-le dans un tamis, laissez-le reposer et repassez-le une seconde fois dans un tamis plus serré. Prenez deux livres de sucre que vous mettez sur le feu avec un demi-setier d'eau, faites-le bouillir et écumer ; continuez de le faire bouillir jusqu'à ce que, trempant deux doigts dans de l'eau, les mettant dans le sucre, et les retrempant dans l'eau fraîche, le sucre qui vous reste dans les doigts se casse net. Versez-y alors votre eau de mûres ; faites chauffer jusqu'à ce qu'elle soit incorporée avec le sucre, ayez soin qu'elle ne bouille point. Vous la mettrez ensuite dans une terrine bien couverte sur la cendre chaude pendant trois jours, et l'entretiendrez d'une chaleur égale le plus que vous pourrez, sans être brûlante. Le sirop est à son point de cuisson lorsqu'il file assez solidement entre deux doigts. Mettez alors en bouteilles, et ne bouchez que quand il sera tout-à-fait froid.

Sirop de verjus. — Mettez sur le feu deux livres de cassonade avec un demi-setier d'eau ; faites bouillir et écumer ; continuez l'ébullition jusqu'à ce que, trempant l'écumoire dans la cassonade, la secouant dessus et soufflant au travers des trous, le sucre vole comme des étincelles. Placez-y alors votre verjus préparé de cette façon : prenez deux livres de verjus bien vert et gros, ôtez en les grappes et pilez-les, exprimez-en le jus en le passant dans un tamis serré, laissez-le reposer et tirez-le à clair, versez-le dans la cassonade avec laquelle vous le ferez bouillir ensemble jusqu'à consistance de sirop fort, ce que vous connaîtrez quand il se formera un fil dans vos doigts.

Sirop de coings. — Prenez une douzaine de coings bien mûrs ; ôtez-en les queues et les peaux, pilez la chair et mettez-la dans un torchon pour la tordre à force de bras. Par ce moyen vous en exprimerez tout le jus ; laissez reposer ce jus et tirez-le à clair. Pour un demi-setier, vous prendrez une livre de cassonade, que vous ferez cuire comme ci-dessus. Quand votre cassonade aura son degré de cuisson, vous y verserez le jus de coings que vous ferez bouillir jusqu'à consistance de sirop fort.

Sirop de guimauve. — Disposez une livre de cassonade comme ci-dessus, et versez-y une eau de guimauve faite de cette façon : faites cuire dans une chopine d'eau trois quarterons de racine de guimauve hachée, après l'avoir ratissée et lavée, laissez-la bouillir jusqu'à ce que l'eau se colle après les doigts ; ensuite vous la mettrez dans un torchon pour la tordre à force de bras. Laissez-la reposer et tirez-la à clair : alors ajoutez le liquide à la cassonade et faites bouillir jusqu'à consistance d'un sirop fort.

Sirop de pommes. — Prenez un quarteron de pommes de reinette bien saines, coupez-les en tranches les plus minces que vous pourrez, et les faites cuire avec un demi-setier d'eau. Quand elles sont en marmelade, vous les mettez dans un torchon pour les tordre et en exprimer tout le jus, que vous laissez reposer, et le tirez à clair. Par demi-setier de jus, vous ferez cuire une livre de sucre de la même façon que pour le sirop de cerises ; après la cuisson, versez-y votre jus de pommes, et faites-le bouillir jusqu'à consistance de sirop fort.

Sirop de citrons. — Le sirop de citrons ne se fait ordinairement que lorsqu'on veut s'en servir ; à cet effet, vous mettez une demi-livre de sucre dans une poêle avec un petit verre d'eau, vous le faites bouillir et écumer, et continuez l'ébullition jusqu'à ce que, prenant du sucre avec un doigt, l'appuyant contre un autre et l'écartant, il se forme un fil qui se rompe en formant une goutte sur le doigt : alors vous y mettez le jus d'un petit citron ; vous faites faire encore quelques bouillons, et le sirop est fait.

Sirop de capillaire. — Prenez une once de feuilles de capillaire, mettez-les dans une chopine d'eau bouillante, laissez-les infuser au moins douze heures sur la cendre chaude, et passez l'infusion dans un tamis ; ensuite ayez une livre de sucre dans une poêle avec un bon verre d'eau ; faites-le bouillir et écumer ; continuez l'ébullition jusqu'à ce que, trempant deux doigts dans de l'eau fraîche et ensuite dans le sucre, et les retrempant promptement dans l'eau fraîche, le sucre qui reste à vos doigts se casse net ; versez-y votre eau de capillaire sans la faire bouillir, et quand le mélange sera opéré, mettez-le dans une terrine couverte sur de la cendre chaude, que vous entretiendrez d'une chaleur égale, sans être brûlante, pendant trois jours.

Sirop d'orgeat. — Pour une demi-livre d'amandes douces, prenez deux onces des quatre semences froides et une demi-once d'amandes amères ; jetez les amandes dans de l'eau bouillante, afin de pouvoir ôter la peau, et à mesure que vous les déshabillez, jetez-les dans l'eau fraîche. Faites-les égoutter, pilez-les dans un mortier avec les semences froides, et pour empêcher ce mélange de tourner en huile, ajoutez de temps en temps une demi-cuillerée à bouche d'eau ; achevez de délayer avec un bon demi-setier d'eau tiède, et faites infuser pendant trois heures sur de la cendre chaude ; passez le liquide à travers une serviette ouvrée sur une livre de sucre, comme pour le sirop de capillaire, et finissez-le de la même façon sur de la cendre chaude.

Sirop de coquelicots. — Le coquelicot est une fleur dont on fait un sirop bon pour le rhum : prenez-en une demi-livre que vous mettrez dans une terrine, et versez dessus une chopine d'eau bouillante ; laissez infuser pendant vingt-quatre heures sur de la cendre chaude, ensuite faites jeter deux bouillons, et passez au tamis en pressant fort pour faire sortir tout le suc. Mettez une livre de sucre dans une poêle avec un verre d'eau ; faites-le bouillir et bien écumer, introduisez-y l'infusion de coquelicot, et faites bouillir le tout jusqu'à la consistance d'un sirop.

Le sirop de fleurs de pêches se fait de la même façon.

Sirop de chou rouge pour fortifier la poitrine. — Coupez et lavez un gros chou rouge ; mettez-le dans une marmite avec de l'eau, et faites-le cuire trois ou quatre heures, jusqu'à ce qu'il reste tout au plus une chopine d'eau ; passez le chou dans un tamis en le pressant pour en exprimer tout le suc ; laissez reposer et tirez à clair. Prenez une livre de miel de Narbonne que vous mettez dans une poêle avec un verre d'eau ; faites-le bouillir en l'écumant souvent ; lorsque le miel sera bien clair, mettez-y votre eau de chou, et faites bouillir le tout jusqu'à consistance de sirop.

DES CONSERVES.

Conserve de violettes. — Prenez une feuille de papier blanc que vous laissez en double, et pliez-la tout autour pour lui faire un bord de la hauteur d'un bon pouce, comme si vous vouliez faire une caisse; mettez une livre de sucre dans une poêle avec un verre d'eau; faites bouillir et écumer, continuez l'ébullition jusqu'à ce que, trempant l'écumoire et la secouant d'un revers de main, il s'élève de longues étincelles : vous ôtez alors le sucre du feu, et quand il est à moitié froid, vous y mettez des violettes préparées de cette façon : prenez deux onces de violettes épluchées que vous pilez très fin dans un petit mortier, délayez-les bien avec le sucre, en les remuant promptement avec une cuillère de bois ou une spatule, et versez-les de suite dans le moule de papier; quand elles seront presque froides, vous passerez le couteau par-dessus en marquant des façons en carré ou en long, quand elles seront tout-à-fait froides, vous n'aurez plus qu'à les rompre pour vous en servir.

Conserve de groseilles. — Prenez une livre de groseilles rouges, ôtez-en les grappes et mettez sur le feu avec un verre d'eau, faites cuire jusqu'à ce qu'elles aient rendu leur jus, passez-les dans un tamis en les pressant fort pour qu'il n'y reste que les peaux, remettez le liquide sur le feu, et faites-le réduire jusqu'à ce que cela forme une marmelade épaisse. Mettez une livre de sucre dans une poêle avec un verre d'eau, faites bouillir et écumer, continuez de faire bouillir jusqu'à ce que, trempant les doigts dans de l'eau, le sucre qui reste à vos doigts se casse net ; alors ôtez du feu votre marmelade, remuez-la jusqu'à ce que vous voyiez qu'il se forme une petite glace dessus, et dressez-la dans un moule de papier, comme celle de violettes.

Conserve de framboises. — Faites cuire une livre de sucre de la même façon que pour la conserve de groseilles, et vous y mettrez des framboises ainsi préparées ; écrasez et passez au tamis une livre de framboises avec deux onces de groseilles rouges, le tout épluché ; mettez ensuite le jus dans une poêle sur le feu, pour le faire épaissir, vous le jeterez dans le sucre, et finirez votre conserve comme celle de groseilles.

Conserve de cerises. — Faites cuire une livre de sucre de la même façon que pour la conserve de groseilles; prenez une livre de belles cerises, ôtez-en les queues et les noyaux, mettez-les sur le feu pour leur faire rendre leur eau, ensuite pressez-les dans un tamis pour qu'il n'y reste que les peaux, et posez sur le feu tout ce qui a passé pour le faire dessécher : finissez votre conserve comme celle de groseilles.

Conserve de fleurs d'oranger. — Mettez une livre de sucre dans une poêle avec un grand verre d'eau, écumez, faites bouillir jusqu'à ce que, trempant l'écumoire dans le sucre et la secouant d'un revers de main, il s'envole des étincelles, retirez alors la poêle du feu, jetez-y des fleurs d'oranger bien blanches à demi-hachées; mouillez-les avec le jus de la moitié d'un citron, remuez sans mettre sur le feu jusqu'à ce que le sucre devienne blanc autour de la poêle, et versez aussitôt dans le moule de papier.

Conserve d'abricots. — Faites cuire une livre de sucre comme pour la conserve de violettes : quand il est à son point, mettez-y un quarteron pesant de marmelade d'abricots faite de cette façon : prenez quinze ou dix-huit abricots suivant la grosseur, qui ne soient pas tout-à-fait mûrs, ôtez-en les noyaux et les peaux, coupez-les par morceaux et faites-les cuire avec un peu d'eau jusqu'à ce qu'ils soient en marmelade bien desséchée et épaisse; mettez-la dans le sucre, et finissez cette conserve comme celle de groseilles.

Conserve de pêches. — Elle se fait de la même façon que celle d'abricots.

Conserve de verjus. — Faites cuire une livre de sucre comme pour la conserve de violettes; quand il est à son point de cuisson, vous l'ôtez du feu et le remuez environ deux minutes, ensuite vous y mettez le verjus préparé de la sorte : prenez une livre de verjus mûr, faites-le cuire jusqu'à ce qu'il soit en marmelade, et pressez-le dans un tamis jusqu'à ce qu'il n'y reste que les peaux et les pepins. Remettez alors la marmelade sur le feu pour la faire épaissir avec le sucre, en remuant sans cesse jusqu'à ce que le sucre commence à blanchir sur les bords de la poêle; versez-le aussitôt dans le moule.

Conserve de guimauve. — Coupez en très petits morceaux

environ une livre de guimauve, après l'avoir ratissée et lavée, faites-la cuire dans un pot avec un peu d'eau jusqu'à ce qu'elle soit en marmelade, pressez-la dans un tamis; remettez sur le feu ce qui a passé, remuez-le toujours jusqu'à ce qu'il soit bien épais; faites cuire une livre de sucre de la même façon que celui de la conserve de groseilles, mettez-y la marmelade et remuez-la jusqu'à ce que le sucre commence à blanchir sur les bords de la poêle; versez-la alors dans le moule.

Conserve de raisin. — Ordinairement, pour toutes sortes de confitures de raisin, l'on prend du muscat, parce qu'il est le meilleur. Prenez une livre et demie de raisin, ôtez-en les grappes, mettez-le sur le feu pour le faire crever, ensuite passez-le par force dans un tamis. Mettez sur le feu tout ce qui a passé afin de le faire épaissir; faites cuire une livre de sucre de la même façon que celui de la conserve de groseilles, et quand il est à son point de cuisson, mettez-y la marmelade, que vous placez ensuite dans le moule.

Conserve d'oranges. — Mettez une demi-livre ou trois quarterons de sucre dans une poêle avec un demi-verre d'eau; faites-le bouillir sans l'écumer jusqu'à ce que, trempant l'écumoire dans le sucre et soufflant au travers des trous, il en sorte de grandes étincelles de sucre; ôtez alors votre sucre du feu; quand il sera à moitié froid, vous y jeterez l'écorce d'une orange douce râpée très fin, et vous la remuerez avec le sucre jusqu'à ce qu'il commence à s'épaissir, puis vous verserez la conserve dans le moule. Celles de citrons et de bigarades se font de même.

Conserve de café et de chocolat. — Mettez une livre de sucre dans une poêle avec un verre d'eau, faites bouillir et écumer, continuez à faire bouillir jusqu'à ce que, trempant l'écumoire dans le sucre et soufflant au travers des trous, il en sorte de petites étincelles de sucre, ôtez alors votre sucre du feu et laissez-le un peu refroidir, mettez-y une once de café en poudre et remuez; quand le mélange sera bien fait, vous verserez votre conserve dans le moule. La conserve de chocolat se fait de même; mais il ne faut qu'une demi-once de chocolat râpé très fin pour une livre de sucre.

Pâte d'amandes pour faire de l'orgeat. — Prenez une livre d'amandes douces émondées de leur peau à l'eau bouillante.

et pelez-les en y mettant de temps en temps un peu d'eau pour qu'elles ne tournent pas en huile.

Quand elles seront bien pilées, vous y mettrez une demi-livre de sucre aussi pilé, et vous ferez une pâte du tout pour vous en servir quand vous le jugerez à propos. Cette pâte se conserve six mois et même un an.

Quand vous voudrez vous en servir, vous en prendrez un morceau gros comme un œuf que vous délayerez dans trois demi-setiers d'eau, que vous passerez dans une ser-viette.

Des gâteaux de fleurs d'oranges. — Faites un moule avec du papier blanc que vous laissez en double, et pliez-le tout autour en faisant un bord de la hauteur de deux doigts ; comme si vous vouliez faire une caisse. Mettez une livre de sucre dans une poêle avec un verre d'eau, faites bouillir et écumer ; continuez de faire bouillir jusqu'à ce que, trempant l'écumoire dans le sucre, et soufflant au travers des trous, il s'envole de grandes étincelles ; jetez-y de suite un quarteron de feuilles de fleurs d'oranger, et faites-les bouillir jusqu'à ce que le sucre soit revenu au point même que quand vous avez mis les fleurs d'oranger ; alors vous les retirez du feu et les remuez promptement avec une spatule en frottant tout autour de la poêle et au milieu, jusqu'à ce que vous voyez que le sucre commence à monter ; alors vous y jetez promptement un peu de sucre en poudre délayé avec du blanc d'œuf ; vous remuez vivement et vous versez votre gâteau dans le moule. Appuyez le cul de la poêle sur le gâteau pendant qu'elle est chaude, parce que cela empêche qu'il ne s'affaisse. Les gâteaux de violettes se font de la même manière ; mais pour un quarteron de violettes, il ne faut que trois quarterons de sucre. Les gâteaux de fleurs d'oranger grillées se font de même, avec cette différence que vous faites griller les fleurs avec un feu de sucre en poudre avant de les mettre dans l'autre sucre.

Biscuits ordinaires. — Mettez huit œufs dans une balance et autant pesant de sucre de l'autre côté ; ayez sur une assiette une quantité de farine équivalente au poids de quatre œufs ; cassez huit œufs, mettez les blancs à part dans une terrine, et les jaunes dans une autre terrine avec le sucre, et un peu d'écorce de citron vert haché très fin, battez bien les jaunes avec le sucre pendant une demi-heure ; frottez les blancs jusqu'à ce qu'ils soient bien montés, mêlez-les avec le sucre, ensuite vous y incorporerez peu à peu et légèrement la farine, en remuant toujours. Vous avez des moules de fer-blanc ou de papier bien beurrés dedans, mettez-y votre pâte, ne les emplissez qu'un peu plus de moitié, jetez du sucre dessus et faites-les cuire dans un four d'une chaleur douce pendant une demi - heure ; quand ils sont d'une belle couleur dorée, vous les détournez, et vous les retirez des moules quand ils sont à moitié froids.

Biscuits à la cuillère. — Ils se font de la même façon que les précédents, avec moitié moins de sucre ; lorsque votre pâte est faite, vous en prenez une cuillerée pour chaque biscuit, et versez en long sur des feuilles de papier blanc ; après avoir jeté du sucre fin dessus, vous les faites cuire dans un four très doux, et quand ils sont cuits, vous les enlevez tout de suite de dessus le papier avec un couteau.

Biscuits à liqueur. — Mettez cinq œufs dans une balancë, et autant pesant de sucre fin de l'autre côté, ôtez le sucre et pesez autant de farine, mettez le sucre dans une terrine avec de l'écorce de citron vert haché, de la fleur d'oranger pralinée et hachée, et les cinq jaunes d'œufs ; battez le tout ensemble jusqu'à ce que le sucre soit bien mêlé avec les jaunes, après vous y ajouterez la farine et les battrez encore ensemble, fouettez les blancs d'œufs que vous avez mis à part jusqu'à ce qu'ils soient montés en neige, que vous mêlez avec le sucre et la farine.

Pour les dresser, vous avez deux feuilles de papier blanc que vous pliez en long en façon de rigole, de la largeur et hauteur d'un doigt, vous mettez deux cuillerées de votre biscuit dans chaque rigole, vous jetez du sucre fin par-dessus et les faites cuire dans un four doux. Quand ils sont de belle couleur, vous les enlevez du papier pour les mettre sur un tamis et vous gardez dans un endroit sec : ils sont excellents pour tremper dans les liqueurs

Biscuits légers. — Prenez dix œufs ; mettez les jaunes de cinq dans une terrine avec un peu de fleur d'orange pralinée et de l'écorce de citron vert, le tout haché très fin, battez le tout ensemble jusqu'à ce que le sucre soit bien mêlé avec les jaunes et un peu liquide ; ensuite vous fouettez les blancs des dix œufs ; quand ils sont bien montés en neige, vous les mêlez avec le sucre, mettez-y ensuite six onces de farine que vous jetez légèrement peu à peu, et remuez à mesure avec le fouet : dressez-les dans des moules beurrés, saupoudrez-les de sucre fin, et faites-les cuire dans un four doux.

Biscuits de confitures. — Pilez dans un mortier de l'écorce de citron confit avec une bonne pincée de fleurs d'orangers pralinées, ensuite vous y mettrez deux cullerées de marmelade d'abricots, trois onces de sucre fin, quatre jaunes d'œufs, mettez les blancs à part, mêlez le tout ensemble et passez-le dans un tamis en le pressant avec une cuillère jusqu'à ce qu'il ne reste plus rien dans le tamis ; après vous y introduirez les quatre blancs d'œufs fouettés, que vous mêlerez avec le reste ; dressez les biscuits en long sur du papier blanc, saupoudrez-les avec du sucre pour les glacer, et faites les cuire dans un four doux.

Biscuits de chocolat. — Prenez six œufs frais, cassez-en quatre pour mettre les jaunes dans une terrine et les blancs dans une autre ; mettez avec les jaunes une once et demie de chocolat très bien écrasé, avec six onces de sucre fin, battez le tout ensemble plus d'un quart d'heure ; ensuite ajoutez les six blancs d'œufs fouettés ; après qu'ils seront bien mêlés, vous y jetez peu à peu, en remuant toujours, six onces de farine ; dressez vos biscuits de la même façon que ceux à la cuillère sur du papier blanc, ou si vous voulez dans de petits moules de papier beurré légèrement en dedans, saupoudrez-les avec du sucre pour les glacer ; faites-les cuire comme les précédents.

Biscuits d'amandes. — L'on en fait de deux sortes, d'amandes amères et d'amandes douces que vous émondez et pilez très fin dans un mortier, en ayant la précaution, pour empêcher qu'elles ne tournent en huile, d'y jeter de temps en temps une pincée de sucre fin, ensuite vous les battez pendant un quart d'heure avec une once de farine, trois jaunes d'œufs et quatre onces de sucre fin ; ajoutez quatre blancs d'œufs et mêlez-les avec le reste de votre composition. Vous avez des moules de papier faits en caisse, beurrez-les légèrement en dedans et y dressez vos biscuits, jetez par-dessus du sucre fin mêlé de moitié de farine, et faites cuire dans un four très doux ; quand ils seront d'une belle couleur vous les ôterez du papier pendant qu'ils sont chauds.

Les biscuits d'amandes amères se font de la même façon ; mais pour deux onces d'amandes amères, il faut une once d'amandes douces.

Biscuits d'avelines. — Même procédé que ci-dessus.

Biscuits à la Saint-Cloud. — Mettez deux onces de fine farine de riz dans une terrine avec demi-livre de sucre en poudre, quatre jaunes d'œufs, une pincée de citron vert haché très fin, battez le tout ensemble un quart d'heure ; ensuite ajoutez huit blancs d'œufs fouettés ; dressez vos biscuits dans de petits moules de papier beurrés en dedans ; faites-les cuire dans un four doux : quand ils seront d'une belle couleur dorée, vous les ôterez des moules pendant qu'ils sont chauds ; glacez le jus comme il suit : mettez sur une assiette de terre ou de faïence la moitié d'un blanc d'œuf avec deux cuillerées de sucre très fin, battez-les bien ensemble avec une cuillère de bois, en y versant de temps en temps quelques gouttes de citron ; quand votre glace sera bien blanche, vous la mettrez sur les biscuits que vous remettrez un instant dans le four pour faire sécher.

Crème de fraises. — Prenez environ un demi-setier de fraises épluchées, lavées et égouttées, que vous pilez dans un mortier ; faites bouillir et réduire à moitié trois demi-setiers de crème avec un demi-setier de lait et du sucre, laissez un peu refroidir et délayez-y vos fraises. délayez aussi gros comme un grain à café de présure que vous mettrez dans la crème que quand elle ne sera plus que tiède : passez-la tout de suite dans un tamis et dressez-la dans un compotier qui puisse aller sur de la cendre chaude sans se casser ; mettez de la cendre chaude dessus et dessous ; quand la crème sera prise, vous la tiendrez dans un endroit frais ou sur de la glace jusqu'à ce que vous serviez.

Crème de framboises. — Elle se fait comme celle de fraises, à cette différence près qu'en tirant la crème du feu quand elle est assez réduite, vous y mettrez deux jaunes d'œufs frais, que vous délayez auparavant avec deux cuillerées de crème ; remettez-la un instant sur le feu en la remuant seulement pour faire cuire les œufs sans bouillir, de crainte qu'elle ne tourne, ensuite vous finirez comme ci-dessus.

Crême fouettée. — Mettez une pinte de bonne crême, dans une terrine avec un peu de fleur d'orange pralinée hachée très fin, un demi-quarteron de sucre fin, gros comme une noisette de gomme pulvérisée, fouettez votre crême et à mesure qu'elle mousse, vous l'enlevez avec une écumoire pour la mettre sur un tamis sous lequel il y a un plat pour recevoir ce qui en découle; vous continuez à fouetter la crême jusqu'à ce qu'il n'en reste plus dans la terrine, et si vous n'en avez pas assez, vous prenez celle qui a découlé du tamis, et vous la fouetterez encore; dressez votre crême dans un compotier.

Il y en a qui la garnissent de citrons confits, coupés en filets; elle se sert plus communément dans son naturel : ceux qui aiment le citron peuvent mettre un peu de citron vert haché très fin avant de fouetter; alors il n'est plus besoin de la piquer de citrons confits : elle se dresse dans le compotier en forme de dôme ou bien encore en forme de plusieurs petits rochers.

Crême à la Portugaise. — Prenez une chopine de bonne crême, mettez-y une demi-cuillerée à café d'eau de fleurs d'orange, avec un bon demi-quarteron de sucre, deux œufs, jaunes et blancs, fouettez le tout ensemble jusqu'à ce que votre crême soit épaisse, dressez dans un compotier d'argent, et faites prendre votre crême sur une cendre chaude, sous un couvercle de tourtière avec un peu de feu dessus; quand elle sera prise, vous la mettrez rafraîchir sur la glace ou dans un endroit frais jusqu'à ce que vous serviez.

Crême fouettée de fraises et framboises. — Fouettez trois demi-setiers de crême double; à mesure qu'elle mousse, vous la levez avec une écumoire pour la mettre dans un tamis, sous lequel il y a un plat pour recevoir ce qui égoutte. Lorsque vous avez tout fouetté, prenez deux poignées de fraises et framboises bien épluchées, passez la pulpe dans un tamis en pressant fortement, ajoutez deux onces de sucre fin, que vous mêlez avec les fraises et framboises; ensuite vous mêlez le tout ensemble en le fouettant avec la crême un instant avant de servir. Dressez dans le compotier.

Crême à la reine. — Mettez sur le feu une pinte de crême avec deux onces de sucre; faites-la bouillir jusqu'à ce qu'elle soit réduite à moitié. Ajoutez alors une demi-cuillerée à café d'eau de fleurs d'orange, deux blancs d'œufs fouettés, et remuez un moment sur le feu avec le fouet. Aussitôt que les blancs d'œufs seront cuits, dressez-la dans le compotier, et faites-la rafraîchir avant de servir.

Fromage naturel à la crême. — Prenez une chopine de bon lait que vous faites tiédir sur le feu; mettez-y, en remuant le lait, gros comme un pois de bonne présure délayée avec du même lait; faites prendre votre caillé à l'aide d'un peu de cendres chaudes sur le couvercle. Quand il est pris, vous dressez le caillé dans un petit panier d'osier, vous attendez qu'il soit égoutté; alors dressez-le dans le compotier, et servez-le avec de la bonne crême et du sucre fin dessus.

Fromage fouetté. — Hachez très fin un peu d'écorce de citron vert, et mettez-le dans une terrine avec trois demi-setiers de bonne crême bien épaisse, et gros comme un pois de gomme adragante en poudre. Fouettez votre crême; à mesure que la mousse est épaisse, vous l'enlevez avec l'écumoire pour la mettre dans un panier d'osier. Si le panier n'est pas bien serré, il faut mettre dans le fond un morceau de mousseline ou quelque autre linge clair. Lorsque la crême est toute fouettée, vous laissez égoutter le fromage jusqu'à ce que vous serviez. Vous la renversez alors dans un compotier, et jetez du sucre fin dessus.

Fromage à la princesse. — Mettez sur le feu une chopine de crême avec une pinte de lait, deux grains de sel, une écorce de citron vert râpée, une pincée de coriandre, un petit morceau de canelle, trois onces de sucre : faites bouillir ensemble et réduire à moitié, ôtez le tout du feu. Quand la crême sera tiède, vous y mettrez un peu de présure délayée avec une cuillerée d'eau; passez la crême au tamis et remettez sur de la cendre chaude. Dès qu'elle sera prise en caillé, mettez-la dans un petit panier d'osier pour la faire égoutter et prendre la forme d'un fromage; ensuite vous la renversez dans un compotier ou sur une assiette.

Fromage à la Montmorency. — Mettez sur le feu une

chopine de crême avec deux onces de sucre. Quand elle bouillira, vous l'ôterez pour la faire refroidir; ensuite vous y mettez une demi-cuillerée à café d'eau de fleurs d'oranger, fouettez la crême avec un fouet d'osier, et à mesure que la mousse est un peu épaisse, vous l'enlevez avec une écumoire pour la mettre dans un panier garni d'un linge. Continuez de fouetter jusqu'à ce que vous n'ayez plus de de crême; laissez égoutter le fromage et servez dans un compotier ou sur une serviette.

Fromage à la glace à la bourgeoise. — Prenez une chopine de crême double, si vous voulez, ou d'autre qui soit bonne, un demi-setier de lait, un jaune d'œuf, trois quarterons de sucre : faites faire cinq ou six bouillons et retirez du feu, vous y mettez ensuite quelque essence, comme fleurs d'oranger, bergamotte, lime douce ou citron, et ayant rempli votre moule de fer-blanc, vous le tenez plongé dans un petit seau, au fond duquel il y a de la glace bien pilée avec une poignée de sel ou salpêtre. Mettez tout autour du moule, jusqu'en haut, de la glace et du salpêtre.

Quand votre fromage est glacé, et que vous êtes prêt à servir, vous avez de l'eau chaude dans un chaudron, vous y trempez le moule du fromage pour le faire détacher, et le dressez dans la jatte : il faut le manger dans le moment.

Canellon de crême à la glace. — Les canellons se font de la même façon que les fromages à la glace : ils ne diffèrent que par la forme du moule.

Glaces de toutes sortes. — En hiver, vous vous servez de sirops, et en été, vous prenez des eaux de fruits que vous mettez dans des moules à glace, en ayant soin de les remuer de temps en temps à mesure qu'elles prennent.

Quand elles seront prises, vous les servirez dans les gobelets.

Lorsque vous aurez à servir des glaces, prenez-vous y au moins une heure à l'avance.

Massepains. — Pilez une livre d'amandes douces, après les avoir échaudées et émondées. Arrosez-les de trois blancs d'œufs en les pilant; mêlez-les ensuite avec de la marmelade d'abricots ou autre confiture qui ne soit pas liquide, et de la fleur d'orange confite et pilée. Quand le tout est bien mélangé, vous le mettez dans une casserole avec du sucre en poudre, et le faites réduire sur le feu ; vous versez ensuite cette pâte sur une table et la maniez avec du sucre fin : mettez-en jusqu'à ce que la pâte ne tienne plus dans vos mains, puis roulez-la pour en former des massepains de telle figure que vous voulez. Vous avez six blancs d'œufs que vous fouettez à moitié, en y mêlant du citron vert haché ; vous trempez dedans les massepains, que vous plongez dans du sucre fin, dont ils prennent autant qu'ils peuvent en prendre, dressez-les sur des feuilles de papier blanc que vous mettez sur des feuilles de cuivre, et faites-les cuire au four d'une chaleur douce.

Pour être sûr du four, mettez un peu de pâte sur une carte : si la pâte prend couleur, c'est une marque que le four est trop chaud.

Gaufres. — Prenez trois œufs des plus frais que vous pourrez, et les délayez avec autant de farine qu'ils en peuvent boire, du citron vert haché, de l'eau de fleurs d'oranger et du sucre fin : délayez le tout ensemble, et mettez-y ensuite un peu plus d'un demi-setier de crème, jusqu'à ce que la pâte soit assez liquide. Quand elle est prête, vous faites chauffer le gaufretier sur un fourneau, et frottez-le en dedans avec de la bougie pour empêcher les gaufres à s'attacher. Quand votre gaufretier est chaud, vous y versez de cette pâte, une pleine cuillerée à bouche, cela suffit ; refermez votre gaufretier, et remettez-le sur le feu. La gaufre étant cuite d'un côté, vous la retournerez de l'autre, puis vous la retirerez pour la mettre sur un rouleau de bois. Coupez les gaufres toutes chaudes, et quand elles seront toutes faites, tenez-les dans un lieu sec jusqu'à ce que vous les serviez.

Vous pouvez les garder plusieurs jours : si vous les tenez dans une étuve, elles ne s'amolliront pas.

Poires séchées à la façon de Reims. — La poire de rousselet est celle que l'on prend ordinairement pour faire sécher à la façon de Reims ; l'on emploie aussi celle de doyenné. Comme elle ne se conserve pas longtemps, par ce moyen on la conserve tant que l'on veut. Pelez les poires du haut en bas, ramassez un peu la queue et coupez-en le petit bout, jetez-les à mesure dans l'eau fraîche, et ensuite faites-les bouillir jusqu'à ce qu'elles fléchissent sous les doigts : vous les retirez à mesure avec l'écumoire pour les jeter dans l'eau fraîche. Quand elles seront égouttées, pour un demi-cent de poires, mettez une livre de sucre dans deux pintes d'eau ; quand il sera fondu, vous y passerez les poires pour les y laisser deux heures ; ensuite vous les dressez sur des clayons, la queue en haut, pour les mettre passer la nuit dans un four d'une chaleur douce, comme quand on a tiré le pain. Le lendemain, vous retrempez les poires dans le sucre et les remettez de la même façon dans le four, ce que vous continuerez pendant quatre jours, et la dernière fois vous ne les retirerez que quand elles seront tout-à-fait sèches : on les conserve dans un endroit sec.

Tablettes de réglisse pour le rhume. — Mettez dans un pot de terre une pinte d'eau de rivière avec une livre de réglisse verte, râtissée et coupée par très petits morceaux, deux poignées d'orge, quatre pommes de reinettes, faites bouillir le tout ensemble à très petit feu pendant quatre ou cinq heures, jusqu'à ce que cela soit bien cuit et réduit à moins de chopine d'eau. Ensuite vous écrasez bien le tout ensemble pour en passer à force de bras le plus que vous pourrez au travers d'un tamis ; mettez dans ce qui aura passé une livre de sucre clarifié et deux onces de gomme adragante fondue, faites dessécher cette composition sur le feu, en la remuant toujours avec une cuillère de bois jusqu'à ce qu'elle ne colle plus à vos doigts, alors vous la renversez sur des ardoises ou feuilles de cuivre frottées avec un peu d'huile ; quand elle sera froide, vous la couperez par tablettes que vous mettrez sécher dans un endroit un peu chaud.

Fruits secs sans être confits. — Les fruits séchés au naturel sont d'un grand secours pour ceux qui sont à la campagne et qui en ont beaucoup dans leurs jardins : voici la manière de les faire sécher.

Prenez des cerises bien mûres, et qu'elles ne soient point tournées, arrangez-les sur des claies sans les entasser les unes sur les autres ; vous laisserez les queues et les ferez sécher dans un four d'une chaleur douce, comme quand on vient de tirer le pain, vous les laisserez tant que le four aura de la chaleur, vous les tirerez après pour les retourner, et les remettrez au four avec la même chaleur jusqu'à ce que vous jugiez qu'elles soient assez sèches, alors vous les lierez en petits bouquets.

Les prunes se sèchent de la même façon : il faut les cueillir très mûres ; celles qui tombent d'elles-mêmes sont préférables, parce qu'elles ont plus de chair et sont d'un meilleur goût.

Les pêches se sèchent de la même façon que les prunes, avec cette différence que celles qui sont cueillies à l'arbre valent mieux que celles qui sont tombées ; vous les fendez par le milieu et en ôtez les noyaux. Quand elles sont à moitié sèches, vous les mettez sur une table bien propre, et les aplatissez pour qu'elles sèchent également ; vous les remettez après au four jusqu'à ce qu'elles soient sèches.

Les abricots se font de la même façon, à la réserve que l'on en fait sortir le noyau sans les ouvrir.

Les poires se sèchent pelées et sans les peler, la première façon est la meilleure.

Vous prenez les peaux, que vous mettez avec les poires dans un chaudron plein d'eau ; faites-les bouillir jusqu'à ce qu'elles commencent à s'amollir ; vous aurez soin en les pelant de leur laisser les queues, et vous les ferez ensuite sécher au four de la même façon que les qrunes.

Confitures de campagne — Prenez du vin doux appelé mou ; vous ne pouvez le prendre trop doux ; vous en drendrez un seau, plus ou moins, suivant la quantité que vous voulez faire de confitures ; mettez-le dans une chaudière, faites-le bouillir sur un feu toujours clair, faites-le réduire aux deux tiers pour qu'il ait une bonne consistance, et puisse confire le fruit.

Vous prendrez le fruit que vous voulez confire, soit poires, pommes ou coings, faites-le cuire dans l'eau jusqu'à ce qu'il soit un peu amolli, vous le pelerez ensuite, et l'ayant mis dans votre sirop de vin doux, vous les laisserez bouillir jusqu'à ce qu'il soit cuit, et vous aurez soin de bien écumer : vous connaîtrez sa cuisson en mettant du sirop sur une assiette ; s'il se tient en rubis, et qu'il ne coule point en penchant l'assiette, c'est une preuve qu'il faut retirer votre confiture ; vous la mettrez dans les pots, et la couvrirez quand elle sera froide.

Il est indifférent que le vin doux soit blanc ou rouge.

Confitures au cidre. — Vous prendrez du cidre de poires fait sans eau ; celui de pommes n'est point assez doux ; faites-le réduire aux deux tiers avant d'y mettre votre fruit ; vous finirez ensuite vos confitures de la même façon que celle de vin doux.

Confitures au miel. — Vous choisirez le plus beau miel que vous pourrez avoir, et vous en prendrez même poids que si vous employiez du sucre.

Voici la façon de s'en servir et de le clarifier. Mettez-le dans une poêle sur un fourneau ; quand il bout ; il faut le bien écumer ; vous connaîtrez sa cuisson, en mettant dessus un œuf de poule, s'il enfonce, sa cuisson est imparfaite ; s'il flotte, c'est signe qu'il est cuit, et vous pouvez vous en servir pour confire toutes sortes de fruits.

Faites attention que le miel est sujet à brûler, et qu'il faut le faire cuire à petit feu, en le remuant souvent avec une spatule de bois.

Confection du raisiné. — Prenez la quantité de raisins que vous jugerez à propos ; vous les égrainerez et les presserez à mesure dans le chaudron où vous devez les faire cuire ; mettez-les sur un feu clair, et à mesure qu'ils bouillent, ôtez-en les pepins le plus que vous pourrez avec une écumoire ; laissez-les réduire au tiers, et vous aurez soin de diminuer le feu à mesure qu'ils s'épaississent ; remuez-les souvent avec une spatule de bois à mesure qu'ils s'épaississent, de crainte qu'ils ne brûlent, vous les retirerez ensuite pour les passer au travers d'un linge blanc en les pressant bien fort avec les mains ; cela fait, remettez-les sur le feu pour leur faire faire quelques bouillons en les tournant continuellement, jusqu'à ce qu'ils aient pris assez de consistance, et vous les retirez du feu pour les mettre tout de suite dans des terrines.

Quand il sera à demi-froid, vous le mettrez dans les pots ; il faut laisser les pots découverts cinq ou six jours, et les couvrir de papier en visitant de temps en temps votre raisiné ; si le papier se moisit, vous l'ôterez et en remettrez d'autre, vous continuerez ce soin jusqu'à ce que toute l'humidité en soit évaporée : alors il ne se gâte plus, s'il est bien cuit ; sinon on le fait recuire un peu pour le couvrir définitivement.

BOISSONS CHAUDES.

Café à l'eau. — Il est d'usage, après dîner, de servir le café à l'eau. Cet usage est tout à fait hygiénique parce qu'il facilite la digestion. Il est donc indispensable de savoir faire un bon café. Les Français ont, sous ce rapport, une réputation méritée; aussi nos voisins d'outre-mer reconnaissent qu'il n'y a qu'en France qu'on fait du bon café. Plusieurs cafetières ont été inventées dans ces derniers temps. Il serait trop long d'en donner le détail. Il nous suffit de dire qu'elles ont toutes pour but de rendre la partie extractive du café plus soluble; mais en général le produit de ces cafetières est plus âcre et a moins d'arôme. Nous préférons la cafetière de M. Dubelloy. Le point le plus essentiel est de se procurer du café de première qualité ,chose qui n'est pas trop facile; car le café vendu en poudre est le plus souvent tellement chargé de chicorée, qu'à peine peut-on le reconnaître: achetons donc du café en grains (*Voyez* pages 307 et 308, les moyens de reconnaître les falsifications du café). Le grain doit être sec, difficile à casser, et légèrement jaunâtre; il doit exhaler un suave parfum. La torréfaction demande de grands soins. Elle doit être faite dans un tambour en fer, qui laisse peu échapper la vapeur du café; dès que la première odeur du café se fait sentir, il faut s'assurer s'il est assez cuit, ce que l'on reconnaît à sa couleur brune, semblable à celle du tabac. Il faut moudre le café peu après sa torréfaction, et ne pas attendre qu'il soit refroidi. La manière la plus simple de faire le café est de le jeter (1 hectogramme environ par litre d'eau) dans une cafetière d'eau bouillante : on le remue avec une cuillère, et après l'avoir retiré du feu, on ferme hermétiquement la cafetière, et on laisse clarifier pendant deux heures sur de la cendre chaude, puis on le tire à clair dans un vase de porcelaine, de faïence ou d'argent, mais jamais de fer-blanc.

Café à la crême et au lait. — Faites bouillir séparément votre café et votre crême ou votre lait ; servez aussi séparément, afin que chaque convive prenne de chaque la quantité qui lui paraîtra convenable.

Café au jaune d'œuf. — Délayez dans une tasse de café bien sucrée un jaune d'œuf; ajoutez un peu d'eau et faites chauffer au bain-marie, en remuant continuellement pour éviter la coagulation ; jetez quelques gouttes d'eau de fleurs d'oranger. Servez dès qu'il est chaud.

Thé. — Il y a une foule de sortes de thé; bornons-nous à distinguer le thé noir et le thé vert. Le premier est plus doux que le second, qui a une puissance très grande sur les nerfs. On choisit donc celui qui convient le mieux à la circonstance pour laquelle on prend le thé. Pour l'usage ordinaire, le thé noir est préférable. S'il s'agit de remédier à une indisposition, il vaut mieux prendre du thé vert. Mettez dans une théière quelques feuilles de thé, la quantité variera selon la force que vous voudrez donner à votre thé. Jetez sur ces feuilles et en diverses fois, de l'eau bouillante ; laissez infuser pendant quelques minutes, puis ajoutez toute la quantité d'eau que vous vous proposez d'y mettre.

Le thé se prend ordinairement avec du lait, et avec du pain et du beurre.

Chocolat. — Le chocolat dit *de santé*, est un composé de sucre et d'amandes de cacao, de canelle et de girofle : on distingue aussi le chocolat à *la vanille*, le chocolat *au salep*, selon qu'on ajoute au chocolat l'une ou l'autre de ces deux substances. Le chocolat se vend ordinairement en tablettes de 250 grammes chaque. Celui qu'on prépare au lait a seize tasse au demi-kilogramme ; celui qu'on veut faire à l'eau n'en a que douze. Cassez en morceaux ou râpez le chocolat nécessaire pour le nombre de tasses que vous voulez faire ; mettez-le dans une chocolatière, ajoutez un peu d'eau bouillante et délayez. Quand il est fondu, mettez la quantité d'eau nécessaire pour le nombre de tasses, faites bouillir, et tournez vivement au moment de servir afin de faire mousser.

Bavaroise. — C'est une infusion de thé édulcorée avec du sirop de capillaire, et quelques gouttes d'eau de fleurs d'oranges. On peut aussi faire la bavaroise au lait en mêlant parties égales de thé et de lait ; sucrez avec le sirop de capillaire et l'eau de fleur d'orange.

Punch au rhum et à l'eau-de-vie. — Mettez dans un bol demi-litre de rhum et demi-litre d'eau-de-vie ; autant d'eau bouillante et de thé bouillant, exprimez le jus de six citrons sur le tout, au travers d'une étamine, pour éviter que les pepins et la pulpe tombent dans le bol ; sucrez fortement, après avoir frotté votre sucre sur les écorces de citron pour en extraire toute la partie spiritueuse ; un peu de canelle au moment de servir; prenez une cuillère pleine de rhum ou d'eau-de-vie pure; chargez-la de sucre; mettez-y le feu, et glissez doucement votre cuillère bans le bol; le tout s'enflammera; il suffira d'agiter légèrement pour maintenir la flamme.

Punch au vin. — Jetez dans un litre d'eau bouillante une bouteille de vin de Bordeaux, un petit verre d'eau-de-vie, demi-kilogramme de sucre, un peu de canelle.

DE LA CAVE ET DES VINS.

Une cave doit être construite sur un fond sec, et non sur un fond humide et marécageux. L'exposition la plus favorable est celle du nord, qui lui procure une température plus égale. Quelquefois l'excès d'humidité provient du défaut d'air; dans ce cas, il faut établir un courant et reblanchir les murs au lait de chaux.

Une des conditions de la conservation du vin est la propreté de la cave; on doit tous les mois au moins, balayer avec soin le dessous des chantiers, nettoyer les douves et les cercles, pour les sécher et empêcher que la moisissure s'y mette. Il faut aussi prendre garde aux circonstances qui peuvent hâter la fermentation; ainsi on ne placera pas de bois dans le local où l'on met du vin; ensuite, de même, on évitera qu'elle soit au dessous d'une écurie, les matières alcalescentes ont la propriété de décolorer le vin et de lui ôter sa force.

Les tonneaux doivent être posés sur des chantiers plus ou moins élevés, suivant le degré d'humidité; quand ils sont en vidange, ce qui arrive plus ou moins, plus tôt ou plus tard, il ne faut pas négliger de les remplir avec du vin de même qualité.

Le collage du vin a pour but de donner au vin de la limpidité, de le dégager de la lie et des parties trop colorantes : pour l'opérer, on se sert de colle de poisson et de blancs d'œuf, ou des poudres préparées par M. Julien. Pour opé-

rer ce collage, on aura soin de tirer d'abord deux bouteilles de la pièce : prenez six blancs d'œuf que vous battez
avec une chopine d'eau-de-vie ; introduisez par la bonde
un bâton fendu et agitez le vin en faisant pénétrer le bâton dans tous les sens ; versez vos blancs d'œuf préparés ;
achevez d'en emplir la pièce, et vous la bouchez, environ
un quart d'heure après, avec une bonde fraîche garnie d'une
toile neuve ; cinq à six jours après on peut tirer le vin sans
inconvénient.

Le collage du vin blanc se fait avec de la colle de poisson
en la faisant dissoudre dans une bouteille du même vin.

Le vin avant d'être mis en bouteilles doit avoir acquis
toute sa maturité, ce dont on juge par la dégustation.

Il n'est pas indifférent de mettre le vin en bouteilles dans
tous les temps ; il est toujours préférable de choisir un
temps beau, sec. On a remarqué qu'aux trois époques, des
équinoxes du printemps, de l'automne, et du solstice d'été,
le vin mis en bouteille réussissait moins bien : il faut donc
éviter de la faire coïncider avec ces époques.

Le choix des bouteilles n'est point non plus à dédaigner ;
quelques-unes se décomposent par l'acide contenu dans le
vin ; on doit donc rechercher celles de Sèvres ou celles des
manufactures qui ont les mêmes propriétés. Il faudra adop-
ter une forme de bouteilles ; car quand elles sont sur le
même modèle, elles se rangent plus facilement.

Le choix des bouchons est de la plus grande importance,
surtout lorsque le vin est destiné à rester longtemps en
bouteilles ; il y a du liège poreux qui, quoique bou-
chant bien en apparence, laisse évaporer le vin ; ce sont
surtout des lièges durs et secs qui produisent cet effet. Il
faut choisir des bouchons taillés dans un liège fin, moelleux,
cédant sous le doigt, et peu garni de pores.

Vos bouteilles remplies et bouchées, il faut les placer :
à cet effet, vous nivelez l'endroit de la cave sur lequel vous
voulez les arranger, et le garnissez de sable fin. En formant
le premier rang de bouteilles, vous laissez six ou sept lignes d'intervalle entre chacune. Elevez le goulot avec des
lattes que vous mettez par dessous ; mettez-en aussi sur
le goulot et sur le ventre de ce premier rang. Arrangez en
sens inverse celles du second rang, et continuez de cette
manière jusqu'à la hauteur de trois pieds.

Altérations. — Les vins, bien que fermentés convenablement, gouvernés soigneusement dans les tonneaux, ou mis en bouteilles, éprouvent avec le temps des altérations plus ou moins sensibles. Ces changements sont surtout remarquables à trois époques de l'année: à celle ou la sève commence à monter (en mars), lorsque la vigne fleurit, et enfin dans le temps de la vendange. Il est nécessaire à ces époques de les surveiller attentivement; ils éprouvent un mouvement intérieur qui, sans être précisément une fermentation, est cependant quelque chose d'analogue, et c'est surtout dans ces moments qu'ils sont sujets à tourner au gras, ou à l'aigre. Lorsqu'ils n'éprouvent pas ces altérations qui les détériorent, ils se troublent toujours, perdent un peu de leur couleur et de leur force. C'est à ce travail qu'on attribue le dépôt de tartre que les vins les plus clairs et les mieux soutirés forment dans les tonneaux et bouteilles qui contiennent le vin.

Les vins peuvent en outre devenir amers, et s'ils sont mal bouchés, ou si le tonneau n'est pas constamment plein, prendre un goût de moisi ou de fût, et enfin s'éventer, c'est-à-dire perdre tout leur principe alcoolique. Ces altérations arrivent surtout lors qu'on tire le vin à la pièce, sans le mettre en bouteilles; mais alors on peut les prévenir en versant dans le tonneau un ou deux verres d'huile; cette huile recouvre la surface du vin, et empêche non seulement l'évaporation de l'alcool, mais encore l'action de l'air sur le vin.

Falsifications. — Les vins qui se trouvent dans le commerce, et surtout ceux qui sont destinés au commerce en détail, sont très sujets à être falsifiés. Les chimistes se sont beaucoup occupés des moyens de reconnaître ces fraudes, dont plusieurs ne sont heureusement pas nuisibles sous le rapport de la santé, et jusqu'à présent les résultats de leurs recherches sont peu certains, excepté dans le cas où on aurait ajouté aux vins des préparations de plomb. Cette fraude criminelle se démontre authentiquement par l'action des sulfures sur le vin, et par la éduction de l'oxide en plomb. Mais ces expériences se font ordinairement par les chimistes devant les magistrats; et l'autorité qui veille au commerce des vins est parvenue à empêcher les dangers de ce mélange, en prévenant les détaillants du dan-

ger que présente l'usage du plomb et de toutes ses préparations.

Les vins rouges sont falsifiés en y mêlant du cidre ou du
poiré (le mélange d'un vin blanc avec du rouge n'est pas
une fraude); on ajoute des bois d'Inde, de Campêche, ou
de Fernambouc pour donner de la couleur ; souvent on
ajoute un peu de betterave, de mélasse, ou de levure de
bière, pour hâter la fermentation ; on y ajoute en outre du
tartre, ou de la lie de vin rouge. Lorsque ces mélanges
sont bien habilement faits, qu'on n'a pas employé des do-
ses trop considérables de ces substances, et que le mélange a bien fermenté, il est très difficile de les reconnaître
par des procédés chimiques ; mais un dégustateur exercé,
sans pouvoir préciser toujours les corps employés à la fabrication de ces vins, pourra prononcer qu'ils ne sont pas
naturels. Les bois de Campêche et de Fernambouc surtout
se reconnaissent par leur goût astringent : ces vins mêlés
avec de l'eau ne désaltèrent pas.

Les vins blancs sont ordinairement falsifiés par leur mélange avec le poiré. Cette fraude, que l'on ne reconnaît pas
toujours au goût, peut se découvrir en faisant évaporer le
vin à une douce chaleur ; s'il y a du poiré on aura une espèce de sirop de poires, tandis que si le vin est pur, le résidu, loin d'être sucré, sera très acide.

CONSERVATION

DES SUBSTANCES ALIMENTAIRES.

Par la salaison. — On ne doit employer pour la salaison
que le sel le plus pur et le plus pesant, les sels légers étant
terreux. La dose est d'un sixième de sel sur le poids de la
viande à saler. C'est avec beaucoup de force, et en frappant la viande, qu'on y insinue le sel ; on doit en arracher
le plus possible les vaisseaux sanguins qui la traversent.
Les morceaux de viande étant salés, on les place dans un
tonneau ou vase, où ils restent huit à dix jours. Pendant
cet espace de temps, la viande se pénètre de sel, l'excédant
se convertit en saumure ; il faut avoir la précaution de s'as-

surer si le vase est bien rempli, et, s'il se trouvait vide, le remplir avec du sel.

Ce procédé de salaison est propre à toutes les viandes; seulement on sale un peu moins le lard.

Ce procédé s'applique également à toutes les espèces de poissons.

On conserve la viande en la plongeant dans l'huile contenue dans un vase bien vernissé. On conserve aussi de cette manière plusieurs poissons, la sardine, etc. Pour s'en servir, on la presse pour en exprimer l'huile; on y ajoute du sel et quelques aromates qui concourent à la durée de sa conservation.

Salaison du beurre. — On doit employer à la salaison du beurre le sel le plus pur (il doit être lourd). La proportion est d'une livre sur dix livres de beurre. On en remplit des pots de grès, bien propres et bien secs, en l'y tassant le plus possible. On le laisse en cet état huit jours: le vide qui survient après cette époque est rempli avec une forte saumure que l'on fait à chaud, mais que l'on verse froide.

Beurre fondu. — On peut encore conserver le beurre en le faisant fondre dans un pot, à une douce chaleur, de 60 à 66 degrés du thermomètre de Réaumur, ou mieux encore au bain-marie: il faut enlever l'écume avec soin, et, lorsqu'il ne s'en forme plus, on le laisse déposer, et on le verse doucement dans un pot bien sec, où il se fige.

Conservation par l'exposition à la fumée. — L'exposition à la fumée a non-seulement la propriété de dessécher les substances qu'on soumet à l'action de cet agent, mais encore de les conserver en les modifiant d'une manière particulière. La fumée des végétaux qu'on brûle pour faire cette opération contient de l'acide acétique (acide de vinaigre), et une huile empyreumatique, qui réagissent sur les substances animales en les pénétrant et se combinant avec elles. Les autres principes contenus dans la fumée sont superflus pour le succès de l'opération et ne se combinent pas avec ses produits. Il y a trois procédés en usage pour exécuter cette opération : le plus simple est celui qui s'exécute dans nos ménages; il consiste à suspendre dans la cheminée, à quelques pieds au-dessus de l'âtre, les pièces que l'on veut conserver. C'est ainsi que l'on fume les jambons que l'on prépare chez soi. Il faut avoir soin que les pièces soient assez éloignées du foyer pour que la chaleur ne puisse faire fondre la graisse qui se trouve dans les pièces que l'on expose à la fumée.

Le second procédé, qui est suivi par les charcutiers et ceux qui préparent le bœuf fumé pour la marine, consiste à disposer dans une chambre des perches horizontales auxquelles on attache les pièces à fumer, de manière à ce qu'elles soient suspendues sans se toucher entre elles. On fait arriver la fumée dans cette chambre par un tuyau de cheminée, ou par un tuyau de tôle, ou de fonte de fer. Lorsqu'elle est bien remplie de fumée, on interdit tout accès à l'air. On renouvelle le feu de six en six heures, on évente la chambre avant de renouveler le feu qui doit la remplir de fumée.

Le troisième procédé est employé par les boucaniers dans les îles, et par ceux qui préparent les poissons fumés sur les côtes. On construit une cabane en planches, ou avec des broussailles que l'on recouvre de gazon; on y dispose par étages les perches destinées à suspendre les pièces de bœuf où les poissons que l'on veut faire sécher. On allume du feu à l'entrée de la cabane, et lorsqu'elle est bien remplie de fumée, on bouche exactement l'ouverture; on recommence le feu toutes les six heures, jusqu'à ce que les pièces soient fumées jusqu'à leur centre.

On préfère le bois un peu vert et humide, parceque, brûlant lentement, il donne plus de fumée et une chaleur moins vive et plus égale. Le temps de cette opération n'est pas déterminé; il est relatif à l'épaisseur des pièces à fumer : il y a des pièces qu'on laisse beaucoup plus longtemps que d'autres. Il y a des jambons que l'on retire au bout d'un mois, il en est qu'on laisse six mois et un an pour les amateurs qui les veulent surchargés.

Œufs. — Les œufs peuvent se conserver longtemps, pourvu qu'ils soient soustraits au conctact de l'air.

Dans les campagnes, on met les œufs, par couches, dans un tonneau sur un lit de cendres; on a soin qu'ils ne se touchent pas; on les recouvre avec des cendres; on met encore des œufs, ensuite des cendres, et on continue ainsi jusqu'à ce que le baril soit plein.

Ils se conservent mieux lorsqu'on les enveloppe de papier et qu'on les recouvre avec de la menue paille d'avoine, ou avec du sable bien sec.

Tous ces moyens sont bons, mais il en est un plus sûr encore, et qui est employé en grand, pour l'approvisionnement de Paris ; c'est l'immersion dans l'eau bouillante.

On fait bouillir de l'eau dans un chaudron ; on met une douzaine d'œufs dans une passoire qu'on plonge dans le chaudron ; on la laisse pendant environ une minute, et on la retire avec les œufs.

Par ce moyen, une légère couche de blanc de l'œuf est coagulée, et elle forme sur la surface intérieure de la coquille une espèce d'enduit qui s'oppose à l'évaporation de la substance de l'œuf, et par conséquent au conctact de l'air qui affluerait à travers la coquille, pour remplir le vide formé par l'évaporation.

Conservation des substances animales fraîches. — Lorsque l'on veut, pendant l'été, conserver plusieurs jours des poissons ou de la viande, il faut avoir soin, pour le poisson, le gibier et la volaille, de les vider exactement, de laver le poisson avec de l'eau de puits nouvellement tirée, d'essuyer ensuite pour enlever autant que possible l'humidité. Il faut couvrir toutes ces substances de manière à les préserver de l'attaque des mouches ; on les place ensuite dans un lieu frais. Une très bonne méthode est de les placer dans un grand panier que l'on descend dans un puits, et que l'on maintient à un pied au-dessus de l'eau ; on couvre le puits avec des paillassons ou avec un couvercle en bois.

Quand on redoute l'effet d'un orage imminent, ou lorsqu'on craint que les pièces ne soient un peu avancées, on les soumet à l'action du feu pour les cuire seulement à moitié.

On lave aussi très souvent l'intérieur des volailles et du gibier, ainsi que le poisson, avec un peu de vinaigre dans lequel on a fait fondre un peu de sel.

Conservation par le moyen du vinaigre. -- Le vinaigre de vin doit être seul employé à la conservation des substances alimentaires. Les vinaigres de bierre, de cidre ne sont pas assez forts, et le vinaigre de bois ne contient pas l'alcool qui est nécessaire au goût agréable de ces produits. On est dans l'usage d'ajouter au vinaigre du sel, des épices et quelques plantes aromatiques ; mais ces substances ne s'ajoutent souvent qu'en dernier lieu.

Cornichons confits au vinaigre. — On épluche les cornichons en coupant la queue et en ôtant les portions de fleurs qui peuvent rester au bout. Lorsqu'on en prépare une petite quantité, on les brosse un à un avec une vergette demi-rude. Si l'on en prépare beaucoup à la fois, comme cette opération serait trop longue, on les met dans un sac de toile, et on les sasse en les secouant vivement pendant quelques minutes. Alors on les met dans des terrines, on les saupoudre de sel, et on les secoue fortement pour que le sel se répande sur tous les fruits : on couvre ensuite la terrine avec un linge ; on la secoue plusieurs fois pour que les fruits se pénètrent bien de sel ; il se forme une saumure formée du sel et de l'eau que les cornichons ont transsudés. Le lendemain matin, on jette cette saumure, on laisse bien égoutter, on saupoudre avec de nouveau sel, qu'on laisse encore vingt-quatre heures, en secouant la terrine plusieurs fois dans la journée. Ce sel fait encore rendre de nouvelle eau et arriver la couleur verte des cornichons, en même temps qu'il leur donne de la fermeté. Lorsqu'il y a des fruits un peu volumineux, il faut, à la seconde fois que l'on met du sel, les fendre par la moitié ou par quartiers ; les cornichons ayant ainsi perdu beaucoup de leur humidité, affaiblissent moins le vinaigre et se conservent mieux. Après avoir égoutté la seconde saumure, on verse sur les cornichons du bon vinaigre de vin, et on les laisse ainsi tremper dans le vinaigre pendant huit jours ; on a soin de mêler avec les plantes que l'on veut y adjoindre, comme perce-pierre, haricots verts, etc. Au bout de huit jours, on retire ce premier vinaigre et on lui substitue du vinaigre nouveau. Après une seconde semaine, on retire le second vinaigre, que l'on réserve, ainsi que le premier, pour les usages de la cuisine, et l'on ajoute les épices et les aromates, tels que poivre, estragon, menthe, laurier, etc. ; on verse de nouveau vinaigre, et on les conserve dans des bocaux de verre.

On confit dans le vinaigre beaucoup d'autres substances,

mais qui, n'étant pas aussi aqueuses que le cornichon,
peuvent souvent se conserver dans le premier vinaigre que
l'on verse dessus, après les avoir passées au sel une seule
fois ; tels sont les graines et boutons de fleurs de capucine,
le maïs quarantin, avant qu'il ait atteint son développement, les haricots verts, etc.

LÉGUMES, FRUITS, RACINES.

PRÉPARATIONS DIVERSES AUXQUELLES ON PEUT LES SOUMETTHE. — MOYEN DE
LES CONSERVER ET DE REMÉDIER A LEUR DÉTÉRIORATION.

Racines légumières. — La conservation des racines légumineuses pendant l'hiver est très importante. Beaucoup de
ces racines sont des aliments précieux pour l'homme, et
surtout pour les animaux, qui, à cette époque, ne peuvent
pâturer. Elles sont d'autant plus précieuses que leur conservation n'exige pas beaucoup d'apprêts. L'une de ces
racines, la betterave, est la base des grandes exploitations
agronomiques et industrielles pour la fabrication du sucre
de betteraves, qui est nécessairement accompagnée de
l'engrais des bestiaux qui utilisent les débris de la plante
qui ne servent pas à la confection du sucre. Beaucoup de
racines légumineuses restent en terre une partie de l'hiver,
et on ne les arrache qu'à mesure des besoins ; dans les gelées, on couvre le terrain de paille pour les préserver du
froid. Il faut toujours les arracher à la fin de l'hiver, pour
les préserver de la germination qui les épuiserait et les
rendrait coriaces et ligneuses ; par ce moyen on les conserve quelquefois deux mois de plus en bon état. On ne
laisse en terre que celles dont on veut obtenir la graine.
Lorsqu'on a retiré les racines de la terre, on les nettoie, et
on a soin de rejeter celles qui sont attaquées de maladies,
de moisissures ; on coupe les fanes, et souvent même le
collet de la racine, et on les range les unes sur les autres
dans un endroit sec, lorsque ce sont de grosses racines,
comme la carotte, le panais et la betterave ; lorsque ce sont
des racines moindres, comme les navets, les turneps, le
chou-navet, le radis noir, le chou rave, les panais, on les
conserve dans un cellier ou une serre, en tas ; quelquefois .
on pratique des fosses, et on les y dispose par lits alternés
avec du sable ; on recouvre la fosse d'un toit de paille, et

on a soin de la préserver de l'atteinte des gelées. Les salsifis, la scorsonère, se laissent en terre jusqu'au mois de novembre ou décembre ; à cette époque, on les retire de terre, et on les met dans une serre ; souvent on les lie en bottes que l'on place droites, on ne coupe jamais leurs fanes.

Les racines bulbeuses, comme celles de l'oignon, de l'ail, de l'échalotte, se récoltent à la fin de l'été ou au commencement de l'automne ; la fanaison de leurs feuilles indique le moment de les retirer de la terre.

Lorsque les oignons sont arrachés, on les laisse pendant un jour ou deux sur le sol, si le temps est sec ; s'il est humide, on les porte au grenier, et on les étend sur le plancher jusqu'à ce que les fanes soient entièrement sèches. On peut les laisser dans le grenier ou les mettre dans une chambre aérée ; mais il faut avoir soin de les abriter des fortes gelées, en les couvrant de paille, qu'on doit enlever aussitôt que la gelée est passée ; car la paille pourrait exciter la pousse des oignons, ce qui détériore la qualité du bulbe.

L'échalotte se conserve de même que l'oignon ; on les émonde l'un et l'autre de leurs fanes avant de les serrer.

Le bulbe de l'ail se retire de terre d'après les mêmes indices que les bulbes précédents ; mais on ne le prive pas de ses fanes, qui servent à l'attacher en bottes composées de quinze à vingt bulbes, et qu'on suspend dans le grenier, soit à des clous fichés dans des solives, soit à des perches. Ces bulbes, quoique exposés à l'air, ne se dessèchent pas et conservent la vie intérieure, dont les actes sont suspendus jusqu'au retour du printemps, où la sève manifeste son existence par la végétation qui s'élance du centre du bulbe.

Le poireau se conserve en enfouissant dans la terre sa tige jusqu'à la division des feuilles ; on les dispose par rangs qu'on sépare chacun par un peu de terre ; pendant les gelées on couvre la planche avec de la paille ou des feuilles tombées.

Légumes et herbes légumineuses. — On comprend sous ce nom les feuilles, les plantes herbacées ou parties de plantes herbacées que l'on fait toujours cuire pour les manger : on y comprend également les jeunes pousses de l'asperge, du houblon et du fenouil, qui se mangent avant le développement de leurs feuilles. Les procédés pour la conservation de ces substances sont différents, selon la nature des substances sur lesquelles on opère.

Asperges. — On connaît plusieurs variétés de l'asperge cultivée, de Hollande, Strasbourg, Vendôme, Besançon, Marchiennes, Sarre-Louis, Gravelines, etc. ; dans l'Anjou, le Poitou et quelques autres endroits, on trouve des asperges qui croissent naturellement dans les vignes; mais elles ne sont pas aussi grosses que les asperges cultivées. On cueille l'asperge à différents points d'accroissement. On appelle simplement asperge celle qui est coupée lorsque sa pointe ne fait que commencer à sortir de terre et n'a qu'un pouce ou tout au plus deux pouces de coloré; on appelle asperge aux petits pois celle qui a poussé une tige d'environ six à huit pouces et qui est verte; son goût est plus prononcé, et elle est souvent un peu âcre. On la coupe ordinairement par petits morceaux.

Lorsque l'on a cueilli les asperges et qu'on ne peut les employer tout de suite, il faut, pour les conserver, les mettre dans du sable fin un peu humide et les en recouvrir : on peut les conserver jusqu'à huit jours de cette manière. Lorsqu'on ne tient à les conserver que deux ou trois jours, on les lie en bottes, et on a soin de les couvrir d'un linge mouillé ou de les arroser de temps à autre, ou enfin on les place dans une terrine qui contienne un peu d'eau, pour que l'extrémité de la tige y trempe un peu.

Quand on veut en conserver pour l'hiver, on les fait d'abord blanchir à l'eau bouillante, on les laisse bien égoutter, puis on les dispose dans un bocal, la pointe en bas, et on les soumet au procédé d'Appert (1).

Chou et chou-fleur. — Ce légume a un nombre infini de variétés et de sous-variétés; on garde pour l'hiver les variétés du chou pommé, du chou de Milan et du chou-fleur. Après les avoir arrachées, on sépare les feuilles inutiles, et on les dispose dans une serre en plantant leurs racines dans du sable frais contenu dans des rigoles : il faut avoir

---

(1) Ce que nous venons de dire des asperges est applicable aux jeunes pousses du houblon et du fenouil doux, qui se mangent comme les asperges dans plusieurs pays.

soin que chaque chou soit isolé et ne touche pas les autres. Quelquefois on se contente de garder les choux sous les hangars et de les couvrir de paille pendant les gelées ; mais ce procédé, qui est moins dispendieux et exige moins de terrain, n'est pas aussi avantageux, parce qu'il y a beaucoup de choux qui se gâtent, surtout parmi ceux qui sont dessous les autres. On les conserve encore à la cave ou dans des celliers.

Chou-croûte. — On peut employer toutes les variétés du chou pommé pour préparer la chou-croûte. On les coupe en tranches minces, et on les dispose par couches dans une caisse ou dans un tonneau défoncé par un de ses bouts. Sur chaque couche de chou on parsème du sel et de la graine de carvi ou de genièvre, ou toutes les deux ensemble. On peut, si l'on veut, remplacer ces graines, qui ne sont qu'un assaisonnement, par celles d'anis, de fenouil, de chervis, d'angélique, par du poivre, du gingembre ou toute autre épice. On entasse ces couches en frappant sur le mélange avec un pilon de bois ou une bûche écorcée. On doit, autant que possible, se procurer un tonneau qui ait contenu de l'eau-de-vie ou du vin. Si on se sert d'un tonneau neuf, il sera bon d'y passer un peu de vin ou d'eau-de-vie ; cette précaution, sans être indispensable, est utile à la conservation du produit. On remplit le tonneau en alternant ainsi les couches de sel et de choux, et on tasse fortement pour que le tout ne fasse qu'une masse compacte et qu'il n'y ait pas d'air interposé. On met le tonneau dans un endroit dont la température soit de quinze à dix-huit degrés Réaumur, et on laisse fermenter. Lorsque la fermentation est terminée, on place le tonneau dans un cellier ; on a soin de comprimer la masse et de mettre un couvercle bien ajusté qui ne donne pas accès à l'air extérieur.

Le chou-fleur peut se conserver en le faisant sécher ou en le soumettant à la méthode de M. Appert. Pour le faire sécher, après avoir épluché la pomme du chou-fleur, on la divise en trois ou quatre parties, dont on fend perpendiculairement la côte ; on les jette alors dans une eau légèrement salée, dont on les retire après quelques minutes pour les plonger dans l'eau bouillante. Cette immersion chaude ne doit pas durer plus de deux minutes ; on retire de l'eau chaude ; on laisse bien égoutter sur des claies que l'on expose au soleil ; on achève la dessiccation en mettant les claies dans un four chauffé à demi-chaleur. On serre le produit dans des sacs de papier, ou dans des boîtes de bois blanc, surtout si on les destine à voyager par mer.

Bette (carde poirée). — La carde poirée est la côte blanche qui soutient la feuille de la bette ou poirée. Ce légume étant très aqueux, est non seulement très sensible à la gelée, mais encore à l'humidité qui le pourrit facilement ; on sépare la feuille de la côte, et on met les côtes dans un cellier ou une serre, sur de la paille, ayant soin de ne pas trop les entasser. Malgré ces soins, on ne peut les conserver longtemps. On peut les disposer comme les asperges dans des bocaux, pour les conserver par le procédé d'Appert ; mais ce légume se conserve mal.

Cardons. — Il y a deux espèces de cardons, celui d'Espagne qui est épineux, et celui de Tours qui est sans épines. Tous les deux sont également bons. Lorsque le cardon a atteint son degré d'accroissement, on l'entoure de paille de litière qu'on attache avec des liens. Cette opération a deux objets en vue : le premier est d'isoler la côte des feuilles de l'action de la lumière, ce qui les blanchit en les étiolant et leur ôte leur amertume ; le second but est de les préserver des petites gelées de l'automne. Lorsqu'ils sont préparés de cette manière, on les laisse encore un mois ou six semaines, quelquefois deux mois en place, selon la température de la saison. Pour les serrer, il faut, autant que possible, profiter d'un jour sec ; on enlève alors le pied du cardon, en ayant soin de laisser un peu de terre après la racine, et on les place dans la serre, debout, les uns à côté des autres, avec leurs enveloppes, qu'on n'enlève qu'au moment de les employer.

Herbes cuites. — Ce terme pourrait s'appliquer à tous les herbages soumis à la cuisson ; mais il est spécialement consacré à désigner l'oseille cuite. Ordinairement on la cuit avec d'autres plantes, dont les unes sont destinées à corriger son âcreté et son acidité, comme la poirée, diverses espèces d'arroche, et les autres à lui servir d'assaisonnement, comme le persil, le cerfeuil, la ciboule, etc. Chacun peut, selon son goût, varier et le mélange et les proportions de chaque plante. Après avoir épluché, lavé et bien égoutté dans un panier les herbes, on les hache et on en remplit une chaudière. On se sert souvent, pour faire cette préparation, de chaudrons d'airain ou de cuivre; il serait plus prudent de n'employer que des chaudières étamées ou des chaudières en fonte de fer. Lorsque l'on s'aperçoit que les herbes s'attachent un peu au fond de la chaudière il faut remuer vivement; et si l'on s'aperçoit que le gratin augmente, il faut de suite retirer la chaudière du feu, verser les herbes dans une terrine et bien nettoyer la chaudière avant de continuer l'opération. Placés sur le feu, en les foulant, on a soin de remuer avec une cuillère ou spatule de bois, afin que la composition ne s'attache pas au fonds ce qui donnerait au produit un goût de brûlé âcre et désagréable. On continue le feu jusqu'à ce que le mélange soit assez épais pour qu'en en mettant un peu refroidir sur une assiette, il ne laisse pas couler de liquide lorsqu'on incline l'assiette, et qu'au contraire la masse reste compacte sans se diviser; on ajoute alors le sel et les épices nécessaires; on remue bien, et on verse dans des pots de grès bien secs. On a soin de ménager à peu près un pouce de libre, afin de pouvoir verser sur les herbes de la graisse ou du beurre fondu, qui, en se figeant, intercepte tout accès à l'air. On peut également employer à cet usage un peu d'huile d'olive; elle est même préférable.

Chicorée. — La conservation de la chicorée exige un procédé différent de celui que nous avons décrit ci-dessus : le sel concourt autant que la cuisson au succès de l'opération. Après avoir épluché la chicorée, dont on rejette les feuilles vertes, on la plonge dans de l'eau bouillante et salée, on la retourne jusqu'à ce qu'elle soit diminuée de volume sans être cuite; on la jette alors dans de l'eau froide : on la retire ensuite, et on la laisse bien égoutter ; on la met dans des pots de grès, et on la foule bien. Au bout de vingt-quatre heures, elle rend beaucoup d'eau salée; on l'égoutte bien en la pressant, puis on verse dessus de la saumure bien claire; on recouvre le tout d'huile ou de beurre fondu, comme les herbes cuites.

Herbes à salades. — Quoique plusieurs des plantes dont nous allons parler se préparent quelquefois par la cuisson, comme on les mange très souvent à leur état de crudité, nous les avons réunies sous cette division.

Les salades ne se cueillent, surtout à la campagne, qu'au moment où on en a besoin, et elles sont alors meilleures et plus tendres ; mais comme dans les grandes villes on ne peut avoir cet avantage, on est obligé de conserver plusieurs jours les plantes dont on doit la composer. Quelques-unes peuvent cependant se conserver fraîches tout l'hiver, comme les chicorées, le céleri, le pissenlit. Lorsque les feuilles sont coupées et disposées pour faire la salade, on peut encore les conserver vingt-quatre à trente-six heures, en ayant soin de les mettre dans une soupière garnie de son couvercle, qui empêche l'air de hâler les feuilles ; on peut, pour plus de sûreté, mettre le tout à la cave et l'entourer d'un linge mouillé.

Laitue d'hiver, mâches, pisssenlit — Ces trois espèces de salades se conservent l'hiver, en les abritant de la gelée et de la neige par le moyen des paillassons. Le pissenlit doit être blanchi, en le recouvrant de terre quelques jours avant de le couper.

La chicorée frisée résiste assez bien aux petites gelées, mais ne résisterait pas à une gelée de plusieurs degrés on l'arrache de terre avec sa racine, et on la dispose dans une serre en plantant la racine dans le sable.

On peut facilement disposer des appareils de ce genre dans la cale d'un vaisseau, et s'y procurer de la salade.

La chicorée, dite barbe de capucin, s'obtient en disposant à la cave ou dans un cellier obscur, des racines de chicorée sauvage que l'on enfouit dans du sable, de manière à ce que le collet de chaque racine corresponde à un trou pratiqué dans la planche qui soutient le sable ; les fanes qui sortent de ce collet pendent en dehors de ces trous. Cette salade se conserve et pousse ainsi tout l'hiver ; mais on ne doit l'arracher qu'au moment de s'en servir ; sa longue exposition à l'air et à la lumière la rendrait d'une amertume insupportable.

Céleri. — On enfouit le céleri dans du terreau pour le blanchir, et on ne laisse passer que l'extrémité des feuilles. Pour le préserver pendant l'hiver on le couvre de paille.

Cresson. — Lorsqu'on veut conserver quelque temps le cresson, il faut avoir soin de délier les bottes ; on met le pied de la tige dans un vase plat contenant un peu d'eau.

Il faut que les feuilles ne soient pas serrées les unes contre les autres, et qu'elles reçoivent beaucoup de lumière.

Plantes qui se mêlent avec les salades, pour en rehausser la saveur, et qu'on nomme fournitures. — Ces fournitures se composent ordinairement de plusieurs plantes sous aromatiques, les pimprenelles, le cerfeuil, l'estragon ; quelquefois même on y joint des espèces de menthe, comme la menthe poivrée, le baume des jardins, des ciboules, de la civette (1). Lorsqu'on veut conserver pour l'hiver des fournitures, on épluche et on lave toutes les plantes qu'on veut y faire entrer ; après les avoir bien égouttées, on les expose sur un linge bien sec et on les couvre d'un linge percé ; on les presse légèrement, de manière à absorber un peu l'humidité, on les y laisse pendant une heure: alors on les hache bien menu, et on les étend sur une feuille de papier blanc disposée sur une claie d'osier, on les recouvre d'une autre feuille de papier et on met la claie au soleil: lorsque le tout est bien sec, on le serre dans des sacs de papier. Pour employer cette fourniture, on la place sur un tamis qu'on expose pendant quelques minutes à la vapeur de l'eau chaude, mais non en ébullition ; la vapeur pénètre les plantes et leur rend leur couleur et leur fraîcheur.

On peut faire sécher du persil de cette manière, pour en avoir toujours sous la main.

Plantes d'assaisonnement. — Ces plantes s'emploient pour aromatiser les aliments cuits, de toute espèce ; elles se conservent facilement et longtemps. Elles pourraient remplacer les épices. Ces plantes sont le serpolet, l'hysope, le thym, la sarriette, les basilics, la petite sauge, les citronnelles, plusieurs espèces de menthe; le laurier. Toutes ces plantes se font sécher à l'ombre, dans un endroit aéré, et on les conserve dans du papier ou dans des boîtes (2).

Fruits légumineux. — Quoique l'artichaut ne soit pas précisément un fruit, nous le classons parmi les fruits légumineux, parce que, étant le réceptacle des graines de

(1) On décore souvent nos salades de fleurs de capucines, de pied d'alouette, de bourrache, quelquefois même de pétales de girofle ; mais ces fleurs sont plutôt une parure élégante qu'un assaisonnement.

(2) Quelques personnes font usage du laurier-cerise, mais on doit se méfier de cet assaisonnement, qui est vénéneux à forte dose, et dont l'usage, même modéré, peut altérer la santé.

la plante, il se rapproche plus de cette division que des précédentes. Ce légume se mange quelquefois cru, sous le nom d'artichaut à la poivrade : on préfère pour cette destination le violet hâtif ; cependant le gros camus et le gros vert de Laon peuvent se manger de la même manière. Pour manger cru, on choisit les têtes qui n'ont pas encore atteint tout leur développement, afin qu'elles soient plus tendres. On cueille les têtes d'artichaut lorsqu'ils ont atteint à peu près leur développement. Il ne faut pas attendre que la fleur soit épanouie, parce qu'alors le réceptacle, que l'on nomme aussi porte-feuilles, ou fond d'artichaut, serait dur et rempli de fibres ligneuses ; on a soin de leur laisser une tige de huit à dix pouces. On peut les conserver frais en les mettant [dans une cave ou un cellier ; souvent on met la tige dans un vase contenant de l'eau : ils se gardent souvent plus d'un mois en bon état.

On fait sécher pour l'hiver le porte-foin de l'artichaut : pour cela on fait cuire à moitié l'artichaut dans de l'eau, on le retire de l'eau, on le dégarnit de ses feuilles ; on le fait égoutter à l'air, et on le laisse bien ressuyer ; on achève la dessiccation en le mettant une ou deux fois dans un four chauffé doucement. On peut également les conserver par le procédé du bain calorique (1).

Piment, ou poivre long, poivre de Guinée, etc. — Le piment est un fruit qui est vert avant sa maturité, et rouge lorsqu'il est mûr. Il y en a plusieurs espèces et variétés. Pour le conserver on le soumet à la dessiccation en l'exposant à l'action de l'air. Pour cela on le suspend au plancher après en avoir formé une espèce de guirlande au moyen d'une ficelle mince qui traverse chaque fruit.

On confit le piment vert dans le vinaigre.

Tomates. — La tomate est employée comme assaisonnement. Ce fruit par lui-même est fade, et serait d'un usage pernicieux si on le mangeait seul ; il est surtout recherché à cause de sa couleur. Il se conserve quelque temps en le mettant dans un cellier frais. Pour en avoir l'hiver, on le confit comme le cornichon par le moyen du vinaigre, qui est l'antidote de sa mauvaise qualité.

(1) La carline, ainsi que plusieurs chardons à grosses têtes, fournissent des portefeuilles qu'on peut manger à la poivrade : on pourrait aussi les faire sécher comme celui de l'artichaut.

Mélogène ou aubergine. — Ce fruit a la forme d'un œuf. Il y en a de blancs et de violets. On le conserve dans le cellier ou à la cave, comme les concombres ; on les mange en salade ou cuits, comme les concombres ; on les confît aussi au vinaigre.

Ce fruit est, comme le précédent, de la famille des solanées, et il serait dangereux d'en faire abus dans les aliments. Le vinaigre corrige ses propriétés.

Citrouille. — La citrouille a trois espèces qui, chacune, produisent des variétés :

Le giraumon, fruit oblong, pesant de quinze à vingt-cinq livres ;

Le potiron, pesant de vingt à cent livres ;

Et le turban ou bonnet d'électeur, dont le poids varie de quatre à dix livres. Ces fruits sont très aqueux ; cependant le dernier a la chair et l'écorce beaucoup plus fermes que les deux premiers : ces fruits craignent l'humidité et la gelée. On les recueille au mois d'octobre, et on les met dans un cellier frais, mais sec, ou dans des chambres exposées au nord. Une température trop élevée leur fait dépasser leur point de maturité, et alors ils se corrompent promptement.

Champignons. — Les dangers qui sont le résultat de l'emploie des champignons devraient en faire rejeter l'usage. Le champignon, de quelque bonne qualité qu'il soit, est toujours indigeste, et un orage peut les gâter et les rendre vénéneux. On fait sécher pour l'hiver la morille et le mousseron, en les exposant au soleil sur des claies ou en les présentant au four après en avoir retiré le pain. On doit toujours s'assurer de la qualité des champignons au moment même de les employer ; ceux qui sont cultivés sur couche, et qui en général offrent moins de danger, peuvent, en moins de six heures, tourner au brun-noir et devenir dangereux.

Melon brodé et cantalou. — Ce fruit a donné beaucoup de variétés par la culture ; on le cueille avant sa maturité lorsqu'on veut le conserver, surtout pour le faire voyager. Lorsqu'on veut le conserver, on le met dans un endroit frais, tel qu'une cave ; souvent on en met dans un seau ou panier que l'on descend dans un puits, mais ayant soin de les tenir à environ un pied au-dessus de l'eau. Ce fruit ne peut se conserver très longtemps, et lorsqu'il est trop mûr, il perd beaucoup de sa saveur, et ne tarde pas à se gâter.

Pastèque ou melon d'eau, à chair blanche et à chair rouge. — Ce fruit mûrit rarement dans nos climats tempérés. Il faut pour cela le semer de bonne heure sur couche, et l'élever sous cloche, jusqu'à la moitié de mai. Son fruit se conserve avec les mêmes précautions que le melon ; mais on peut le garder plus longtemps. Les confiseurs le passent au sucre par quartiers, en l'aromatisant avec du citron ou de l'orange.

Concombre. — Il y a deux espèces de concombre qui, chacune, fournissent plusieurs variétés: le concombre jaune et le blanc. Le premier est surtout employé comme cornichon pour être confit au vinaigre ; on appelle ainsi ce fruit lorsqu'il est vert, et qu'il n'a qu'un pouce ou au plus deux ou trois pouces de longueur. Le concombre, parvenu à maturité, se cueille et se dépose dans un cellier frais ; on peut en confire des tranches dans le vinaigre, comme on le fait des cornichons, mais non le légume entier. On peut le soumettre au procédé du bain calorique. Pour cela, on l'épluche de son écorce et de ses semences, on le coupe par morceaux qu'on roule dans du sel, on le laisse dégorger pendant vingt-quatre heures, et on l'introduit dans un bocal qu'on bouche bien et qu'on met dans le bain.

Conservation des légumes suivant les procédés d'Appert. — Les substances se renferment fraîches dans des bouteilles ou bocaux de verre. Les bouteilles doivent être faites exprès pour cet usage, d'une bonne épaisseur, et porter un goulot d'un pouce et demi de diamètre, afin de donner la facilité d'y faire entrer les objets que l'on veut conserver, et de les en faire sortir.

Ce qui concourt avec le plus d'efficacité à la conservation, c'est le bouchage parfait. Il faut donc se procurer des bouchons du liège le plus fin et sans défaut. Il faut les employer très secs et les battre pour les comprimer.

On place sur un billot de bois la bouteille que l'on emplit de légumes ou de fruits ; on les tasse à plusieurs reprises afin qu'il y ait le moins de vide possible. On prend ensuite le bouchon que l'on trempe dans l'eau pour qu'il glisse mieux, et on le fait entrer en le frappant sur le billot avec une forte palette de bois propre à boucher les bouteilles. Si le bouchon a été bien choisi, il doit entrer jusqu'aux trois quarts; le quart en sus est nécessaire pour soutenir le fil de fer ou la ficelle avec lesquels on l'arrête solidement.

Le bouchage fait, on place les bouteilles dans un chaudron, ou tout autre vase.

Les bouteilles placées, on remplit le vase d'eau froide, et on le met sur le feu. Il est bon de le couvrir avec soin pour éviter l'évaporation. Si on ne peut couvrir, il faut remplir d'eau bouillante à mesure qu'elle tarit, afin qu'elle reste constamment à la même hauteur tout le temps de l'ébullition. On soutiendra le bouillon de ce bain-marie plus ou moins long-temps, ainsi qu'il va être indiqué à chaque espèce de comestible. Quand le bouillon a eu lieu pendant le temps nécessaire, on cesse le feu et on retire le chaudron; il faut laisser refroidir avant de retirer les bouteilles.

Petits pois. — Ils doivent être employés d'une moyenne grosseur. Une heure et demie au bain-marie dans le vase clos suffit.

Fèves de marais. — Les jeter dans la bouteille à mesure qu'on les épluchera. Une heure et demie de bouillon.

Haricots verts. — Comme ci-dessus.

Artichauts. — Prenez-les de moyenne grosseur et faites-les blanchir, après les avoir dégarnis de toutes leurs feuilles inutiles. On les met dans des bocaux; heure de bouillon.

Epinards, chicorée, oseille, laitue, poirée, cerfeuil, ciboules, etc. — Le tout préparé et cuit comme pour faire un plat sans assaisonnement, se met en bouteilles et reçoit un quart-d'heure de bouillon. Cette méthode est préférable à la conservation ordinaire.

Tomates. — Il faut les cueillir bien mûres; laver, égoutter, et faire fondre dans un vase de cuivre bien étamé, faire réduire d'un tiers, passer au tamis et faire réduire encore de moitié: ensuite faire refroidir, mettre en bouteilles et donner un quart-d'heure de bouillon.

Truffes. — Lavez, pelez, mettez en bouteilles, entières

ou par morceaux, avec les pelures, et donnez une heure de bouillon. Elles peuvent se conserver deux ou trois ans.

ALTÉRATIONS ET FALSIFICATIONS

DES SUBSTANCES LIQUIDES ET SOLIDES

EMPLOYÉES DANS L'ÉCONOMIE DOMESTIQUE.

Si nous n'avions été convaincus de quelle utilité il est pour tout le monde de connaître et de pouvoir découvrir les altérations et les sophistications que peuvent subir les substances employées pour les usages habituels de la table et de la maison, la difficulté de traiter convenablement cette matière dans un ouvrage de la nature de celui-ci nous eût peut-être arrêtés. Forcés en effet de laisser de côté beaucoup de notions qui sont du ressort de la chimie, nous avons dû aussi nous voir contraints d'abandonner dans nos indications beaucoup de moyens très simples pour un chimiste, mais impraticables dans un ménage. Aussi, évitant, autant que possible, d'étaler ici une érudition à la fois inutile et déplacée, nous n'avons indiqué, quand la nécessité nous y forçait, que les procédés chimiques les plus simples et les plus faciles à exécuter avec un peu d'attention et d'adresse. Trop souvent l'appât du gain ou la crainte de faire des pertes sur des objets qui se détériorent font qu'on trouve dans le commerce une foule de substances falsifiées ou altérées ; il importe donc surtout aux femmes de pouvoir juger par elles-mêmes de la bonne ou mauvaise qualité des denrées qu'elles achètent pour l'usage de leur maison. Il nous semble que sur ce point elles ne sauraient être trop éclairées.

Les substances alimentaires peuvent être altérées de deux manières :

1° Naturellement ; par la vétusté et la réaction que la sécheresse, l'humidité et les variations de température ont pu occasionner dans la substance même : quelquefois à ces causes d'altération se joint la détérioration occasionnée par le défaut de soins, qui a pu laisser pénétrer dans la substance de la poussière, des matières étrangères, et enfin des insectes, qui altèrent plus ou moins l'aliment, et souvent le rendent tout-à-fait inutile , et quelquefois nuisible.

2° Artificiellement ; par des substances que la fraude et la mauvaise foi y introduisent pour augmenter le poids ou le volume d'une substance chère par une substance à plus bas prix, ou par des mélanges destinés à corriger ou au moins à masquer l'altération naturelle d'une substance détériorée. C'est ce que l'on nomme *sophistication.*

Les altérations naturelles des substances se reconnaissent par la vue, l'odorat et le goût ; ainsi on reconnaît facilement à la vue et à l'odeur les altérations de la farine, du pain, du poisson, de la viande, etc., qui sont moisis ou corrompus ; à la vue et au goût, celles du vin qui a tourné au gras, à l'aigre, etc. ; du lait, du petit-lait qui est aigri, etc.; à l'odeur seule, l'altération du beurre, des graisses, des huiles qui ont pris l'odeur rance. L'usage et la pratique sont les meilleurs guides que l'on puisse suivre dans ces cas.

Les sophistications des substances ne sont pas aussi faciles à reconnaître. Il y en a de deux sortes : les unes ne sont pas nuisibles sous le rapport de la santé ; tel est le mélange d'un peu de pommes de terre dans le beurre, de fécule dans le chocolat, etc. ; d'autres, au contraire, sont pernicieuses à la santé, et quelques-unes tellement dangereuses, que leur introduction dans l'estomac occasionne un véritable empoisonnement ; telles sont les sophistications par les préparations de plomb, et autres composés chimiques.

Ces altérations, dont l'existence n'est souvent révélée que par leurs effets désastreux, peuvent être facilement constatés par l'analyse chimique ; mais pour cela il faut employer des réactifs, qui, pour la plupart, ne peuvent être mis à la disposition des personnes que d'après les formalités exigées par la loi sur les substances vénéneuses. Leur emploi demande beaucoup de sagacité et d'habitude pratique pour répondre du succès de l'analyse ; et les accidents auxquels leur présence dans un ménage pourrait donner lieu, surtout relativement aux enfants, doivent engager les personnes qui soupçonnent des altérations de ce genre à recourir à un chimiste qui pourra, par quelques essais, ou les rassurer, si les soupçons ne sont pas fondés, ou constater d'une manière certaine et positive la nature de la sophistication.

Les différentes substances employées pour les usages domestiques sont solides ou liquides ; nous nous occuperons d'abord des premières.

Beurre. — Le beurre ne peut s'obtenir que du lait.

Propriétés naturelles. — Le bon beurre a une couleur jaune ou jaune blanchâtre, une odeur particulière, et une saveur douce et agréable. Il est plus léger que l'eau.

Altérations. — Le beurre, qui contient du petit-lait et du *caséum*, c'est-à-dire une des parties du lait qui forme le fromage, est susceptible de s'aigrir promptement, surtout en été ; il devient alors rance, et on l'appelle *beurre-fort*, ce que l'on reconnaît facilement à l'odeur et au goût. Lorsqu'il ne fait que commencer à s'aigrir, on peut, en le pétrissant et en le lavant dans de l'eau fraîche souvent renouvelée, lui enlever cette saveur désagréable.

Falsifications. — On falsifie le beurre : 1° avec des châtaignes ou des pommes de terre cuites dans l'eau, écrasées et mêlées ensuite avec lui. On peut d'abord s'assurer si le beurre qu'on soupçonne n'est pas plus pesant que l'eau ; dans ce cas, il serait évident qu'il contient une substance étrangère. Mais pour reconnaître cette substance, que nous supposons être de la pomme de terre ou de la châtaigne, il faut faire fondre le beurre au bain-marie, à la température de soixante-dix degrés cent., dans un tube de verre ou une petite fiole. Le beurre, plus léger, se trouve à la surface, tandis que le caséum qu'il contenait, ainsi que les pommes de terre ou les châtaignes restent au fond. Alors on verse le beurre dans un vase, et on traite le dépôt qui reste au fond du tube ou de la fiole par un peu d'alcali volatil (ammoniaque) ; le caséum se trouve dissous, et les pommes de terre ou les châtaignes restent en grumeaux. 2° On falsifie quelquefois le beurre en mêlant du sable blanc ou jaune très fin ou de la craie ; dans ce cas on fera fondre le beurre dans dix à douze fois son poids d'eau à une chaleur douce. Tout le beurre liquéfié viendra à la surface du liquide, tandis que les autres matières, qui sont insolubles, se déposeront au fond du vase. 3° On augmente aussi le poids du beurre en y faisant entrer de la graisse ou suif de veau. On pourra reconnaître cette falsification en mettant quelques morceaux de ce beurre dans une petite

fiole de verre qu'on fera chauffer au bain-marie à une chaleur de trente-six degrés centigr. Comme le beurre devient
liquide à cette température, et que le suif de veau exige de
cinquante à cinquante-six degrés pour passer au même
état, ce dernier restera solide, tandis que tout le beurre aura été liquéfié. Ce moyen, toutefois, ne réussirait pas si le
beurre et le suif de veau avaient été primitivement fondus
ensemble. 4° Les beurres d'une qualité inférieure sont en
général plus durs et moins fusibles que les beurres fins. On
se sert assez souvent aussi du safran pour donner au
beurre une belle teinte jaune.

Café. — *Altérations.* — Les cafés piqués des vers, ou
moisis pour avoir été longtemps exposés à l'humidité, ou
altérés par l'eau de mer, etc., sont souvent mélangés avec
des cafés de bonne qualité. Le café avarié est ordinairement de couleur noirâtre; quelquefois aussi, pour en augmenter le poids, on mêle au café des grains de sable et des
petits cailloux. La couleur de café de bonne qualité doit
être d'un vert jaunâtre; sa consistance et sa texture ressemblent assez à celles de la corne.

Falsifications. — Le café que l'on vend en poudre est souvent mêlé avec la racine torréfiée et broyée de chicorée
sauvage. Cette fraude, quoique tolérée, est presque généralement mise en usage par les marchands. La poudre du
café est composée de parties plus dures que celles qui composent la poudre de chicorée. On s'en aperçoit facilement
en pressant entre les doigts les deux poudres séparément
ou le mélange de l'une avec l'autre. Dans ce dernier cas,
on sent des parties plus molles, et d'autres parties plus ré-
sistantes. Si après avoir mouillé les doigts avec de la salive,
on prend une pincée de mélange de café et de chicorée,
et qu'on le presse en remuant les doigts l'un sur
l'autre pendant quelque temps, les poudres finissent
par s'agglomérer et former une petite boulette; le café en
poudre, au contraire, lorsqu'il est sans mélange, ne peut se
réunir en boulettes, et reste à l'état pulvérulent. De plus,
la saveur du café est seulement amère; celle du mélange
du café et de chicorée est tout à la fois amère et légèrement
acidule. Enfin une personne qui a l'odorat exercé pourra
reconnaître et distinguer l'odeur de la poudre de chicorée
mêlée à celle du café, pourvu qu'il y en ait une certaine
quantité de la première.

Chocolat. —Rien n'est plus difficile que de rencontrer un chocolat qui ne renferme aucune matière étrangère. Ceux même qui sont préparés avec le plus de soin ne sont pas entièrement exempts de ce défaut.

Altérations. — Le chocolat peut avoir été préparé avec des amandes de cacao mal mondées, ou gâtées, piquées des vers, etc,; ou bien les germes des amandes n'ont pas été enlevés, ou bien enfin on a employé un sucre chargé d'impuretés, ou de la cassonade de mauvaise qualité. Dans tous ces cas, il se forme au fond du vase un dépôt noirâtre plus ou moins abondant. 1° Si par maladresse ou par ignorance on a trop fortement torréfié le cacao, le chocolat préparé avec prend une couleur noirâtre ; il contracte un goût amer ; dissous dans l'eau ou le lait, il offre une odeur de brûlé désagréable. Si on a employé du cacao amer, ou âcre, nouvellement récolté, ou avarié, le chocolat offre dans ce cas une saveur amère, âcre, marinée ou de moisi.

Falsifications. — Le chocolat peut être falsifié par la farine de froment, de pois, de lentilles, et surtout par ces deux dernières. Vous reconnaîtrez cette fraude en goûtant le chocolat qui laissera dans la bouche un goût pâteux. Ce chocolat, préparé à l'eau, donnera une odeur de colle de farine au premier bouillon : refroidi, il se convertira en une espèce de gelée. Ces indications suffisent pour annoncer la présence de la farine ; quelquefois, avant de préparer le chocolat, les fabricants enlèvent aux amandes l'huile qu'elles contiennent, et qu'on connaît sous le nom de beurre de cacao. Ils remplacent alors cette huile par une huile ordinaire ou des graisses animales. On reconnaît souvent cette fraude à l'odeur du chocolat, qui se rapproche un peu de celle du fromage.

Farine. — *Falsifications.* — La farine peut être falsifiée : 1° par du plâtre ; 2° en y mêlant de la craie. Dans l'un et l'autre cas, on peut se servir du moyen suivant : Faites chauffer une pelle au feu ; quand elle commencera à rongir, jettez dedans plusieurs pincées de farine suspecte ; tout ce qui sera farine brûlera et restera en charbon, tandis que les sels calcaires, qui n'auront pas été décomposés, resteront blancs.

Fromages. — *Falsifications.* — Il arrive quelquefois que, pour augmenter le poids et le volume du fromage ordinaire, on le mêle avec de la farine de pommes de terre cuites et écrasées, de la farine de pois ou des fécules. Dans le cas où le fromage contiendrait une ou plusieurs substances, le moyen le plus facile de découvrir la fraude serait d'en triturer une partie avec un peu d'eau et d'iode, qui donnerait au mélange une belle couleur bleue. Dans le cas où le fromage serait sans mélange, pur, la couleur que lui donnerait l'iode serait analogue à celle du tabac d'Espagne (1).

Miel. — Il existe dans le commerce plusieurs espèces de miel. Les plus estimés sont le miel de Narbonne, et celui du Gâtinais, qui est blanc, ferme, grenu, d'une odeur agréable, souvent aromatique et d'une saveur très douce.

Altérations. — Le miel, tour à tour exposé à l'humidité et à la chaleur, peut entrer en fermentation ; alors il se liquéfie, perd l'odeur agréable qu'il avait, contracte un goût acide et alcoolique.

Falsifications. Lorsque le miel est cher ou lorsqu'il commence à éprouver un commencement de fermentation qui le rend liquide, les marchands y mêlent quelquefois de la farine dans la proportion d'une once par livre environ ; si le miel vient d'être récolté, ils ajoutent un peu d'eau et battent fortement le mélange pour en faire une masse homogène. Outre la farine, on mêle encore au miel de l'amidon, des pommes de terre, des châtaignes ; de la fécule, dans les mêmes proportions, ou même plus grandes encore. Dans le cas où le miel est ainsi falsifié, si on le chauffe, loin de se liquéfier, il prend plus de consistance, et ne passe pas au travers du blanchet. Si on verse de l'eau froid sur ce miel, tout ce qui est miel se dissoudra, mais non la fécule.

Poivre. — On distingue dans l'économie domestique deux espèces de poivre, le poivre blanc et le poivre noir. Le premier est plus estimé que l'autre.

Altérations. — Le poivre conserve longtemps son odeur et sa saveur ; mais il les perd plus ou moins par la vétusté, surtout s'il a été réduit en poudre. Le poivre blanc qu'on a soumis à une trop longue macération dans l'eau pour lui enlever son écorce, est beaucoup plus faible et moins piquant que le poivre noir proprement dit. Le poivre perd en général de sa saveur et de sa force quand il a été longtemps à l'humidité. Il convient donc de le conserver dans des boîtes bien fermées et placées dans un lieu sec. Un poivre qui

(1) Cette expérience peut se faire chez le pharmacien.

nage sur l'eau, qui se brise entre les doigts, qui a une saveur faible, dont les grains sont maigres, poudreux, rongés des vers, ou moisis, est altéré, et on doit le rejeter.

Falsifications. — 1° On vend quelquefois un poivre artificiel dont les grains ressemblent à ceux du véritable poivre dépouillé de son écorce ; il est composé d'une pâte faite avec de la farine de seigle, du piment de Provence et de la farine de moutarde. On reconnaîtra cette fraude en faisant macérer dans l'eau ce prétendu poivre, qui ne tardera pas à s'y réduire en une pâte molle qui formera une espèce de colle si on la fait chauffer ;

2° On falsifie le poivre en poudre avec de la farine de lentilles et la racine pulvérisée d'un *achilléa*, connu sous le nom d'*épice d'Auvergne*. On mêle quelquefois aussi au poivre de la farine de moutarde noire, pour lui donner les points noirs qu'offre la poudre du poivre naturel ;

3° Une autre falsification plus importante, parce qu'elle peut être dangereuse, mais heureusement assez rare, consiste à faire passer du poivre noir pour du poivre blanc, en recouvrant le premier d'une légère couche de pâte faite avec de l'amidon, du blanc de céruse. On peut reconnaître cette fraude en enlevant la superficie d'un de ces grains de poivre, soit avec l'ongle, soit avec un couteau, ou mieux en frappant dessus avec un corps dur. On peut aussi les mettre dans l'eau, où la pâte se fond.

Sel — Falsification. — Le sel marin, dont l'emploi est indispensable pour l'assaisonnement des aliments et la conservation de beaucoup de viandes, peut être mélangé, surtout quand il est à l'état de sel blanc, avec du sel de Glauber. Dans ce cas, si on expose ce sel à un air très sec, on en voit une partie s'effleurir.

Remarques. — On doit toujours employer un sel vieux de préférence à un sel nouveau. Le sel récemment extrait des salines est amer et déliquescent, parce qu'il est rare qu'il ne contienne pas quelques sels étrangers, qui sont déliquescents de leur nature. Le sel qui a vieilli en *camelle* (en monceaux) a une saveur vive et piquante, une consistance solide, et ne s'humecte qu'à l'air humide.

Sucre. — Le sucre pur et de première qualité doit être dur, solide, sonore, blanc ; lorsqu'on le met dans de l'eau distillée, il donne une solution complète et claire.

Altérations. — Le sucre tel que je viens de le décrire n'est presque pas susceptible de s'altérer. Il n'attire pas l'humidité de l'air, s'effleurit même à la longue à l'air sec, et se conserve très longtemps.

Falsifications. — Le sucre peut être falsifié par du sucre de lait. On reconnaît cette fraude en traitant le sucre par de l'alcool à trente ou trente-six degrés, qui ne dissoudra que le sucre, et laissera intact le sucre de lait, que son insipidité fera aisément reconnaître. Le plâtre, le sable, la craie mêlés au sucre se reconnaîtront facilement en faisant fondre celui-ci dans l'eau froide. Ces matières insolubles se déposeront au fond du vase.

RECETTES ÉCONOMIQUES

ET

PROCÉDÉS DIVERS.

Moyens de purifier l'eau et de la rendre potable. — Lorsque l'eau est seulement troublée par la terre ou un sable très fin, il suffit de la laisser reposer dans un vase quelconque pour l'avoir claire au bout de quelque temps. On peut remplacer ce procédé par celui qui consiste à introduire au fond de la fontaine une couche de sable de trois ou quatre pouces d'épaisseur ; on a soin de mettre d'abord une couche de cailloux assez gros pour qu'ils ne puissent pas sortir par le robinet ; on les recouvre ensuite par du sable plus fin, mais qui pourtant ne doit pas être en poussière.

Lorsque l'eau a quelque mauvais goût ou une mauvaise odeur, lorsqu'elle provient d'une rivière très basse (comme il arrive souvent en été), d'une mare ou d'un étang, il faut la purifier avec du charbon. Pour cela, on dispose au fond d'une fontaine de grès une couche de cailloux un peu gros ; on met par dessus une large couche de charbon de trois à cinq pouces d'épaisseur, suivant la grandeur de la fontaine ; on met, par dessus le charbon, une autre couche de sable de deux ou trois pouces, et enfin on recouvre celle-ci avec des morceaux de toiles ou des débris de pots de grès, destinés à empêcher que l'eau qu'on verse dans la fontaine dérange et mêle les diverses couches. Le charbon qu'on emploie doit être en poudre un peu grossière et bien lavé, pour le débarrasser de la poudre la plus fine, qui pourrait passer avec l'eau ; on l'agite sur un crible fin ou un tamis, et on ne garde que le charbon qui reste sur le tamis. La braise et le charbon ordinaire peuvent être également employés.

Lorsqu'on s'aperçoit que le filtre de charbon, ainsi préparé, n'a plus autant d'action sur l'eau de fontaine et ne la purifie pas parfaitement, il faut le changer, ce qui est facile et peu coûteux.

Nous ne saurions trop recommander l'emploi de ce moyen, qui, s'il était plus répandu, éviterait un grand nombre de maladies à ceux qui boivent des eaux peu salubres.

Les fontaines filtrantes en pierres poreuses sont aussi très bonnes pour avoir de l'eau bien claire ; mais, comme elles doivent être faites par les fontainiers, nous n'en parlerons pas plus au long.

Moyens de distinguer les eaux de Seltz bien préparées. — On trouve parfois dans le commerce, surtout depuis que l'usage s'en est considérablement répandu, des eaux de Seltz préparées, non pas comme elles doivent l'être, en saturant l'eau de gaz acide carbonique, mais en y dissolvant une certaine quantité de carbonate de soude, puis en décomposant ce carbonate au moyen d'un acide quelconque, afin de dégager l'acide qu'il contient.

Ces eaux, ainsi préparées avec du carbonate de soude et un acide, sont alors plus ou moins purgatives ; elles peuvent aisément se reconnaître en faisant évaporer l'eau. Si elle laisse un résidu salin, on en devra conclure qu'elle était mal préparée ; car l'eau de Seltz bien préparée, ne contenant autre chose que de l'eau et de l'acide carbonique, ne laisse pas de résidu sensible lorsqu'on l'évapore.

Disposition qui constituent une bonne cave. — 1° L'exposition d'une cave doit être au nord : sa température est alors moins variable que lorsque les ouvertures sont tournées vers le midi ;

2° Elle doit être assez profonde pour que la température soit constamment la même ;

3° L'humidité doit être constante sans y être trop forte : l'excès détermine la moisissure des paniers, bouchons, tonneaux, etc. La sécheresse dessèche les futailles, les tourmente, et fait transsuder le vin ;

4° La lumière doit être très modérée : une lumière vive dessèche, une obscurité presque absolue pourrit ;

5° La cave doit être à l'abri des secousses. Les brusques agitations, ou ces légers trémoussements déterminés par le passage rapide des voitures sur le pavé, remuent la lie, la mêlent avec le vin, l'y retiennent en suspension, et provoquent l'acétification. Le tonnerre, et tous les mouvements produits par des secousses déterminent le même effet ;

6° Il faut éloigner d'une cave les bois verts, les vinaigres et toutes les matières qui sont susceptibles de fermentation ;

7° Il faut encore éviter la réverbération du soleil, qui, variant nécessairement la température d'une cave, doit en altérer les propriétés ;

8° D'après cela, une cave doit être creusée à quelques toises sous terre : ses ouvertures doivent être dirigées vers le nord. Elle sera éloignée des rues, chemins, ateliers, égouts, courants, latrines, bûcher, etc. Elle sera recouverte par une voûte.

Fabrication économique de la bière. — Depuis quelque temps les brasseurs de Paris remplacent avec succès et bénéfice l'orge et l'escourgeon par la fécule de pomme de terre ; il en résulte une boisson plus nourrissante, plus agréable, et dont la consommation est préférée à toute autre par les buveurs d'estaminets.

Cette introduction de la pomme de terre dans les brasseries est un perfectionnement économique.

Boissons économiques. — Dès que les fruits rouges commencent à donner, on prend un tonneau fraîchement vidé, on y met deux seaux d'eau et deux livres de genièvre, afin que l'eau ne se corrompe pas pendant l'espace de temps nécessaire à recevoir les fruits qui composeront cette boisson. A mesure qu'on mange des cerises, guignes, groseilles, on jette par le bondon les noyaux et les queues de ces fruits.

Lorsqu'on fait des confitures de groseilles, et qu'on en a exprimé le jus, on en jette le marc dans le tonneau ; on y ajoute de même les queues des noyaux des fruits que l'on emploie pour faire des confitures.

A mesure qu'il tombe des fruits de toute espèce, poires, pommes, prunes, on les pile un peu dans un vase de bois, et on les jette de même dans le tonneau. Toutes les rafles de raisin doivent y être mises, ainsi que toutes les pelures et les cœurs de poires, et les noyaux provenant des prunes avec lesquelles ont fait des confitures. On peut boire dès le mois d'août de cette boisson, quand elle a été commencée de bonne heure.

Toutes les fois qu'on retire du tonneau un pot de cette boisson, on remet la même quantité d'eau.

Quand le temps des vendanges est arrivé, on vide presque entièrement le tonneau ; on y met rafles de raisin et on le remplit d'eau ; puis on le laisse six semaines sans y toucher. Cette boisson peut se garder un an, si elle n'est point exposée à la gelée.

Moyen d'arrêter la fermentation des vins blancs nouveaux et de conserver leur douceur primitive. — Pour un tonneau de trois hectolitres, on achete trois livres de farine de moutarde que l'on commence par délayer dans deux litres du même vin. On entonne ce mélange par la bonde du tonneau.

Au bout de quelques jours, dès que le vin est clair, on le soutire dans une autre pièce pour le soufrer, et le mettre plus tard en bouteille.

Les vins blancs du Nord, en général, d'une saveur acide et austère, acquièrent, au moment de cette préparation simple, la douceur de la plupart des bons vins blancs de Bordeaux et de Chablis.

Asphyxie par la vapeur du charbon. — Il arrive souvent que, dans les cuisines fermées, le gaz acide carbonique se dégage du foyer et peut produire l'asphyxie. La face du malade devient rouge, puis violette, la circulation du sang semble suspendue, et un froid glacial s'empare des extremités. La première chose à faire, c'est de placer le malade dans un lieu bien aéré; on réchauffe les extrémités par l'application de cataplasmes et de synapismes, et on tâche de faire pénétrer dans l'estomac quelques boissons stimulantes, pour que la circulation se rétablisse et qu'une saignée devienne praticable.

Nous n'avons pu placer ici tout ce qu'il y aurait à dire sur les altérations qu'entraînent les aliments de mauvaise nature, sur les moyens de combattre ces accidents; mais nous avons indiqué ce qu'on a de plus pressé à faire dans les cas les plus ordinaires, en attendant qu'on ait fait appeler un médecin.

Fabrication d'un bon vinaigre de ménage.—M. Braconnot de Nancy, conseille de prendre de quinze à trente bouteilles ordinaires, selon la consommation du ménage; de mettre dans chacune une cuillerée de vin fait depuis au moins six mois, d'exposer ces bouteilles débouchées à la température de 20 degrés. Lorsqu'au bout de cinq à six jours cette petite quantité sera réduite en vinaigre, on y ajoutera progressivement du vin pour deux cuillerées, tous les six jours, jusqu'au tiers de la bouteille, et ensuite par quatre cuillerées, jusqu'à ce qu'elles soient remplies. On obtiendra ainsi de très bon vinaigre.

Moyen simple de distinguer les bons champignons des mauvais. — Lorsqu'on aura à préparer des champignons comestibles, il faudra prendre la moitié d'un oignon blanc ordinaire, dépouillé de sa membrane externe; on le mettra cuire avec les champignons. Si la couleur de l'oignon s'altère, qu'elle devienne bleuâtre ou brune, tirant sur le noir, c'est un signe évident que parmi les champignons il y en a de vénéneux. Si, après une ébullition convenable, l'oignon conserve sa couleur blanche, on n'a à craindre aucun accident.

Préparation au café pour les personnes qui ont l'estomac faible, la santé délicate et le genre nerveux irritable. — Prenez deux livres de café de la qualité la plus courante, et mettez-le dans la brûloire. Quand il aura pris chaleur, joignez-y quatre livres d'orge de belle qualité, bien propre; et lorsque le tout sera torréfié au point convenable, concentrez-le dans un vase bien neuf vernissé, en le couvrant d'abord d'un papier, et, par-dessus, d'un linge qui empêche l'évaporation de la vapeur aromatisée.

Quand le mélange sera refroidi, mettez-le en poudre dans le même vase, et conservez-le, pour l'usage ordinaire, bien bouché et dans un lieu sec, à l'abri du contact de l'air.

Ce mélange, qui acquiert par sa concentration le goût et le parfum d'un café de qualité médiocre, lui est infiniment préférable pour l'économie, et surtout pour la santé.

Les personnes d'une poitrine délicate se trouvent bien de son usage, et il nourrit et fortifie singulièrement, sans aucun inconvénient, celles qui en prennent habituellement en guise de café.

Procédé éprouvé longtemps dans ma famille.

CAYA.

Moyen de reconnaître la présence de l'huile d'œillette dans l'huile d'olive. — Les huiles d'olive du commerce sont fréquemment falsifiées avec les huiles de graine, et surtout avec des huiles de pavots. Le procédé suivant permet de reconnaître la fraude avec une extrême facilité.

Placez dans deux vases de même dimension, par exemple dans deux petits cols droits en verre, de l'huile d'olive qu'on suppose falsifiée; versez dessus, pour cent parties d'huile quatre parties d'un mélange fait avec trois parties d'acide nitrique à 35 degrés de l'aréomètre de Baumé, et une partie d'acide nitreux provenant de la décomposition du nitrate de plomb (ce mélange se trouvera chez tous les fabricants de produits chimiques); agitez avec un tube en verre, puis abandonnez le mélange à lui-même, en ayant soin d'observer le moment où l'huile devient assez épaisse pour qu'on puisse, sans la faire tomber, renverser le vase qui la renferme. La solification de l'huile s'opère d'autant plus complètement, d'autant plus rapidement qu'elle sera plus pure. Ainsi, elle sera retardée de quarante minutes environ par la présence d'un pour cent d'huile de pavot, et de quatre-vingt-dix minutes par celle d'un vingtième; elle ne se reproduirait que très incomplètement si l'huile de pavots s'y trouvait en assez grande proportion, et alors une partie du liquide viendrait se rassembler à la surface du mélange.

Procédé pour enlever à l'huile une odeur rance, et pour la blanchir quand elle est colorée. — Il consiste à verser une livre d'hui e rance sur trois ou quatre onces de charbon écrasé : on l'y laisse séjourner pendant deux ou trois jours; ensuite on le passe à travers un morceau d'étoffe de laine ou un morceau de toile serrée ; on obtient l'huile claire et privée de son odeur rance. Si l'huile était colorée, on l'obtient très blanche. On peut aussi enlever l'odeur rance de l'huile, quand elle n'est pas trop prononcée, en mettant dans une bouteille une certaine quantité d'eau, et en l'agitant fortement. On répète deux ou trois fois cette opération ; on sépare l'huile de l'eau, et elle a perdu le goût de rance qu'elle avait.

Moyen de reconnaître l'huile frelatée. — On se plaint partout que l'huile d'olive est frelatée, soit en gros, soit en détail, par d'autres huiles végétales plus ou moins bonnes en elles-mêmes, mais qui altèrent la qualité de la première, comme comestible, et la vicient même, comme matière principale du savon dur destiné au blanchissage. Il est aisé de s'assurer de la fraude, par le nitrate de mercure. Lorsque l'huile d'olive n'est pas pure, le nitrate de mercure donne au mélange une couleur jaune rougeâtre, qui devient d'autant plus intense, que les huiles de graines entrent dans le mélange en plus grande quantité. Cette expérience est due à M. Poutet, de Marseille.

THÉ *(manière de le préparer).* – On distingue trois sortes de thé : 1° le thé vert commun ; il a les feuilles petites, chiffonnées et collées ensemble en séchant; 2° le thé vert, plus fin : ses feuilles sont plus grandes, point roulées ; il est d'une couleur un peu plus pâle que le vert–bleu, d'une odeur agréable et de violette, d'un goût gracieux ; 3° le thé bout ; il a les feuilles plus petites et plus plissées que les deux espèces précédentes ; il est aussi plus foncé ; il a le goût des autres.

Faites bouillir une pinte d'eau dans une bouilloire de cuivre étamée ; échauffez bien une théière d'argent, de terre ou de porcelaine, en y passant de l'eau bouillante que vous jetterez aussitôt. Mettez sur-le-champ, dans votre théière, une bonne cuillerée de café ou de thé, et versez par-dessus votre eau bouillante. Bouchez avec beaucoup de soin votre théière, et laissez l'infusion se faire pendant dix minutes : le thé, après cela, sera bon à prendre.

On a coutume, en prenant le thé le matin, d'y mêler

un peu de crême ou de lait, et d'y tremper des tranches de pain grillé, sur lesquelles on a étendu du beurre très frais.

On mêle aussi du lait ou de la crême avec le thé qu'on prend le soir; au lieu d'y joindre des tranches de pain grillé, on y joint toutes sortes de pâtisseries légères.

Manière de pétrir le pain, au moyen de laquelle on obtient avec une même quantité de farine un pain mieux fabriqué et pesant un quart de poids de plus. — Ce résultat s'obtient en faisant bouillir pendant une heure, une livre de son dans à peu près vingt litres d'eau, et ayant soin d'agiter constamment ce mélange avec un bâton, pour empêcher que le son brûle en s'attachant au fond du vase. Après avoir passé sans expression (en pressant avec les mains), cette espèce de pâte liquide à travers un sac de toile, on l'emploiera au lieu d'eau pour en pétrir la farine suivant la méthode ordinaire.

L'avantage du pain ainsi fabriqué est moins encore de posséder un poids supérieur, que d'être d'une digestion plus facile.

Examen comparatif des propriétés nutritives des aliments. — Connaître les propriétés nutritives des substances que l'on emploie le plus ordinairement est, selon nous, un pas fait vers les améliorations qui se rattachent à l'économie domestique. Nous nous empressons de traduire ici une notice publiée dans ce but par MM. Percy et Herring.

	Matière nutritive.
100 livres de pain contiennent	80 liv.
100 livres viande de boucherie	35 liv.
100 livres haricots	92 liv.
100 livres fèves	93 liv.
100 livres lentilles	94 liv.
100 livres petits pois	8 liv.
100 livres carottes	14 liv.
100 livres navets	8 liv.
100 livres pommes de terre	25 liv.

D'où il résulte que trois quarts de livre de pain et cinq onces de viande égalent trois livres de pommes de terre; une livre de pommes de terre égale trois livres de navets;

enfin une livre de riz, de grosses fèves ou de lentilles, égale trois livres de pommes de terre.

Cuisson de légumes farineux. — Deux choses contribuent à rendre coriaces et difficiles à cuire les légumes farineux. La première dépend des trop fortes chaleurs de l'été pendant la végétation, qui les rendent cornés. La deuxième dépend de l'eau dans laquelle on les fait cuire. On sait que l'eau de puits, par exemple, est impropre à cet usage, par la quantité de chaux qu'elle contient en dissolution.

On remédie à cet inconvénient en mettant gros de cendre de bois comme un œuf dans un linge serré qu'on jette dans la marmite, et qu'on retire après la cuisson. Ce moyen, outre l'avantage de cuire promptement les légumes, a celui de contribuer à améliorer le goût. Il économise en même temps le sel dont il convient de diminuer la quantité.

HERBES CUITES. *(moyen de les faire et de les conserver.)* — Cueillez dans le mois de novembre la quantité que vous voudrez d'oseille, de poirée, de laitue, de pourpier, épluchez-les ; faites d'abord bien bouillir l'oseille dans un peu d'eau, et remuez, de peur qu'elle brûle. Lorsqu'elle est presque cuite, jetez dans le même vaisseau vos autres herbes ; faites-les bien bouillir, et remuez-les ; ensuite mettez-y du beurre et du sel en quantité raisonnable. Remettez-les bouillir de nouveau, puis ôtez-les du feu. Lorsqu'elles seront froides, enfermez-les dans des pots de grès. Jetez par-dessus un bon pouce de beurre fondu, et serrez vos pots dans un lieu sec et frais. Lorsque vous voudrez en manger, faites un trou rond à la couche du beurre, pour pouvoir en tirer la quantité que vous voudrez, et recouvrez le trou avec le même morceau de beurre : par ce moyen, les herbes conserveront toute leur bonté jusqu'au temps des nouvelles.

MAUVAISES HERBES. *(Méthode pour les empêcher de venir sur les couches)* — Ce moyen, facile à exécuter, consiste, quand le terreau est sec et que la couche a jeté son premier feu, à le remuer et arroser avec de l'eau bouillante, dont la chaleur tue les germes qui sont déjà développés. Cette opération terminée, on a soin de ratisser le terreau : alors seulement on peut lui confier les diverses graines qu'on lui destine. On adopte cette méthode pour les terrains où on veut semer quelques plantes précieuses ou nouvelles : on détruit vite et sûrement les mauvaises plantes, et l'on cultive plus aisément celles que l'on désire voir prospérer. L'eau bouillante, outre l'avantage qu'elle a de faire périr un grand nombre de germes naissants, tue encore une foule d'insectes, qui nuiraient à l'accroissement des végétaux que l'on veut cultiver.

Procédé pour se procurer sur-le-champ du beurre frais. — Il suffit de verser le lait non écrémé, quelques heures après la traite, dans des bouteilles, et de le secouer vivement ; les grumeaux qui se forment, jetés sur un tamis, lavés et rassemblés, offrent le beurre le plus fin et le plus délicat qu'on puisse se procurer.

Mais cette manière de battre le beurre, sans avoir préalablement levé la crème de dessus le lait, quoiqu'assez généralement adoptée dans les cantons où l'on fait le beurre de choix, n'est pas, à beaucoup près, économique. L'expérience prouve même que la crème, étendue dans une trop grande quantité de fluide, ne fournit jamais la totalité de son beurre ; qu'il faut nécessairement la mettre à part, et lui imprimer immédiatement la percussion. D'ailleurs, ce goût fin et délicat n'existe déjà plus du jour au lendemain, surtout s'il fait chaud.

Beurre composé pour les hors-d'œuvre. — Prenez du beurre salé à demi-sel ; pétrissez-le avec des fines herbes hachées bien menu : ces fines herbes sont du persil, de la ciboulette, un peu d'estragon. Vous introduisez votre beurre dans un moule fait exprès pour cet usage, et le poussez fort avec le bâton ; il sort par le trou, et vous en faites une pyramide en tournant. Si vous voulez le rendre parfait, vous réduirez en pâte une demi-douzaine de noisettes franches, que vous mêlerez avec votre beurre et vos fines herbes.

Procédé simple pour améliorer le beurre. — Ce procédé consiste à joindre du jus de carotte à la crème destinée à la composition du beurre. Pour cet effet, on prend des carottes saines, on les lave, et on les laisse ensuite ressuyer ; on râpe la partie jaune extérieure jusqu'aux fibres intérieures qui sont moins jaunes, et qu'il faut rejeter ; on exprime le jus de la râpure et on le bat avec la crème. Ce mélange donne un goût agréable au beurre ; ainsi préparé, il conserve sa qualité beaucoup plus longtemps que celui fabriqué par les moyens ordinaires.

Falsification du sel de cuisine. — A la suite d'accidents assez graves dont le sel de cuisine a été accusé, on a examiné très récemment plusieurs échantillons de sel pris dans divers endroits, et l'on a reconnu que fréquemment ce produit était falsifié : 1° avec de l'eau, ce qui n'a d'autre inconvénient que d'en augmenter le poids ; 2° avec de la terre ; ce qui n'a pas d'autre danger ; 3° avec le sel marin des salpêtriers, qui est moins cher que le sel des salines, et qui est aussi moins pur ; 4° avec le sel marin retiré des soudes de warech, qui est dans le même cas que le précédent ; 5° avec le sulfate de soude ; 6° enfin, avec le sulfate de chaux (plâtre), qui est vendu dans le commerce sous le nom de *poudre à mêler au sel.*

Ces renseignements doivent éveiller l'attention du public, d'autant plus que chez le tiers des épiciers de Paris on trouve du sel falsifié. La chimie fournit les moyens de reconnaître ces altérations. On emploie pour cela deux parties de solution d'amidon et une partie de chlore liquide. En versant cette liqueur sur du sel suspect, on y voit naître une couleur violette qui décèle la présence de l'iode.

Poivre. (*Comment il peut être remplacé.*) — Prenez du *poivre-long* ou *piment* bien mûr, épluchez-le avec soin, et coupez-le par morceaux, pour faciliter la dessiccation ; puis mettez-le au four à plusieurs reprises ; ensuite vous le pilerez et le tamiserez ; vous aurez un équivalent du meilleur poivre. .

Moyen de reconnaître si le poivre est sophistiqué ou mêlé avec d'autres substances. — Le poivre noir est quelquefois mélangé avec différents fruits, qui ont quelque ressemblance avec lui, comme les baies de nerprun ou genièvre. On reconnaît assez facilement ce mélange à ce que ces graines sont plus grèges à l'extérieur que le véritable poivre ; à ce qu'elles ne sont pas pleines intérieurement ; à ce qu'elles sont moins pesantes ; enfin à ce qu'elles n'ont pas le goût du poivre quand on les mâche. Cette sophistication du poivre ne fait que diminuer sa qualité ; elle n'est aucunement préjuciable à la santé.

Girofle. (*Manière de la remplacer.*) Dans les temps de guerres maritimes, la girofle devient fort rare et fort chère : il est très facile de la remplacer.

Cueillez et épluchez des *œillets à ratafia,* aussitôt qu'ils seront fleuris. Faites-les sécher à l'ombre dans une chambre bien close. Quand ils seront bien secs, enfermez-les dans des boîtes ou des sacs à papier. Lorsque vous voudrez vous en servir, vous en ferez un petit bouquet que vous mettrez dans le ragoût ou le pot au feu ; ils donneront absolument le goût de girofle.

Moutarde. — La préparation de la moutarde est fort simple, autant, au moins qu'on se contente de l'avoir au naturel, et sans beaucoup d'apprêts. On la fait de deux manières.

Dans la première, on lave la graine à deux eaux et ensuite on l'amoncelle dans un vase pour la faire gonfler, puis on la pile dans un mortier, ou on la broie sous une meule destinée à cet usage, en y ajoutant un peu de vinaigre. Lorsque la pâte est bien fine, on la passe à travers un tamis de crin, on la sale et on la met dans des vases de verre ou de faïence, qu'on bouche pour la conserver.

Dans la seconde, on moud ou on pile la graine sèche, on la tamise sèche, et on la garde sèche, pour ne la réduire en pâte avec du vinaigre, qu'à mesure du besoin. On ne doit la consommer que huit à quinze jours après la fabrication.

On peut ajouter à la moutarde tous les aromates qu'on trouve agréables, tels que estragon, ail, oignon, girofle, etc. Pour cela, on les réduit en poudre ou en pâte, et on les mêle avec la moutarde.

Fruitiers. — L'endroit le plus convenable pour établir un fruitier, est une cave ou un souterrain peu profond, bien aéré par des croisées que l'on puisse fermer pendant le temps des fortes gelées. On pose autour des murailles des tablettes de sapin ou de chêne, que l'on espace de huit à neuf pouces les unes des autres, et on met sur le devant des tringles de bois pour excéder l'épaisseur des tablettes de quelques lignes, afin d'empêcher les fruits de rouler par terre. On arrange sans paille, les fruits sur ces tablettes, en observant qu'ils ne se touchent que le moins possible. On visite les fruits souvent dans les premières semaines, afin de séparer exactement ceux qui se gâtent. Au défaut d'un souterrain, pour conserver les fruits, il faut tâcher de se procurer un lieu bon et bien clos. Un fruitier souterrain a l'avantage précieux de conserver les fruits dans un état de fraîcheur qui les empêche de se rider ou faner aussi promptement que dans une chambre élevée. Il a, de plus, celui de les préserver de la gelée. Quand le froid devient excessif, on ferme les croisées, et on applique dessus des paillassons, ou même du fumier. On peut, par ce moyen, conserver des fruits récents depuis la récolte qu'on fait en octobre et novembre, jusqu'en juin et juillet et même au-delà.

Cuisson des fruits. — L'usage modéré des fruits très mûrs, joint à d'autres aliments, ne peut pas être bien nuisible. Malheureusement, à la campagne et dans les villes, beaucoup de gens n'ont pas le choix, et sont obligés d'en composer la plus grande partie de leur nourriture. Forcés d'aller à l'économie, ils achètent des fruits qui ne sont pas de bonne qualité et qui souvent n'ont pas atteint leur degré de maturité.

Nous leur conseillons donc de les manger autant que possible cuits. Tous sont bons ainsi, et la préparation en est simple. On les fait cuire avec de l'eau, de manière à ce qu'il reste toujours un peu de sauce pour en rendre la digestion plus facile; on y ajoute un peu de canelle, ou, ce qui est moins cher, un petit sachet de Fenouil. On peut aussi, vers la fin de la cuisson, ajouter une goutte de vin; on verse le tout sur des tranches de pain; on les mange froids. Selon son goût et ses moyens, on y ajoute du sucre. Les abricots sont très acides, ainsi que les prunes, dont les meilleures pour cuire sont les violettes longues. Les poires et les pommes d'automne ne peuvent cuire sans sucre. Les pêches ont aussi beaucoup d'acide. Ces fruits sont plus doux si on les fait cuire sans peau, toujours difficile à digérer.

On peut encore prendre de la pâte de pain de l'épaisseur d'un pouce, lorsqu'elle est lavée, la couvrir de ces fruits coupés en morceaux, et faire cuire le tout au four comme une tartre.

Cet usage de manger tous les fruits cuits est très répandu dans le nord de l'Europe, où ils parviennent rarement au degré de maturité nécessaire pour être sans danger.

FRAISES *(Choix des).* — On distingue deux sortes de fraises; les unes que l'on cultive dans les jardins; les autres qui sont sauvages et qui croissent sans culture dans les bois. Les premières sont les plus estimées et ont plus d'odeur; les sauvages ont assez souvent un goût un peu âpre, sans doute, parce que l'ombre des arbres les a empêché de sentir l'action des rayons du soleil. Il y en a aussi des rouges et des blanches; mais les qualités des unes et des autres sont les mêmes. Il faut les choisir grosses, bien nourries, mûres, pleines de suc, d'une odeur agréable, et d'un goût doux et vineux. Ce fruit est si estimé pas sa couleur, son odeur, son goût et ses qualités bienfaisantes, qu'on le sert sur les meilleures tables, et cela dans son naturel, avec un peu d'eau et de vin, et de sucre.

MELONS *(Manière de se procurer de bons melons.)*—Deux qualités concourent à former un bon melon, un goût vineux, et en même temps sucré; et, comme elles se trouvent rarement réunies, de là vient la difficulté de trouver des melons qui les possèdent. On a, à la vérité, quelques indices pour les connaître, mais sur lesquels on ne doit pas beaucoup compter; et, pour l'ordinaire, le hasard a plus de part que la connaissance au choix heureux que l'on fait. Cependant, à la faveur de ces marques, on peut former des conjectures sur la bonté d'un melon, et se tromper moins fréquemment. Un melon est bon à cueillir quand la queue semble vouloir s'en détacher, qu'il jaunit en dessus, que le petit jet qui est au nœud se détache, qu'on lui trouve de l'odeur en le flairant; c'est ordinairement le point de maturité de ceux qu'on veut manger promptement. On le cueille, on le met ensuite dans un seau d'eau de puits, ou avec de la glace pour le faire rafraîchir. Ceux que l'on ne veut manger que dans quelques jours, ou transporter au loin, doivent être cueillis aussitôt qu'ils commencent à se tourner; ils achèvent après de se mûrir, ils ont même un goût plus agréable, parce que, s'étant reposés plusieurs jours hors du soleil, le frais qu'ils ont pris, en se mûrissant plus doucement, rend leur chair d'un meilleur goût. On peut juger de leur bonté quand ils sont d'une écorce bien brodée, et de couleur ni trop jaune, ni trop verte, la queue courte et grosse, plutôt large que ronde, et plus grosse dans le milieu qu'aux deux extrémités, et d'une odeur de poix ou de goudron. Il faut préférer ceux qui sont les plus lourds, et qui ne rendent pas un son creux. Quand ils n'ont pas ces qualités, c'est une preuve qu'ils ne sont pas mûrs ou qu'ils n'ont pas d'eau.

Moyen de nettoyer les bijoux en or. — On sait qu'il entre dans leur composition une quantité plus ou moins grande de cuivre, et que les bijoux se ternissent plus promptement en raison de la plus grande portion de cuivre qui s'y trouve alliée ; il sera donc facile de leur donner plus d'éclat en faisant disparaître le cuivre qui, se trouvant à leur surface, leur donne une teinte désagréable. Il suffit de faire bouillir ces objets dans un litre d'eau où l'on aura mis deux onces sel ammoniac. L'or, qui recouvre seul la surface après cette opération, leur donne l'éclat qu'a ce métal lorsqu'il est sans alliage.

Rouille des métaux. — Les fabricants anglais, pour préserver de la rouille les instruments de fer et d'acier qu'ils expédient au loin, les saupoudrent de chaux vive, ou les trempent dans l'eau de chaux ; les instruments de fer-blanc traités de la même manière se conservent brillants et intacts.

Il n'est pas un seul de mes lecteurs qui n'ait à son usage des instruments de fer-blanc, d'acier, de fer, des tuyaux de poêle en tôle ; tous ces objets trempés ou lavés à l'eau de chaux se conserveront indéfiniment.

Nettoyage et teinture de ménage. — L'eau dans laquelle ont bouilli les haricots blancs, a la propriété de nettoyer les toiles de couleur sans en enlever la teinture.

La pelure légère qui enveloppe l'oignon est employée par quelques bonnes ménagères à teindre les étoffes de soie, de coton, après les avoir alunées (trempées longtemps dans une légère dissolution d'alun) ; on fait bouillir cette pelure, et on met tremper l'étoffe dans cette décoction, plus ou moins de temps, selon qu'on veut donner plus d'intensité à la couleur, qui est d'un beau jaune.

Moyen de nettoyer à fond les marbres et les porcelaines. — On préparera un bain composé d'une partie d'acide nitrique (eau forte) et de cinquante parties d'eau. Si l'objet est un peu volumineux, on se contentera de le plonger dans le bain, et presque au moment de l'immersion, le nettoiement s'opère de lui-même ; il suffit ensuite de le rincer à l'eau pure et fraîche, et de le laisser à l'abri de la poussière. On est parvenu ainsi à rendre leur valeur à des ouvrages très précieux.

Moyen de rendre les eaux de puits propres aux savonnages. — Il consiste à décomposer les sels calcaires par la potasse ou la soude. Une once de ces substances suffit pour vingt seaux d'eau. Il se précipite une poudre blanche qui est la chaux. On conçoit que toute l'opération consiste à bien répartir la soude ou la potasse dans la masse d'eau à purifier. Dans cet état, elle devient non seulement propre aux savonnages, mais encore à tous les autres usages domestiques.

Simple recette d'encre pour écrire. — Elle est expérimentée depuis 60 ans, et l'encre qu'elle produit est incomparablement meilleure que l'*Encre* dite de la *petite Vertu.*

Gomme arabique ;

Noix de galle ;

Et sulfate de fer ou couperose.

Excellent ciment qui résiste à l'eau. — Prenez : une partie de plomb rouge ou minium, et deux parties de chaux vive, le tout en poudre fine ; mêlez avec du blanc d'œuf pour former une pâte molle, qu'on applique tout de suite.

Mastic qui résiste à l'action du feu et de l'eau. — Il faut prendre une demi-pinte de lait, que vous mêlerez avec une pareille quantité de vinaigre, de manière à faire coaguler le lait : séparez ensuite le lait caillé d'avec du petit lait, et ajoutez à ce dernier les blancs de quatre à cinq œufs, après les avoir bien battus. Ces deux substances étant parfaitement mêlées, on y ajoute de la chaux vive passée au tamis, et l'on forme du tout une pâte qui acquiert la consistance de la potée.

Ce mastic, employé avec soin pour réunir des corps brisés ou remplis de fentes et de gerçures, de quelque espèce qu'elles soient, résiste au feu et à l'eau, si on a eu soin de le laisser parfaitement sécher après l'avoir employé.

Destruction des punaises. — Le moyen consiste dans l'attraction que la plante vulgairement nommée passerage (*Lepidium ruderale* des botanistes), exerce sur ces insectes.

Des échantillons desséchés de cette plantes étant déposés dans une chambre infectée de punaises, se couvriront de ces insectes et les feront périr.

Papier instantané et encre à la minute. — On prépare instantanément un papier sur lequel on peut écrire avec de l'eau ou de la salive en répandant sur du papier l'encre sèche, dont la formule est donnée plus bas, frottant doucement avec du coton cardé dont on a fait un tampon.

PORCELAINE et VERRE. (*Ciment-colle propre à raccommoder les objets de porcelaine et de verre qui ont été cassés.* — Faites dissoudre de la gomme arabique dans la moindre quantité d'eau posssible; vous la délayerez ensuite avec de l'eau-de-vie ou de l'esprit de vin, que vous ajouterez à mesure qu'il s'évaporera. Epaississez le tout avec du gypse, et vous en ferez un ciment très commode dans les ouvrages en papier ou carton que les dames s'amusent à faire.

Si vous ajoutez de la gomme ammoniaque à la solution de gomme arabique dans l'esprit de vin, vous rendrez le ciment meilleur encore. Il pourra vous servir à rejoindre la porcelaine ou le verre.

FAIENCE CASSÉE (*moyen de la raccommoder avec un mastic*). — Prenez de la chaux vive, et réduisez-la en poudre très fine, passée au tamis de soie, ou broyée sur le marbre au point d'être impalpable : prenez un ou plusieurs blancs d'œufs, selon que vous aurez de poudre ou d'ouvrage à faire; composez-en avec la poudre une espèce de colle, dont vous oindrez les deux parois opposées de la faïence que vous voudrez rejoindre, et les replaçant l'une contre l'autre, comme elles doivent l'être, tenez-les serrées et en état pendant dix minutes.

Savon liquide. — On prend de l'eau-de-vie ordinaire et du savon blanc, dans la proportion d'un litre de l'une et d'une demi-livre de l'autre.

On coupe le savon très fin dans l'eau-de-vie; on l'expose dans un bocal à un soleil ardent pendant quinze jours, ou on lui fait jeter quelques bouillons sur un feu doux. Quand le liquide est refroidi, on l'agite chaque fois qu'on veut s'en servir.

Le quart d'une cuillerée à café au plus suffit pour se faire la barbe.

Il ne faut jamais ajouter l'eau chaude ou froide pour acquérir une bonne quantité de mousse; on y parviendra plus sûrement en trempant dans l'eau le pinceau, qui s'imbibe ainsi d'une quantité suffisante.

Savon chimique ou à détacher. — Prenez une once de terre de pipe ou à foulon, mise en poudre; humectez-la avec un peu d'essence, de térébenthine ou mieux de lavande; prenez ensuite une once de sel de tartre (carbonate de potasse pure), une once de la meilleure potasse du commerce; faites du tout une pâte avec du savon mou; formez-en des petits pains carrés, et conservez pour l'usage.

Manière de l'employer. — Humectez la tache, et avec un

peu d'eau froide frottez le savon sur l'étoffe pendant quelque temps, jusqu'à ce que la tache disparaisse; lavez le drap à l'eau claire avec une brosse ou une éponge de manière à enlever le savon; faites sécher à l'air ou avec un fer entre deux linges. Ce savon est exactement le même que celui qui se vend à Paris, et il convient pour toutes les étoffes dont les couleurs ne sont pas altérées par les alcalis; l'expérience a démontré qu'il attaque beaucoup moins que les alcalis purs.

Préparation des briquets dits physiques. — On prend une petite fiole dont on remplit les deux tiers d'amianthe humectée avec un peu d'acide sulfurique (huile de vitriol); lorsqu'on veut s'en servir, on y plonge légèrement le bout d'une allumette dont on a préparé plusieurs paquets de la manière suivante :

On prend des allumettes ordinaires bien soufrées, et l'on enduit le bout soufré avec une pâte faite au moyen d'un mucilage de gomme, deux tiers de chlorate de potasse, un tiers de soufre. On peut, comme dans le commerce, colorer cette pâte en y ajoutant un peu de cinabre (sulfure de mercure) ou un peu de chromate de potasse. Le but de cette coloration, lors de l'invention de ces briquets que l'on devrait appeler chimiques plutôt que physiques, était de tenir plus secrète la composition de la pâte.

FEU *(moyen d'augmenter sa chaleur dans une chambre sans employer plus de bois).* — Ce moyen consiste à se servir des cendres du même bois, et à jeter de l'eau dessus pour en faire une pâte que l'on pétrit avec la pelle à feu. Cette espèce de mortier étant fait, on l'arrange dans le foyer entre les deux chenets, sur une épaisseur de trois à quatre pouces; on en fait aussi deux petites élévations de chaque côté, le long des chenets, pour donner de l'air et réunir la chaleur. On met ensuite les tisons et le bois sur ce foyer humide, et on allume le feu. La chambre en s'échauffant peu à peu, augmente de plus en plus la chaleur, et la renvoie autour du foyer. Si l'on met de ce mortier derrière le bois, au fond de l'âtre, la chaleur qu'il repoussera directement se fera sentir encore davantage.

Chandelle économique ne coulant point et ressemblant à la bougie. — On fera fondre huit livres de cire blanche dans un vase long et étroit, et on y ajoutera deux livres de suif le plus pur. Le tout étant bien fondu et bien mêlé, on y plongera des chandelles des huit à la livre, que l'on en retirera au bout de quelques instants : elles se trouveront couvertes d'une couche de cire, d'une ligne d'épaisseur environ. On réitérera, si l'épaisseur n'est pas assez forte, et on suspendra ensuite les chandelles par les mèches, afin qu'elles sèchent.

La chandelle une fois allumée, la cire, se fondant beaucoup plus lentement que le suif, formera une espèce de rebord qui le contiendra et l'empêchera de couler. La chandelle sera d'ailleurs au dehors absolument semblable à la bougie.

ENCAUSTIQUES. — *Manière de le préparer pour cirer les appartements.* — *Premier procédé.* — On fait fondre quatre onces de cire jaune avec une once d'huile de térébenthine; on verse ce mélange dans un mortier, que l'on a échauffé, en y jetant de l'eau bouillante; on y ajoute, l'un après l'autre, huit jaunes d'œufs, en ayant soin de bien triturer tout ensemble, pour former une pâte que l'on délaie avec une pinte d'eau chaude que l'on met peu à peu en agitant continuellement avec le pilon. On applique cet encaustique avec une brosse, un pinceau, une éponge, sur les appartements parquetés, ou sur ceux qui sont pavés avec du carreau, et que l'on a d'abord peints à la détrempe. Lorsque l'encaustique est sec, ce qui a ordinairement lieu au bout d'une heure ou deux, dans l'été, et de deux ou trois heures en hiver, on brosse fortement le plancher avec une brosse large et très rude, que l'on promène partout, en appliquant le pied dessus; on se sert aussi quelquefois de brosse fixée à un long manche de bois, et que l'on conduit avec la main. Le plancher, après avoir été frotté, prend un poli très brillant, qui se conserve fort longtemps, pourvu qu'on ait soin de frotter l'appartement avec une brosse de temps en temps, par exemple, une ou deux fois par semaine.

VAISSELLE D'ARGENT. (*Procédé pour lui enlever la couleur d'un noir rougeâtre que lui font prendre les œufs cuits*). — Il arrive ordinairement que les œufs cuits au beurre donnent aux couverts et aux assiettes d'argent une teinte d'un noir rougeâtre que l'on a ensuite beaucoup de peine à faire disparaître : il ne s'agit cependant que de frotter, en pareil cas l'argenterie *avec de la suie.*

Préparation propre à combattre l'ivresse. — L'ivresse étant le résultat le plus fréquent de l'usage des liqueurs fermentées et de l'eau-de-vie, nous allons indiquer quelques moyens pour combattre cet état maladif que les circonstances actuelles rendent si dangereux.

Faire boire :

1° L'éther sulfurique mêlé à l'huile, à la dose de vingt-quatre gouttes pour une once d'huile ;

2° L'alcali volatil (ammoniaque), à la dose de huit gouttes, dans un verre d'eau sucrée ;

3° L'acétate d'ammoniaque, à la dose de quatre-vingt-seize gouttes dans un verre d'eau pure.

C'est en général à ce dernier moyen qu'il faut s'arrêter comme le plus convenable à employer, son usage ne pouvant avoir aucun inconvénient, tandis qu'il n'en est pas de même du second, qui a quelquefois donné lieu à des accidents.

Remèdes variés contre les brûlures. — Panser sans retard la brûlure avec des linges imbibés de trois parties d'eau et une de vinaigre, renouveler constamment cette imbibition autant de temps que durera l'inflammation.

Si l'épiderme n'est pas entamé, employer le vinaigre pur, et la douleur cesse aussitôt.

Deuxième moyen. Deux onces essence térébenthine et deux onces d'huile d'olive mêlées et bien battues, puis y ajouter une cuillerée à café de chaux éteinte dans un demi-verre d'eau, le tout battu ensemble et appliqué en compresse.

Troisième moyen. Cérat, demi-once, battu avec dix on douze gouttes de laudanum (liquide) appliqué en compresse.

Quatrième moyen. Le contact immédiat d'une main étrangère pendant quelques minutes sur la partie brûlée arrête immédiatement la douleur. Si la main employée au toucher est très chaude, on se sert de l'autre main, et alternativement ; moins de dix minutes suffisent.

Cinquième moyen. Ether sulfurique versé lentement sur la partie brûlée, jusqu'à ce que le sentiment de la chaleur ne se fasse plus sentir. Ce corps se volatilise très promptement en absorbant le calorique de la partie ma-

lade; le derme et l'épiderme saisis par ce fluide ne se dé-
sunissent point, et la sérosité ne pouvant s'y établir, il ne
se forme pas d'ampoules.

Nous devons ajouter qu'une suite d'épreuves faites par
des savants confirment l'efficacité de la gelée de groseille
que nous avons indiquée comme moyen, ainsi que le bon
effet de la ouate de coton, que contestent encore quelques
personnes.

Le hasard vient de faire découvrir un remède pour les
brûlures dont l'efficacité tient du miracle. Un pâtissier cé-
lèbre à Paris, s'étant brûlé le bras en mettant des pâtés
au four, et n'ayant pas le temps d'avoir recours à la
pomme de terre râpée et autres remèdes qu'on emploie
ordinairement, imagina d'apaiser sa souffrance en mettant
sur la plaie un pot de gelée de groseilles qui venait de lui
servir à parer ses gâteaux. A peine eut-il étendu la
confiture sur sa plaie que la douleur s'amortit complètement, et deux jours après, il y avait à peine trace de
brûlure. Cette guérison miraculeuse fut bientôt connue de
tout le quartier. Une femme eut malheureusement l'occasion de faire l'épreuve de ce remède après une brûlure
d'eau bouillante qui lui avait dépouillé tout le bras. Elle a
été guérie avec un pot de gelée de groseilles de la même
manière et aussi promptement. Cette nouvelle cure, et
plusieurs autres, prouvent que tous les genres de brûlure
se guérissent sans douleur par le moyen de ce procédé facile qui ne laisse aucune cicatrice.

Il consiste simplement à couvrir la plaie de gelée de groseilles, à l'entourer d'un linge, et à ne lever l'appareil qu'a-
près que la peau s'est refermée.

Écorchures. —Le meilleur moyen de les guérir est de laver la plaie, de rapprocher les chairs en pressant l'un sur
l'autre les deux bords de la blessure, et de les tenir ainsi
rapprochés au moyen de petites bandes de taffetas d'Angleterre, ou tout autrement, en ayant soin de ne pas couvrir entièrement la plaie, afin que le sang, ou ce qui pourrait en découler, puisse s'échapper sans difficulté. Dans le
cas où le sang ne s'arrêterait pas de lui-même, on pourrait verser sur la plaie un peu de baume du commandeur,
ou y appliquer un tampon de charpie.

Panaris. — Lorsqu'on est menacé d'un panaris, il faut
se hâter d'en prévenir les accidents par le traitement sui-

vant. Quand le panaris naît de lui-même et sans cause connue, on doit avoir recours à tout ce qui peut calmer les inflammations; ainsi, on fera tremper la main entière dans de l'eau tiède, et on l'y tiendra dans le bain pendant plusieurs heures; à l'eau tiède on pourra substituer des cataplasmes faits avec la farine de graine de lin et une forte décoction de têtes de pavots. Si la maladie ne fait que commencer, on pourra employer avec avantage l'eau très froide, ou la glace, dans laquelle on plongera le doigt du malade. Si, malgré l'emploi de ces moyens, le mal augmente, que les douleurs deviennent insupportables et soient accompagnées de fièvre, il faut avoir recours à un chirurgien; car, dans ce cas, l'incision de la tumeur est le seul moyen capable d'amener une prompte guérison.

Si le panaris est la suite d'une piqûre faite avec un instrument imprégné d'un liquide putride, il ne suffit pas d'arrêter le développement de l'inflammation, il faut encore prévenir les accidents qui peuvent résulter de l'absorption de cette liqueur. On y parvient ordinairement en lavant, dans l'instant même, avec de l'eau tiède, l'endroit piqué, et en prenant soin d'exprimer le sang à plusieurs reprises, pour entraîner la matière irritante.

Moyen facile de fabriquer le taffetas d'Angleterre. — On tend sur un petit châssis un morceau de taffetas noir clair; l'on passe dessus, avec une brosse fine, plusieurs couches de colle de poisson, qu'on a fait fondre dans de l'eau. Pour la dernière couche, afin que ce taffetas ait une odeur agréable, on mêle avec la colle un peu de baume de commandeur. Si l'on veut que le taffetas soit rose ou blanc, on emploiera du taffetas rose ou blanc.

Poulets à goût de faisans. — Quelques personnes ont imaginé de faire couvrir des poules de faisan par un coq de basse-cour; il est résulté de cet accouplement un animal stérile qui tient le milieu entre le faisan et nos volailles ordinaires, soit pour la grosseur intermédiaire entre les deux genres, soit pour la qualité de la chair, qui tient le milieu entre la saveur du poulet et celle du faisan, ce qui produit un manger d'une qualité fort remarquable.

Voici le procédé que l'on suit pour réussir constamment: on prend de jeunes poules de faisan que l'on a fait élever chez soi, et on leur donne un coq de famille opposée, mais

du même âge ; on laisse grandir ces animaux ensemble ;
les œufs qui en résultent après l'accouplement sont mis de
côté pour fournir des couvées qui s'élèvent à la manière
ordinaire. Lorsque le mulet est assez fort pour être mangé, on le dispose à l'engrais ; pour cela, on le renferme
en cage étroite dans un lieu obscur, et on lui donne une
fois par jour avec abondance une nourriture composée
d'une bouillie faite de lait et de farine d'orge mêlés ensemble avec quelques jaunes d'œufs ; au bout de quinze à
seize jours, l'animal est très gras et offre un mets fort délicat. On ne doit soumettre à ce régime que la quantité de
bêtes qui doivent être mangées, attendu qu'elles meurent
si on continue cette opération, du vingt au vingt-troisième
jour ; il faut donc diriger l'engrais sur un nombre de volailles capable de suffire à la consommation.

LAPINS CLAPIERS. — *Apprêt pour leur donner un fumet
agréable* — De quelque manière qu'on ait tué un lapin domestique, on lui met dans le ventre, aussitôt qu'il est vidé
un petit paquet de thym ou de serpolet, de mélilot, d'estragon, ou d'autres plantes aromatiques, avec un peu de lard
ou de beurre, au moment de le mettre à la broche.

On peut sans le secours de l'eau conserver la vie aux
poissons pendant une douzaine de jours, en leur remplis-
sant la gueule de mie de pain détrempée dans l'eau-de-vie ;
on les enveloppe ensuite délicatement dans de la paille, et
pour leur rendre la vie, on les met pendant quelques heures
dans l'eau fraîche.

La conservation du poisson peut s'opérer comme celle
de la viande, si ce n'est cependant qu'elle exige plus de
soin, parce que le jus des poissons, étant plus aqueux et
plus muqueux, les rend plus sujets à se décomposer : il
serait presque indispensable de rejeter la cervelle et la
moelle épinière, dont l'influence est singulièrement nuisible ; il faut aussi prendre en considération les effets que
produit ordinairement l'électricité. Une manière qui est
plus usitée, consiste à noyer les poissons dans la graisse ;
c'est ainsi que les Hollandais les expédiaient autrefois dans
des formes de fer blanc exactement soudées.

Une autre méthode consiste à mariner les poissons :
voici le procédé. On nettoie les poissons, on frotte les
bourbeux avec du sel, pour les débarrasser des parties
visqueuses qu'ils contractent ; on les met sur le gril, ou

on les fait rôtir à la poêle avec de l'huile ou du beure ; on fend les plus gros, pour qu'ils s'en pénètrent plus aisément ; souvent on les laisse préalablement tremper dans le vinaigre ou reposer dans le sel, ou bien aussi on les fume. Quand ils sont rôtis, on les met dans un tonnelet ou tout autre vaisseau, on les presse ensemble, et on les assaisonne avec diverses épices, puis on arrose avec du vinaigre ou de l'huile, ou avec l'un et l'autre. On retourne souvent le tonnelet, pour que le liquide se distribue également : on les garde ainsi au-delà d'une année.

On recommande pour les aloses le procédé suivant, au moyen duquel on peut les conserver plusieurs années, et les consommer avec les arêtes. On les coupe par morceaux de l'épaisseur de deux doigts, ayant soin d'en retrancher la tête, la queue, la moelle épinière et tout ce qui tient à l'arête dorsale. On saupoudre chaque morceau avec du sel et des épices, on les larde de quelques clous de girofle, on les arrange ensuite par couches dans un pot verni, et on les arrose avec deux parties d'huile d'olives sur une de vin blanc, en sorte que le liquide s'élève de la hauteur de deux doigts au dessus du poisson. Cela fait, on ferme le pot, on le lutte avec de la colle, et on l'expose au feu, jusqu'à ce que le vin soit tout-à-fait consommé : ce qui est opéré lorsque l'ébullition ne se fait plus entendre. On retire le pot et on le serre à la cave.

Conservation des pommes de terre. — Pour conserver les pommes de terre pendant plusieurs années, il suffit de les échauder, c'est-à-dire de les laisser quelques minutes dans l'eau chaude ; pourvu que la peau ne soit pas attaquée, elles se conserveront ainsi sans jamais germer, devenir gélives ou perdre de leur farineux et de leur saveur, pendant plusieurs années ; mais il faut avoir soin de les bien sécher lorsqu'elles sont sorties de l'eau. La chaleur d'un four peut suppléer à celle de l'eau, et vaut beaucoup mieux, pourvu que les pommes de terre ne soient pas trop sèches quand on les y met, car la peau se déchirerait.

Pour prolonger un temps infini la durée des pommes de terre en substance, il faut leur faire subir, dans l'eau un peu salée, quelques bouillons, ce que l'on nomme vulgairement *blanchir* ; les couper ensuite par tranches et les exposer au dessus d'un four de boulanger : là, elles acquièrent la sécheresse et la transparence d'une corde ; exposées ensuite dans un pot avec un peu d'eau, ou tout autre liquide, sur un feu doux, elles fournissent un aliment sain, comparable à la racine fraîche. En les réduisant en poudre, elles offrent une purée et des potages très salutaires.

Manière économique de faire un gâteau avec des pommes de terre. — On fait cuire des pommes de terre sous la cendre ; on les épluche et on les réduit en pâte : on met une livre de cette pâte dans une grande terrine ; on y ajoute six jaunes d'œufs et quatre onces de sucre en poudre. On pétrit le tout ensemble ; on y met ensuite l'écorce d'un citron rapée, le jus du citron et les six blancs d'œufs ; on met le tout dans une tourrière un peu graissée, afin que le gâteau ne s'y attache pas.

Autre gâteau de pommes de terre. — Vous prendrez une douzaine de pommes de terre (préférez les jaunes et les plus farineuses) ; vous les ferez bouillir avec leur peau ; vous les pèlerez et les jetterez encore chaudes dans une jatte de bois ; vous y joindrez quatre macarons émiettés, deux cuillerées de miel, un demi-verre de bière, une bonne cuillerée d'eau-de-vie ; vous pilerez, le tout se convertira en une masse bien malaxée et très tenace. Pendant la cuisson des pommes de terre, vous aurez bien nettoyé une poignée de raisin de Corinthe, ou, à leur défaut, de gros raisin de passe ; mais vous aurez soin de couper ceux-ci et de retirer leurs pepins. Vous mettrez ce raisin avec la pâte, que vous pétrirez légèrement, afin de l'y bien faire entrer. Après avoir ensuite bien graissé une casserole ou une tourtière, vous laisserez revenir votre pâte dans un lieu chaud ; vous la dorerez avec un œuf, et vous la mettrez au four, de façon qu'elle soit d'abord saisie. Ce mets se sert froid, et vaut une franchipane. Il faut le couper en tranches de l'épaisseur du doigt, retourner ces tranches dans la farine, et les faire frire dans l'huile, au beure ou au saindoux. Avant de le servir, on jette par dessus un peu de sucre en poudre.

On peut aussi manger ee gâteau avec une sauce composée de beure, que l'on fait simplement fondre, et dans lequel on jette, au moment de servir, une poignée de cassonade ou de sucre en poudre, en y ajoutant un peu de muscade à volonté.

Recette pour faire, avec des pommes de terre, des boulettes à très bon marché. — Faites cuire à demi une certaine quantité de pommes de terre ; épluchez-les, et réduisez-les en poudre grossière ; mêlez-y de la farine, environ un seizième de leur poids ; ajoutez-y du sel, du poivre et des herbes ; mélangez le tout à un degré d'épaisseur convenable au moyen d'eau bouillante, et faites en des boulettes de la grosseur d'une pomme. Roulez ces boulettes dans de la farine, pour empêchez l'eau d'y pénétrer ; puis laissez les cuire dans l'eau bouillante, jusqu'à ce qu'elles surnagent : elles seront alors assez cuites. Ces boulettes sont un manger très agréable, si l'on y joint un peu de viande séchée et broyée, du hareng saur pilé ou du pain grillé.

Purée de pommes de terre. — Il faut choisir l'espèce de pommes de terre la moins chère ; elle est ronde, jaune, se crève en bouillant et tombe presque en farine. Il faut ôter la peau avec soin, faire bouillir ses pommes de terre à grand eau, en les remuant lorsqu'elles commencent à tomber en bouillie. Aussitôt que l'on juge la purée assez épaisse et bien prise, on y met un morceau de beurre, du sel à volonté ; et, après l'avoir suffisamment encore remuée, on la transvase dans une terrine très évasée. Cette purée est excellente.

Moyen de conserver les œufs, pendant plusieurs mois, dans un grand état de fraîcheur. — Ce procédé, qui a été indiqué par M. Cadet de Gassicourt, doit être préféré à tous les autres, soit à cause des résultats qu'il présente, soit à cause du peu de frais qu'il entraine. Il consiste à préparer un lait de chaux vive très clair, et à y plonger les œufs ; ils s'y conserveront pendant plus d'une année. Lorsqu'on n'en a qu'une petite quantité, on peut les disposer dans des bocaux ; quand on en a beaucoup, on en remplit un tonneau ; dans l'un et l'autre cas, on doit boucher exactement le vase qui renferme les œufs, afin que l'air, agissant sur l'eau de chaux, ne finisse pas par la dénaturer entièrement, avant l'époque de la consommation des œufs. Nous indiquons ci-dessous quelques autres moyens qui ont été proposés, afin de laisser aux personnes curieuses la faculté d'en faire l'essai.

Conservation de la crème, suivant Appert. — On prend une quantité donnée de crème, par exemple cinq pintes ;

on la lève avec soin sur du lait de la veille ; on la rapproche au bain-marie, à quatre pintes, sans l'écumer ; on ôte
la peau qui s'est formée dessus, pour la passer de suite
à travers une étamine et la faire refroidir. Après en avoir
ôté la peau qui se forme en refroidissant, on la met en
demi-bouteilles que l'on bouche hermétiquement, de manière à laisser un peu d'intervalle entre la partie inférieure
du bouchon et le liquide. On met ensuite ces demi-bouteilles dans un bain-marie, où l'on a soin de les assujettir.
En commençant l'opération, l'eau du bain-marie doit à
peine être tiède ; on pousse ensuite à l'ébullition ; on maintient ainsi pendant un quart-d'heure, et on retire du feu
pour laisser refroidir et mettre en réserve. Au bout de
deux ans, cette crème s'est trouvée aussi fraîche que si
elle eût été préparée du jour. On peut en faire du bon
beurre frais, la quantité de quatre à cinq onces environ par
demi-pinte.

Manière de conserver le lard. — La manière de conserver le lard est d'autant plus utile qu'elle est simple et peu
coûteuse. Après que le lard a été 17 jours dans le sel, on
prend une caisse qui en puisse contenir trois ou quatre
pièces, puis on met du foin au fond et on entoure chaque
pièce avec un lit de foin, en ayant soin que chaque pièce
soit séparée par une couche de foin ; on ferme la boîte
lorsqu'elle est bien remplie et foulée avec du foin dans toutes les parties, on la dépose dans un lieu sec, en évitant de
l'exposer aux attaques des animaux nuisibles. Le lard que
l'on conserve de cette manière ne rancit jamais, et conserve
un excellent goût.

*Procédé pour conserver aux cornichons leur couleur
verte.* — Il faut d'abord les faire mariner, pendant un
ou deux jours, dans la saumure, et verser ensuite dessus
du vinaigre bouillant. Après l'avoir décanté, on les plonge
dans du vinaigre très fort avec les assaisonnements ordinaires ; puis on y ajoute environ quatre ou six onces
d'esprit de sel marin par chaque cruche de quinze à vingt
livres.

**Notions sur quelques accidents produits par des aliments dan-
gereux, par le vert-de-gris ou par la vapeur du charbon.**

La première chose qu'on ait à craindre dans l'usage des
aliments, c'est que leur nature ou leur trop grande quan-

tité ne produisent l'état maladif connu sous le nom d'*in-digestions*. Si l'indigestion est faible, le repos et quelques boissons stimulantes, telles que le café, l'infusion de thé, suffisent pour dissiper le malaise ; mais, s'il y a complica-tion de violents maux de tête, de vomissements, si le malade éprouve un refroidissement général, il faut qu'il soit couché dans un lit bien chaud ; on s'occupe d'abord de débarrasser l'estomac des substances qui le fatiguent, soit par des boissons excitantes, soit par des vomissements ; puis on fait succéder des boissons douces et délayantes, comme l'infusion de violette, l'eau de gomme ou de riz ; on applique sur le ventre et l'estomac des linges chauds.

Certains aliments peuvent produire des altérations dans l'économie en agissant comme les poisons ; ce sont par exemple :

Les *Champignons*, dont la nature dangereuse est très difficile à reconnaître au premier coup-d'œil. Voici ce qu'on a remarqué de plus constant à cet égard. En général, il faut rejeter les champignons dont l'odeur et le goût sont désagréables ; ceux dont la chair est mollasse et aqueuse ; ceux qui croissent dans les lieux ombragés et trop humides, qui se gâtent avec facilité ; ceux dont le goût est amer, astringent ou trop poivré ; ceux qui changent de couleur quand on les entame. Une teinte rouge, brillante, est assez souvent l'indice d'une nature délétère. On a remarqué que le vinaigre s'emparaît du principe vénéneux des substances en putréfaction ; ainsi, après avoir coupé les champignons qu'on pourrait suspecter, il est utile de les laisser quelque temps dans l'eau vinaigrée.

Les *moules*, les *huîtres*, et presque tous les coquillages, contiennent une viscosité qui en rend la digestion pénible, surtout si on les mange à l'époque de la chaleur, ou, comme on le dit proverbialement, dans les mois dont le nom s'écrit sans *r*. Les moules quelquefois contiennent de petits crabes que les naturalistes ont regardés comme pouvant donner au coquillage une action vénéneuse.

D'autres aliments peuvent, sinon produire l'empoisonne-ment, du moins amener des désordres graves dans l'organi-sation et les fonctions digestives : tels sont le sang, les vian-des gâtées et les mets fortement épicés. Ce qu'on a à faire dans ce cas est absolument semblable au traitement que réclament les indigestions. (*Voyez* ci-dessus.)

La préparation des aliments doit aussi être surveillée relativement aux ustensiles que l'on emploie. Les casseroles vernissées ont besoin d'avoir éprouvé l'action du feu avant d'y faire rien cuire, autrement les aliments pourraient donner des coliques, connues sous le nom de *coliques de plomb*. Les casseroles de cuivre mal étamées ont très souvent donné lieu à des empoisonnements, parce qu'on y avait laissé refroidir quelques mets ; la raison est qu'il s'y forme du vert-de-gris (oxyde de cuivre.)

Les symptômes qui caractérisent l'empoisonnement en général sont : le vomissement, l'oppression, la tension de l'estomac et du bas-ventre, l'anxiété, les tranchées, la soif violente, les convulsions, la dyssenterie, le tremblement, l'évanouissement et la mort.

La première indication qui se présente, c'est de faire sortir de l'estomac le poison qui y cause ces ravages ; on administre des vomitifs, et, si les aliments étaient déjà descendus très bas, on donnerait des lavements purgatifs. S'il y a abattement complet, il faut de suite donner du vin ; on peut aussi relever les forces et le moral du malade par des potions aromatiques, dans lesquelles on fait entrer une petite quantité d'éther. Ensuite, pour calmer les douleurs de l'inflammation des intestins, et pour entraîner le reste des aliments, on peut donner au malade une potion huileuse et des infusions délayantes de violette, de bouillon blanc, ou simplement du lait. Enfin, il convient de prescrire un régime très doux et l'usage de l'eau de riz.

Marmite. — Les marmites de terres, celles de fonte et celles de cuivre étamé sont employées dans diverses provinces ; mais nous donnons la préférence à celles de fonte. En effet, elles joignent la solidité à la salubrité, puisqu'avec elles il ne peut jamais arriver les accidents auxquels peuvent donner lieu les deux autres.

Marmites de cuivre étamé. — Leur légèreté les fait quelquefois préférer aux marmites de fonte ; mais les soins qu'elles exigent, leur prix élevé, et les dangers qui résultent de leur emploi, doivent les faire rejeter des bons ménages.

Melons (*Manière de se procurer de bons*). — Deux qualités concourent à former un bon melon, un goût vineux, et en même temps sucré ; et, comme elles se trouvent rarement réunies, de là vient la difficulté de trouver des melons qui les possèdent. On a, à la vérité, quelques indices pour les connaître, mais sur lesquels on ne doit pas beaucoup compter ; et, pour l'ordinaire, le hasard a plus de part que la connaissance au choix heureux que l'on fait. Cependant, à la faveur de ces marques, on peut former des conjectures sur la bonté d'un melon, et se tromper moins fréquemment. Un melon est bon à cueillir quand la queue semble vouloir s'en détacher, qu'il jaunit en dessus, que le jet qui est au nœud se détache, qu'on lui trouve de l'odeur en le flairant ; c'est ordinairement le point de maturité de ceux qu'on veut manger promptement. On le cueille ; on le met ensuite dans un seau d'eau de puits, ou dans la glace pour le faire rafraîchir. Ceux que l'on ne veut manger que dans quelques jours, ou transporter au loin, doivent être cueillis aussitôt qu'ils commencent à se tourner ; ils achèvent après de se mûrir ; ils ont même un goût plus agréable, parce que, s'étant reposés plusieurs jours hors du soleil, le frais qu'ils ont pris, en se mûrissant plus doucement, rend leur chair d'un meilleur goût. On peut juger de leur bonté quand ils sont d'une écorce bien brodée, et de couleur ni trop jaune, ni trop verte, la queue courte et grosse, plutôt large que ronde, et plus grosse dans le milieu qu'aux deux extrémités, et d'une odeur de poix ou de gaudron. Il faut préférer ceux qui sont les plus lourds, et qui ne rendent pas un son creux. Quand ils n'ont pas ces qualités, c'est une preuve qu'ils ne sont pas mûrs ou qu'ils n'ont pas d'eau.

La chair du melon est une agrégation de petites vessies pleines d'une sérosité sucrée et aromatique. C'est un des fruits les plus délicieux de l'été ; il est humectant, rafraîchissant, et facile à digérer quand on en mange modérément ; l'excès en est dangereux ; il produit des vents et des coliques, suivies quelquefois de dyssenteries difficiles à guérir. Mangé avec un peu de sel ou de sucre, il est plus sain, surtout pour les estomacs délicats. Dans les pays très-chauds, les melons incommodent rarement ; leur qualité y est supérieure, et leur pulpe contient beaucoup plus de parties sucrées. On peut confire au vinaigre les très jeunes melons, à la manière des cornichons ; ils sont excellents. On confit aussi au vinaigre et au sucre la chair de ce fruit dépouillé de son écorce ; on la pique de canelle et de clous de girofle, et on en fait une compote très estimée et fort saine, qu'on mange avec le bouilli. Elle peut se conserver plusieurs années. La côte de melon confite au sucre est pareillement très bonne : crue, elle peut être donnée aux chevaux qui en sont très friands.

Lessive. — Il faut avoir soin de choisir, pour la lessive, des cendres bien cuites, provenant d'herbes, de chêne, d'orme, de hêtre, de poirier ou de pommier, exactement privées de braises.

Les cendres de châtaignier tachent le linge, ainsi que la soude qui contient du fer.

Les cendres de foyer où l'on jette les ordures ont le même inconvénient.

Il est un moyen de préparer en tout temps, partout et à peu de frais, des liqueurs savonneuses, propres à blanchir. Ce procédé peut être d'une grande utilité dans beaucoup de pays où les communications sont difficiles. Le voici :

On prend des cendres provenant de la combustion de bois non flottés. On fait une lessive par les procédés ordinaires, en faisant bouillir les cendres à la quantité d'un litre sur six litres d'eau, et deux onces de chaux vives bien pilée, ou récemment délayée dans l'eau : on laisse reposer ou purifier l'eau de la lessive, pour que tous les corps étrangers se précipitent ou surnagent ; on la verse alors dans un autre vase, et on l'y conserve pour s'en servir au besoin. Il faut que le vase soit couvert ; sans cela, la lessive perd de sa force.

Lorsqu'on veut employer cette lessive, on en prend une quantité quelconque, qu'on verse dans un baquet avec une cuillerée d'huile pour deux pintes de liquide. Il en résulte dans le moment une liqueur blanche comme du lait, laquelle, agitée et fortement remuée, mousse et écume comme la meilleure eau de savon. On ajoute autant d'eau chaude que l'on veut, pour rendre la lessive moins forte ; on y trempe les linges qu'on vaut blanchir, en les y frottant, tordant et remuant selon l'usage.

Il importe de ne préparer la lessive qu'au moment même où l'on veut l'employer. Son séjour dans des vases découverts en affaiblit la vertu.

Il faut préférer les cendres neuves de nos foyers ; celles

qui sont vieilles n'ont plus autant de propriétés. Il faut, pour en tirer le même parti, mêler avec elles deux fois autant de chaux vive, c'est-à-dire trois ou quatre onces par litre de cendres.

Les cendres qui proviennent de bois durs sont meilleures que celles de bois flottés. Ces dernières ne peuvent pas être employées avec le même succès.

Lorsque l'huile est puante, elle communique une odeur au linge; mais on peut l'en débarrasser en le repassant dans une lessive à laquelle on n'a pas mêlé d'huile, et en l'y laissant séjourner quelque temps. Le desséchement au grand air suffit ordinairement pour ôter cette odeur.

Pour que la chaux ne perde pas ses propriétés, et qu'on puisse en avoir à sa disposition dans le besoin, on peut la casser par morceaux, et la conserver dans des bouteilles bien sèches et bouchées.

Lorsque le mélange de la lessive et de l'huile est jaunâtre, il faut ajouter de l'eau.

Lorsque l'huile s'élève dans la lessive, et surnage en formant des goutelettes à sa surface, l'huile n'est pas propre à ces opérations, on la lessive est trop faible.

INSTRUCTION

SUR LA MANIÈRE DE FAIRE LE FROMAGE,

Publiée par la Société d'Agriculture de Rochefort.

On met sur un feu léger un chaudron contenant du lait nouvellement trait, ou du lait de la veille, pourvu qu'il n'ait subi aucune altération. Supposons que le chaudron contienne neuf litres de lait. On agite doucement le lait avec une cuillère à pot, afin qu'il prenne partout un égal degré de chaleur ; puis lorsqu'on trouve, en plongeant le doigt dans le lait, qu'il a acquis la chaleur de celui qui sort de la mamelle de la vache, on retire le chaudron du feu, on y verse une bonne cuillerée à bouche d'eau de présure de veau et on agite le lait un moment pour faire le mélange. On pose un bâton en travers du chaudron pour soutenir un linge blanc dont on couvre le lait ; on s'assure, après une ou deux minutes, avec la cuillère, si le caillé est bien formé. Lorsqu'il a la consistance du caillé qu'on mange dans ce pays-ci, sous le nom de caillé doux, on enlève avec la cuillère, d'un côté du chaudron, des tranches horizontales de caillé, d'un pouce au moins d'épaisseur, qu'on pose sur le caillé qui n'a pas été remué de l'autre côté du chaudron. Cette opération doit se faire fort lentement. Elle a pour but de séparer le petit-lait du caillé. Lorsqu'on a divisé tout le caillé, au moyen de ces tranches enlevées successivement et posées dans une autre partie du chaudron, on prend un bâton portant à l'un de ses bouts quelques petites chevilles en bois qui le traversent et qui sont disposées perpendiculairement entre elles. On passe lentement ce bâton dans tous les sens au travers du caillé, ce qui produit l'effet de séparer les grumeaux. Lorsque, par ce procédé, on a divisé le caillé de manière que chaque grumeau soit à peu près de la grosseur d'une noisette, on remet le chaudron sur un feu léger et on continue de diviser le caillé avec le même bâton. Mais en même temps on l'agite dans le chaudron en tournant lentement comme pour faire une crême, afin que le caillé ne s'attache pas au fond. On retire le chaudron du feu lorsque le lait a acquis un peu plus de chaleur que quand

- 19

il est tiède; on remue quelques moments encore, et puis on laisse reposer jusqu'à ce que le caillé soit précipité au fond du chaudron. Alors on pose les mains à plat sur le petit-lait, de manière à pousser au fond les grumeaux qui pourraient être restés dans le petit-lait; on saisit avec les mains le caillé qui est au fond du chaudron; on en fait une espèce de boule qu'on enlève en l'étreignant pour en faire sortir le petit-lait. On met cette boule dans une forme percée de trous en la pressant avec la main. On pose dessus une rondelle en bois sur laquelle on met un poids de 3 kilogrammes. Une minute après, on ôte le poids et la rondelle, on renverse le fromage dans la main, et on le remet dans la forme en sens contraire de la première fois. On recouvre avec la rondelle sur laquelle on met le poids, et on recommence cette opération six à huit fois, en augmentant le poids jusqu'à 12 kilogrammes.

Ces changements du fromage dans la forme ont pour but son resserrement et l'écoulement du petit-lait. Les derniers ne sont pas à aussi court intervalle que les deux premiers. On laisse le fromage plusieurs minutes dans la forme sans le changer, et à la fin de la journée on ne le change que de deux en deux heures.

Le lendemain, on sort le fromage de la forme, et on le sale en jetant dessus une couche de sel raffiné. On frotte le côté en le tournant dans un plat plein de sel. Le lendemain, on recommence l'opération, en plaçant le fromage sans dessus dessous. On continue ainsi pendant cinq jours; on le descend ensuite dans une cave sèche, en le plaçant sur une planche. On le retourne tous les deux jours pendant deux mois au moins, et on le frotte de vin blanc ou d'eau avec un peu d'eau-de-vie. Après ce temps, le fromage peut être bon à manger, mais quelquefois il faut l'attendre trois mois. Pour s'assurer de sa qualité, on le goûte au moyen d'une sonde.

Il est inutile, pour la conservation du fromage, d'écrémer le lait au tiers ou au quart : la quantité n'en est pas altérée.

Il ne faut pas que le lait d'une tirée soit mêlé avec celui d'une autre tirée dans le même vase, jusqu'au moment d'être mis sur le feu.

Le lait qui a contracté un goût aigre donne du fromage de mauvaise qualité.

Ce qui reste dans le chaudron après qu'on en a enlevé la

masse de caillé qui va être convertie en fromage, peut être
mis à profit, surtout si l'on a opéré sur une grande quantité de
lait. On place le chaudron sur un feu assez vif, après y avoir
ajouté tout le petit-lait égoutté de la forme; on le fait bouillir
pendant un certain temps, et on y verse ensuite une demi-
cuillerée de vinaigre par 15 litres de petit-lait; il se forme à la
surface une crème blanche qu'on enlève avec une écumoire.
Cette crème se met dans une forme; elle fait un fromage de
qualité inférieure. On peut aussi la manger immédiatement.
Elle est fort bonne après avoir été sucrée.

Manière de faire l'eau de présure. — Pour faire l'eau de
présure, qui sert à cailler le lait, on achète chez un boucher un
estomac de jeune veau. On le lave avec soin, on en retire tout
ce qu'il renferme, ainsi que les petites parties de graisse qui
s'y trouvent; on le retourne, on lie le gros bout et on souffle
par le plus petit, jusqu'à ce que l'estomac soit gonflé; alors
on lie le bout par lequel on a soufflé, et on suspend l'estomac
dans la cheminée jusqu'à ce qu'il soit bien sec; alors on le
coupe en morceaux qu'on met dans un pot ou une bouteille
en les couvrant d'eau. Cette eau devient, au bout de deux
jours, bonne à employer, comme eau de présure; elle doit
être de couleur jaunâtre. A mesure qu'en en prend, on remet de l'eau pour couvrir les morceaux d'estomac. On y met
quelques gouttes d'eau-de-vie pour qu'elle se conserve. On peut
ainsi s'en servir pendant longtemps.

Fromage mou. — Cette espèce de fromage se fait comme
l'autre, jusqu'après le coupage du caillé avec la cuillère à pot.
Quand cette opération est terminée, on laisse reposer un moment, ensuite on lève le petit-lait avec la cuillère. Cela fait, on
prend le caillé avec une écumoire et on le met dans la forme.
On pose la rondelle et un poids par dessus, comme pour
l'autre fromage; mais il faut mettre un poids moins fort, parce
que la pâte de ce fromage est plus molle. On sale, on retourne et on frotte le fromage mou comme nous l'avons dit
pour l'autre fromage. Il peut se manger beaucoup plus tôt que
celui-ci; il est bon ordinairement au bout d'un mois. Ce fromage est excellent, mais il ne se conserve pas longtemps, et on
ne peut en faire que pendant les six mois les moins chauds
de l'année.

Avantage de la fabrication du fromage. — Le lait qu'on
emploie à faire du fromage donne un profit double de celui

qu'il donnerait si on en faisait du beurre. En effet, l'expérience prouve que la quantité de vingt-quatre livres de lait, qui peut produire un kilogramme de beurre, produirait au moins deux kilogrammes et demi de fromage, et, en outre, un quart de kilogramme de beurre. La valeur moyenne du beurre, à Rochefort, peut être estimée à 1 fr. 80 c. le kilogramme, et celle du fromage à 1 fr. 40 c. Ainsi l'on voit que celui qui aura employé son lait à faire un kilogramme de beurre, aura gagné 1 fr. 80 c., tandis que celui qui aura fait du fromage avec la même quantité de lait, aura gagné 3 fr. 95 c.

Avis essentiel. — Nous terminerons cette instruction en recommandant expressément de ne pas consommer les fromages avant leur maturité, laquelle n'a lieu souvent que trois mois après leur fabrication. Avant cette époque, ils sont dépourvus de toutes les bonnes qualités qu'ils doivent avoir.

FIN.

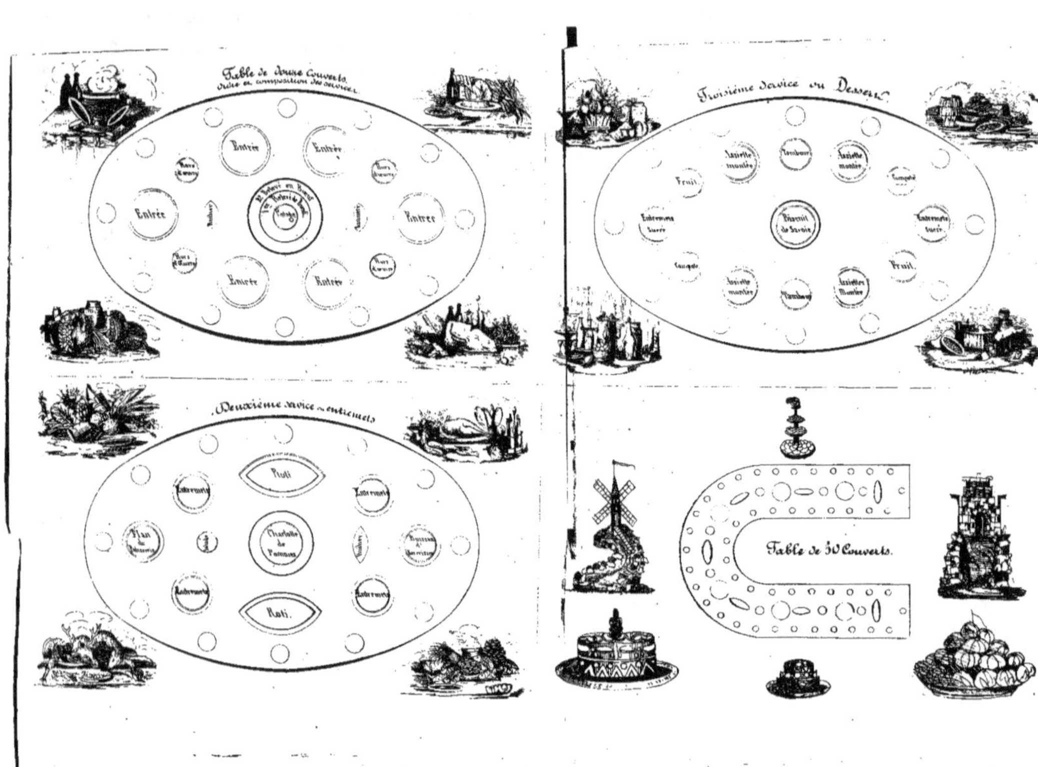

Table de douze Couverts.
Ordre et composition des services.
Entrée
Entrée
Entrée
Entrée
Entrée
Entrée
Hors d'œuvre
Hors d'œuvre
Hors d'œuvre
Hors d'œuvre
Le Relevé du Potage
Deuxième service ou entremets
Rôti
Rôti
Entremets
Entremets
Entremets
Entremets
Plat
Charlotte de Pommes
Troisième Service ou Dessert.
Assiette montée
Assiette montée
Assiette montée
Assiettes montées
Tambour
Tambour
Fruit
Fruit
Compote
Compote
Entremets sucré
Entremets sucré
Biscuit de Savoie
Table de 30 Couverts.

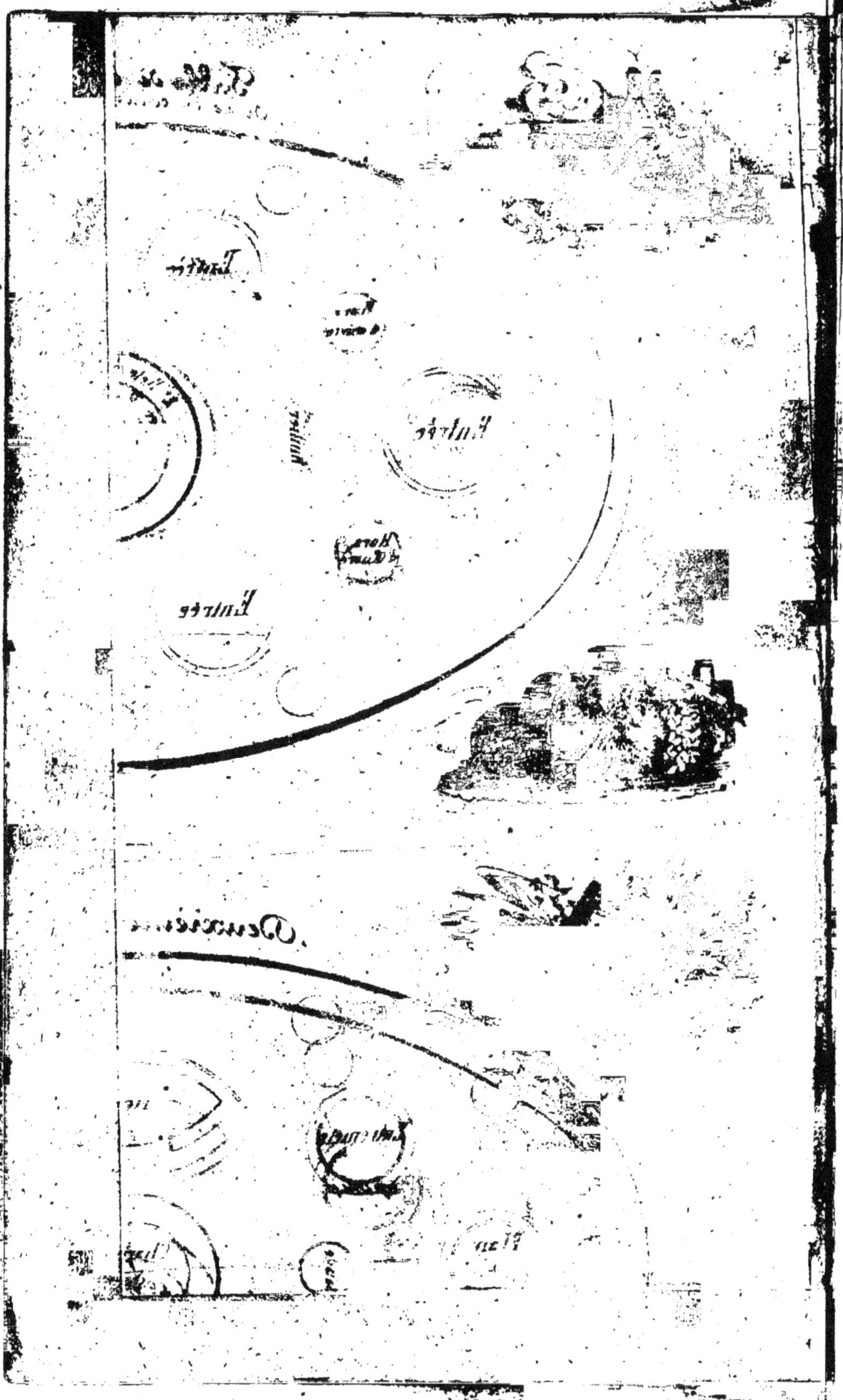

TABLE DES MATIÈRES.

FIN DE LA TABLE.